감사의 마음을 담아

_____에게 드립니다.

홍익희의
유대인 경제사

일러두기

• 본《유대인 경제사》시리즈의 일부 내용은 저자의 전작《유대인 이야기》(행성B잎새, 2013)를 참조하였습니다.

글로벌 금융위기의 진실
현대 경제사 上

THE TRUTH OF THE
GLOBAL FINANCIAL CRISIS

9

홍익희의
유대인
경제사

한스미디어

6·25전쟁의 잿더미에서 맨손으로 시작한 우리 경제가 이제는 교역규모 세계 9위이자 수출 5강이다. 무에서 유를 창조한 것이나 진배없다. 1950년대 한국은 아프리카 나라들과 별 차이가 없는 극빈국이었다. 아니, 그보다도 못했다. 전쟁이 끝난 1953년의 1인당 소득은 67달러로 세계 최빈국의 하나였다. 그 뒤 8년이 지난 1961년에조차 1인당 소득은 82달러로, 179달러였던 아프리카 가나의 절반에도 못미쳤다. 그마저도 미국 원조 덕분이었다. 전쟁 복구가 시작된 1953년부터 1961년까지 원조액은 무려 23억 달러였다. 당시 우리의 수출액과 비교해보면 미국 원조가 얼마나 큰 금액이었는지 알 수 있다. 1962년 우리 수출실적은 5000만 달러였다.

그해 정부주도로 처음으로 경제개발계획이 시작되었다. 같은 해 대한무역투자진흥공사KOTRA가 설립되었다. 변변한 자원 없는 우리 민족도 한번 해보자고 무역 진흥의 기치를 높이 내걸고 달리기 시작하였다. 2년 뒤 1964년에 1억 달러 수출을 달성했다. 이를 기념하여 '수출의 날'이 제정되었다.

그로부터 6년 뒤인 1970년에 수출 10억 달러를 넘어섰다. 또 그로부터 7년 뒤 "친애하는 국민 여러분, 드디어 우리는 수출 100억 달러를 돌파하였습니다. 이 기쁨과 보람은 결코 기적이 아니요, 국민 여러분의 고귀한 땀과 불굴의 집념이 낳은 값진 소산이며, 일하고 또 일하면서 살아온 우리 세대의 땀에 젖은 발자취로 빛날 것입니다"라고 대통령은 떨리는 목소리로 수출의 날 기념식에서 말했다.

100억 달러! 당시로는 쉽게 믿기지 않는 숫자였다. 대통령은 그날 일기에 이렇게 적었다. "10억 달러에서 100억 달러가 되는 데 서독은 11년, 일본은 16년 걸렸다. 우리는 불과 7년 걸렸다. 새로운 출발점으로 삼자. 새로운 각오와 의욕과 자신을 가지고 힘차게 새 전진을 다짐하자."

이렇게 달려와 2008년 수출액은 4200억 달러를 넘어섰다. 46년 사이에 8400배 증가한 것이다. 세계은행에 따르면 1960년대 이후 30년 동안 한국의 경제성장률이 세계 197개국 가운데 가장 높았다 한다. 자그마치 30년을 1등으로 달려온 민족이다. 세계 경제사에 유례가 없는 것이라 하였다. 바깥을 향한 경제정책이 우리 민족을 일으켜 세운 것이다. 해외에 나가보면 우리 수출기업들이 정말 열심히 뛰고 있다. 그들의 활약상을 보고 있노라면 누구라도 애국자가 아니 되려야 아니 될 수 없다. 우리 경제가 이만큼이나마 클 수 있었던 것은 수출기업들 덕분이다.

그런데 이러한 수출의 비약적인 발전에도 오늘날 우리 경제가 활력을 찾지 못하는 원인은 무엇일까? 내수경기는 좀처럼 불붙지 못하고 청년실업은 갈수록 늘어나고 있다. 상품 수출로 벌어들인 무역흑자는 서비스수지와 소득수지 적자로 까먹고도 모자랄 판이다. 이제는 세상이 바뀌어 상품 수출만으로는 안 된다. 서비스산업의 발전 없는 제조업 수출만으로는 한계가 있다.

필자는 해외 7개국에서 근무했다. 그 가운데 1990년대 중반 뉴욕무역관에 근무할 때, 제조업 고용비중이 10%도 안 되는 미국이 세계 경제를 호령하는 힘은 어디서 나오는지 궁금했다. 속내를 들여다보니 미국은 서비스산업 고용비중이 80%를 넘어선 서비스산업 강국이었다. 특히 금융산업 경쟁력은 세계 최강이었다. 뭔가 월스트리트에 답이 있을 듯했다. 그 속내를 들여다보고 싶었다.

세계의 제조업이 산술급수적으로 커가고 있을 때 금융산업은 기하급수적으로 성장하였다. 미국 경제에서 GDP 성장에 대한 금융산업 기여도는 3할에 이른다. 세계는 바야흐로 금융자본이 산업자본을 이끄는 금융자본주의 시대다. 이러한 금융자본주의 정점에 미국이 있었다. 제조업의 열세로 무역적자에 허덕이는 미국을 세계 각국에 투자된 미국의 금융자본이 먹여 살리고 있었다.

2001년부터는 스페인에서 두 번째로 근무하는 행운을 얻었다. 세계적인 제조업이나 변변한 첨단산업 하나 없는 스페인이 10여 년 전 첫 근무를 할 때에 비해 급속도로 발전하고 있는 데 놀랐다. 관심을 갖고 들여다보니 그 힘 역시 서비스산업이었다. 20세기에 힘들었던 스페인 경제가 21세기 들어 관광산업과 금융산업이 주도하기 시작하면서 활기차게 돌아갔다. 고용창출 효과 또한 대단했다.

해외 근무를 계속하면서 가는 곳마다 유대인들을 만날 수 있었다. 중남미에서부터 미국, 유럽에 이르기까지 필자가 근무한 나라를 더해갈수록 그들의 힘을 더 크게 느낄 수 있었다. 금융은 물론 유통 등 서비스산업의 중심에는 언제나 유대인들이 있었다.

도대체 그들의 힘의 원천이 무엇인지 알고 싶었다. 우리나라도 이제 예외가 아니었다. 이미 우리 생활 곳곳에 알게 모르게 유대인들의 영향력이 강하게 미치고 있었다. 이제는 유대인이 그동안의 개인적인 관심사의 대상을 넘어 우리 경제에서 그냥 지나칠 수 없는 거대한 상대방이 되어 있었다.

서비스산업의 실체에 대해 제대로 공부해보고 싶었다. 뿌리부터 알고 싶었다. 금융산업을 비롯한 서비스산업의 뿌리를 살펴보니 거기에는 어김없이 유대인들이 있었다. 경제사에서 서비스산업의 창시자와 주역들은 대부분 유대인이었다. 더 나아가 세계 경제사 자체가 유대인의 발자취와 궤를 같이하고 있었다. 참으로 대단한 민족이자 힘이었다.

매사에 '상대를 알고 나를 아는' 지피지기가 우선이라 하였다. 그들을 제대로 알아야 한다. 그리고 그들에게 배울 게 있으면 한 수 배워야 한다. 이런 의미에서 우리 경제가 도약하는 데 작은 힘이나마 보탬이 되고자 능력이 부침에도 감히 이 책을 쓰게 되었다. 우리도 금융강국이 되어야 한다. 그리고 다른 서비스산업에서도 경쟁력을 갖추어야 21세기 아시아 시대의 주역이 될 수 있다.

책을 쓰면서 '경제사적 시각'과 '자본의 공간적 흐름'에 주목했다. 지금 세계에는 직접투자자본FDI이 인건비가 높은 나라에서 낮은 나라로 물 흐르듯 흐르고 있다. 그 덕에 제조업의 서진화西進化가 빠른 속도로 이루어지고 있다. 중국이 대표적인 사례다. 이를 통해 아시아

시대가 우리가 예상했던 것보다 더 빨리 다가오고 있다.

그러나 그보다 더 거센 물결은 세계 금융자본의 초고속 글로벌화다. 대부분의 글로벌 금융자본은 돈 되는 곳이라면 어디든 가리지 않는다. 인터넷 거래를 통해 빛의 속도로 세계 각국을 헤집고 다니며 엄청난 규모의 자본소득을 빨아들이고 있다.

아시아 시대는 이러한 거대하고도 빠른 복합적 흐름으로 가속화되고 있다. 흐름의 가속화는 곧 급류요 소용돌이다. 변혁의 시기인 것이다. 이렇게 급속도로 펼쳐지고 있는 아시아 시대를 맞아 우리나라가 외부의 물살에 휩쓸려서는 안 된다. 더구나 중국이나 일본의 변방에 머물러 있어서도 안 된다. 그 흐름의 중심에 올라타야 한다.

필자는 경제학자도, 경제 관료도 아니다. 경제 전문기는 더더욱 아니다. 그러나 해외 여러 나라에서 근무하면서 보고 듣고 느낀, 서비스산업의 중요성과 유대인의 힘에 대해 같이 생각해보고 싶었다. 필자는 그동안 주로 제조업 상품의 수출을 지원해왔다. 그러나 제조업도 중요하지만 앞으로는 금융, 관광, 교육, 의료, 영상, 문화, 지식산업 등 서비스산업의 발전 없이는 우리의 미래도 한계에 부딪힐 수밖에 없다고 생각한다. 미래 산업이자 고용창출력이 큰 서비스산업이 발전해야 내수도 살아나고 청년실업도 줄일 수 있다. 그래야 서비스수지와 소득수지도 적자를 면하고, 더 나아가 우리 서비스산업이 수출산업으로 자리매김할 수 있다.

무엇보다 금융산업은 우리 미래의 최대 수출산업이 되어야 한다. 우리 모두가 서비스산업의 중요성에 대해 인식을 깊이 하고 지평을 넓혀야 한다. 21세기 우리 경제를 이끌 동력은 한마디로 서비스산업과 아이디어다. 1970년대에 우리가 '수출입국'을 위해 뛰었듯이, 이제는 '서비스산업 강국'을 위해 매진해야 한다.

이 책은 오늘날의 유대인뿐 아니라 역사 속 유대인의 궤적도 추적하였다. 이는 역사를 통해 서비스산업의 좌표를 확인하고자 함이요, 또한 미래를 준비하고 대비하기 위한 되새김질이기도 하다. 경제를 바라보는 시각도 역사의식이 뒷받침되어야 한다고 믿는다.

책을 쓰면서 몇 가지 점에 유의했다. 먼저, 유대인에 대한 주관적 판단이나 감정을 배제하고 객관성을 유지하고자 노력했다. 가능하면 친유대적도 반유대적도 아닌, 보이는 그대로 그들의 장점을 보고자 애썼다.

두 번째로, 유대인 이야기와 더불어 같은 시대 동서양의 경제사를 씨줄로, 그리고 과학과 기술의 발달 과정을 날줄로 함께 엮었다. 이는 경제사를 입체적으로 파악하기 위해서다. 그리고 경제사를 주도한 유대인의 좌표를 그 시대 상황 속에서 살펴보고자 함이요, 동양 경제사를 함께 다룬 것은 서양의 것에 매몰된 우리의 편중된 인식을 바로잡는 데 조금이라도 보탬이 되고자 함이었다. 유대인도 엄밀히 말하면, 셈족의 뿌리를 갖고 있는 동양인이다. 다만 오랜 역사에 시달려 현지화되었을 뿐이다.

과학과 기술의 발달 과정을 함께 엮은 것은, 경제사를 입체적으로 이해하기 위해서는 시대 상황과 함께 과학과 기술의 변천을 함께 살펴야 한다는 믿음 때문이다. 과학기술사는 경제사와 떼려야 뗄 수 없는 불가분의 관계다. 실제 역사적으로 과학기술의 발전이 경제 패러다임을 바꾼 사례가 많았다. 이미 과학과 기술의 트렌드를 알지 못하고는 경제와 경영을 논하기 어려운 시대가 되었다.

날줄과 씨줄이 얽히면서 만들어내는 무늬가 곧 경제사의 큰 그림이다. 만약 이러한 횡적·종적인 연결고리들이 없다면 상호 연관성이 없는 개별적인 역사만 존재하게 되고, 경제사는 종횡이 어우러져 잘 짜여진 보자기가 아니라 서로 연결되지 않은 천 쪼가리들에 지나지 않을 것이다.

세 번째로, 유대인의 역사와 그들의 의식구조를 이해하기 위해 그들이 믿는 '유대인의 역사책'인 구약성경을 많이 인용하였음을 양해 바란다.

마지막으로 고백해야 할 것은, 이 책의 자료 가운데 많은 부분을 책과 인터넷 검색으로 수집하였다는 점이다. 이를 통해 여러 선학들의 좋은 글을 많이 인용하거나 참고하였음을 밝힌다. 한 조각, 한 조각의 짜깁기가 큰 보자기를 만들 수 있다는 생각에서다. 널리 이해하시리라 믿는다.

특히 이번《유대인 경제사》를 내면서 먼저 출간된 필자의 책들《유대인 이야기》(행성B, 2013)와《유대인 창의성의 비밀》(행성B, 2013),《세 종교 이야기》(행성B, 2014),《달러 이야기》(한스미디어, 2014),《환율전쟁 이야기》(한스미디어, 2014),《월가 이야기》(한스미디어, 2014)에서 많은 내용을 가져왔다.

이번《유대인 경제사》9권은 '21세기 초 글로벌 금융위기'의 전 과정을 다루었다. 위기의 잉태와 전개 과정을 파헤치고 그 결과에 이르기까지 큰 흐름을 추적했다. 그 중심에 역시나 유대인들이 있었다. 그 누구도 시도하지 못했던 의미 있는 작업을 했다고 감히 자부한다.

9권의 많은 내용을 필자의 전작인 《월가 이야기》에서 가져왔다. 《월가 이야기》를 읽은 독자들에게는 미안한 마음을 금할 수 없으나 《유대인 경제사》 시리즈에서도 이 이야기를 빼놓을 수 없음을 양해 바란다.

참고문헌은 익명의 자료를 제외하고는 본문의 각 페이지와 책 후미에 밝혀두었다. 그럼에도 이 책에 있는 오류나 잘못은 당연히 필자의 몫이다. 잘못을 지적해주시면 감사한 마음으로 고치겠다. 끝으로 이 책을 사랑하는 코트라KOTRA 식구들에게 바친다.

지은이 홍익희

CONTENTS

IV
재무부 장관들

I

글로벌 금융위기의
실체

JEWISH ECONOMIC HISTORY

신자유주의의 출현으로 인한 금융시장의 급팽창이 새로운 형태의 자본주의 경제를 만들어갔다. 이른바 금융자본주의다. 그 중심에 월스트리트의 유대인 금융가들이 있었다. 이를 영국 〈파이낸셜타임스〉의 수석 논설위원 마틴 울프는 2007년 6월 그의 기획 칼럼에서 이른바 '신자본주의neo-capitalism'라 불렀다. 이는 같은 해 하반기부터 불어닥친 글로벌 금융위기를 마치 예상하기라도 한 듯한 특집기사였다.

상품과 서비스의 생산과 분배를 위해 교환 매개체로 등장한 게 돈이다. 그런데 돈 스스로가 자가 증식을 하고 그 성장 속도는 상품과 서비스의 생산, 곧 세계 GDP보다 몇 배 이상 빠르다. 이것은 본질적인 문제를 잉태하고 있다.

21세기를 전후해 글로벌 금융자산의 증가 속도가 세계 경제성장률을 너무 크게 앞서나갔다. 세계 경제성장률은 연 3~4%인 데 비해 세계 금융자산 증가율은 그 서너 배인 평균 15% 안팎이었다. 지나친 오버슈팅이었다. 이게 쌓여서 금융위기라는 화를 부른 것이다.

피케티는 미국의 치부를 직설적으로 건드렸다. 아니, 세계 금융산업 역사의 본질적인 문제점을 적시한 것이다. 우리나라도 이에 자유롭지 못하다. 사실 미국 지도부도 오래전부터 이 문제를 알고 있었다. 로버트 루빈 재무장관이 1999년 장관직에서 물러난 직후 브루킹스연구소에 몸담으며 후학들을 불러 모아 연구한 '해밀턴 프로젝트'의 주된 테마가 바로 이 '소득 불평등' 문제였다. 소득 불평등으로 인한 사회적 부익부 빈익빈 현상이 심각했음을 재무부 장관 시절 절감했기 때문이다. 하지만 공식적인 보고서가 발표되었음에도 실질적인 연구 결과는 수면 아래로 잠복했다. 월스트리트의 이해와 상충되었기 때문이다.

돈의 힘으로 경기를 부풀리는 유동성 장세는 양면성을 가지고 있다. 꺼져가는 불길을 키우기도 하지만 불길이 거세어지면 초가삼간까지도 삼켜버린다.

2008년 글로벌 금융위기도 유동성 장세 때문에 발생했다. 이로 인해 많은 사람과 기업이 고통을 당했다. 그런데 미국을 위시한 선진국들은 금융위기로 침체된 경기를 살리는 데 주로 돈을 풀어 자산가격을 다시 부풀림으로써 살려내고 있다. 그러다 보니 지금의 장세도 유동성 장세의 연속이다. 실물경제 상승이 미약함에도 주식시장이 활황인 이유이다. 세계 경제가 아슬아슬한 곡예를 계속하고 있는 것이다.

1971년 달러가 금의 속박에서 풀려나 근원 인플레이션이 허용하는 한도 내에서 거의 무제한으로 달러를 발행했음에도 큰 인플레이션은 일어나지 않았다. 1980년대 이후 신자유주의가 맹위를 떨치면서 달러가 전 세계적으로 급격히 퍼져나갔음에도 세계적으로 물가는 그리 뛰지 않았다. 우리는 이를 '골디락스'라 불렀다. 뜨겁지도 차지도 않은 알맞은 온기의 경기가 계속되었다. 이 모든 것이 중국의 저렴한 제조업의 힘이었다. 유동성이 늘어나 물가 상승의 압력을 저렴한 공산품이 상쇄시켜 주었기 때문이다.

2008년 글로벌 금융위기의 요인은 여러 가지가 있겠지만 그 도화선에 불붙인 건 파생상품이었다. 파생상품은 원래 미래의 위험을 헤지hedge하기 위한 목적으로 만들어졌다. 파생상품은 소액의 증거금으로 큰 거래를 성립시키기 때문에 위험을 헤지하기도 하지만 위험을 증폭시키기도 한다. 잘 쓰면 약이요 잘못 쓰면 독이다. 사회경제사가인 에릭 홉스봄은 《극단의 시대》에서 "(대공황으로 인한) 경제 붕괴의 충격을 이해하지 않고서는 20세기 후반의 세계를 이해할 수 없다"고 썼다. 2008년 글로벌 금융위기는 오늘날 살아 있는 경제 교과서이다. 우리가 글로벌 금융위기를 철저히 알지 못하면 앞으로 벌어질 21세기의 세계를 이해할 수 없을지 모른다.

벤 버냉키 전 연방준비제도 의장은 2008년 글로벌 금융위기를 1930년대 대공황보다 더 심각한 상황으로 평가했다. 티모시 가이트너 전 재무장관도 유사한 평가를 했다. 금융위기가 전개된 과정과 그 실체를 안다는 것은 금융산업의 역사가 일천한 우리에게는 소중한 공부거리다.

모든 금융위기의 원인은 과잉유동성 때문이었다. 역사적으로 부르는 용어만 조금씩 달랐다. 1907년 공황의 원인은 '과잉자본' 때문이라 했다. 1927년 대공항의 원인은 과도한 통화팽창정책의 결과라 했다. 결국 그 말이 그 말이다. 과잉유동성이 버블을 불러 그 도가 지나치자 터진 것이다. 예나 제나 위기는 과잉대출로부터 시작되었다. 결론적으로 '과다대출'로 인한 '과잉유동성'은 1907년, 1929년, 2008년 공황을 관통하는 공통의 키워드다. 그리고 너무 급하게 금리를 올리거나 내리는 급브레이크를 밟으면 안 된다는 교훈도 알려주었다.

글로벌 금융위기 와중에 선진국은 천문학적인 규모로 통화량을 증가시켜 왔다. 또한 각국 금리도 사상 최저 수준이다. 그렇게 많은 돈이 풀렸음에도 물가가 안정되어 있고, 일본과 유럽은 오히려 디플레이션을 걱정한다.

미국 경제학자 어빙 피셔는 '화폐 수량설'로 물가 변동을 명쾌하게 설명했다. 물가 수준은 결국 화폐량과 유통 속도에 달렸다는 이야기다. 생산품 가격을 P, 생산품 거래 총량을 T, 화폐량을 M, 화폐유통 속도를 V라고 한다면, 'MV=PT'라는 것이다.

지금은 경기가 좋지 않아 투자 대상을 못 찾은 돈이 은행에서 자고 있다. 하지만 경기가 본격적으로 좋아지면 문제는 달라진다. 통화량의 유통 속도가 빨라진다.

그때는 인플레이션의 쓰나미가 밀려올 가능성이 크다.

우리는 모든 권력의 최정점에 정치권력이 있다고 생각한다. 그리고 그 정상에 대통령이 있다. 하지만 아니었다. 그것은 절대 봉건주의 시절의 이야기다. 현대 세계에서, 아니 최소한 현대 미국에서 정치권력을 움직이는 큰손들은 바로 금권정치와 언권정치이다. 돈줄과 언론을 장악하고 있는 세력이 정치권을 움직이고 있다.

01

금융자본주의의 장악

자본주의의 발전 경로를 보면, 산업자본주의가 진전될수록 자본가들은 투자 자금을 금융기관에서 차입하거나 증시에서 조달받는다. 이로써 자본가의 지위는 상대적으로 축소된다. 대신 금융기관들

∴ 이윤이 아닌 인간을

과 주주들이 점차 경영의 주도권을 행사하게 된다. 이런 현상을 금융자본주의라 한다. 금융자본주의는 신자유주의, 주주자본주의의 또 다른 이름이다.

금융자본주의에서는 산업자본의 실제 주인이 은행이나 금융자본가가 되는 것이다. 이렇게 금융자본이 산업자본을 지배하는 현상은 경제가 발전할수록 심해진다. 그렇게 되면 기업의 수익은 기업가나 근로자보다 금융자본가와 주주들에게 주로 돌아간다. 특히 외국인 자본의 장악력이 커진다.

금융자본주의가 발전할수록 주주자본주의의 핵심 주체가 바로 초국적 금융자본이 되는 것이다. IMF 사태를 계기로 우리나라의 주요 은행과 대기업의 외국인 지분이 50%를 넘어선 것은 이와 무관치 않다.

"We are the 99%"

글로벌 금융위기로 인해 피폐해진 미국인들의 분노가 폭발했다. 2011년 9월 뉴욕의 월스트리트에서 시위대가 피켓에 쓴 핵심 단어는 '1% 대 99%'였다. 상위 1%에게 온갖 부가 집중되어 있고 나머지 99%는 소외당하고 있다는 것이다. 1%의 탐욕과 부패를 규탄했던 시위대는 자신들을 99%로 표현했다.

미국이 가진 부의 대략 40%를 상위 1%인 슈퍼리치가 보유하고 있다. 미국 내 금융자산의 절반가량 역시 그들 소유이다. 미국 전체에서 벌어들이는 소득의 23%가량을 가져가는데 이 비율은 24%로 정점을 찍었던 1929년 세계 대공황 이래 최고 수준이다.

슈퍼리치는 약 152만 가구로 미국 인구의 2%이며 그들의 연간 소

득은 최소가 44만 달러 이상이다. 그들은 국민소득 증가분의 무려 절반 이상을 가져간다. 극단적인 불평등이 발생하고 있는 것이다. 미국 400대 부자가 미국 인구의 절반이 넘는 1억 5000만 명보다 더 많은 부를 소유하고 있다.

하지만 99% 보통 미국인들을 진짜 화나게 한 것은 월스트리트의 탐욕이었다. 글로벌 금융위기의 원흉으로서 99% 보통 사람들의 세금으로 간신히 살아난 미국 대형 금융기관들이 벌인 비상식적인 보너스 잔치에 분노한 것이다.

미국의 부자들은 골드만삭스 같은 투자은행ᴵᴮ을 통해 부를 늘리지만 상위 1%는 헤지펀드를 통해 부를 늘린다. 헤지펀드는 비공개 펀드로 최소 100만 달러 이상이라야 투자할 수 있다.

2010년 하반기, 헤지펀드 1~2위 업체인 폴슨앤코와 퀀텀펀드가 수수료를 떼고 순수하게 고객들에게 돌려준 수익은 각각 58억 달러와 30억 달러였다. 특히 120명을 고용하고 있는 폴슨앤코가 3만 2500명이 일하는 골드만삭스의 순수익 43억 달러를 훨씬 능가한 점이 눈에 뛴다. 100여 명의 인력으로 운영되는 헤지펀드 수익이 수만 명의 인력을 고용하고 있는 일류 투자은행보다도 많았다.

미국 뉴욕에서 시작된 점령 시위대 열풍은 10월에 접어들면서 전세계 80여 개국으로 번져갔다. 이로써 세계인들은 금융자본주의가 불러온 소득 불평등과 부의 편중의 심각성에 대해 분노하기 시작했다.

경제민주화가 이루어져야 하는 이유

미국인들은 신자유주의가 본격화된 1980년대 이후 불평등이 급증하는 상황에서도 그것을 개인의 능력 탓이라고 여겼다. 하지만 아니었다. 자본주의 속에서 돈이 돈을 버는 금융산업의 속성 때문이었다. 이로 인해 소득 불평등이 심해져 사회의 양극화 현상이 극대화되었다. 미국의 싱크탱크는 이를 인지하고 연구했으나 밖으로 드러내

지는 않았다.

불평등 문제에 대한 미국인들의 인식을 반전시킨 최초의 계기는 2008년 전 세계를 휩쓴 글로벌 금융위기였다. 2011년 가을 '우리는 99%다'라는 구호를 앞세운 월스트리트 점령 시위가 벌어지면서 비로소 공론화되었다.

미국 사회 1%는 어떤 사람들일까. 상위 1%의 평균소득은 연간 150만 달러이다. 이 상위 1%가 2013년 미국 국가 전체 소득의 23%를 차지했다.

상위 1%와 나머지 99% 사이의 소득격차만이 문제의 전부는 아니다. 더 큰 문제는 이들 1% 중 공정한 게임의 규칙을 조작하려는 세력이 있다는 사실이다. 이들은 막대한 자금력을 동원해 정치, 언론, 관가에 영향력을 행사하고 있다. 소득세 인하, 상속세 철폐, 환경규제 완화, 최고 소득세율 삭감 등이 그것이다.

따라서 서민들을 위한 경제민주화 정책, 곧 서민경제 안정, 교육기회의 평등, 실직자 지원, 빈곤 완화 등의 정책은 상대적으로 정치영역에서 소외된다. 특히 상위 1%들이 슈퍼팩Super Pac을 통한 대규모 정치후원금을 무기로 대선과 총선에 막강한 영향력을 행사하고 있다. 이른바 금권정치가 자행되고 있다.

이것이 비단 미국만의 문제는 아니다. 이러한 소득 불평등의 근원인 상위 1% 계층의 금융자산이 짧은 시기에 어떻게 그렇게 과도하게 급팽창했는지 그 과정을 살펴보자.

신자본주의의 태동

신자유주의가 신자본주의를 탄생시키다

경제지상주의인 신자유주의의 출현으로 금융시장의 급팽창과 새로운 파생상품 출현이 새로운 형태의 자본주의 경제를 만들어갔다. 이를 영국의 금융전문지인 〈파이낸셜타임스〉의 마틴 울프는 '신자본주의neo-capitalism'라 불렀다. 신자본주의라는 용어는 경제사적인 분류가 아닌 미디어 용어로 사용되었다.

'금융자산의 급격한 팽창, 빨라진 금융거래 속도, 새로운 금융상품의 등장, 헤지펀드와 사모펀드의 성장, 각국 금융시장에서 외국인 비중의 확대'가 신자본주의를 이끄는 동력이라고 평가하기도 했다.

하지만 신자본주의에 대한 개념은 학문적으로 정확히 규정된 바 없다. 혹자는 '수정자본주의'나 '신자유주의'와 비슷한 의미로 사용하기도 한다. 또 금융 부문의 엄청난 성장이 자본주의라는 세계 경제의 기본질서를 재구축하고 있다 하여 '금융자본주의'라는 말로 대체해도 큰 무리가 없다.

이렇게 금융자본주의가 최근 들어 극성인 이유는 1980년대 시작된 신자유주의가 결정적인 요인이다. 그 가운데 가장 큰 영향을 미친 요인은 자의 반 타의 반으로 각국 정부가 추진한 금융 부문의 규제 완화였다. 선진국은 자국의 이익을 위해 추진되었으나 후진국들은 선진국들의 이익을 위해 강제로 개방을 강요당했다.

20세기 중반만 해도 각국의 금융시장은 촘촘하게 짜여진 규제로 성장이 쉽지 않았다. 은행의 예금이자율에 상한선을 둔 규제가 대표적이었다. 이 밖에 기업마다 지분을 취득할 수 있는 한도가 정해져 있었고 외국인에게 이 규정은 더욱 엄격하게 적용되었다. 후진국들은 사회적 희소 자원인 자본의 배당이 관료들에 의해 주도되어 배분되었다. 이러다 보니 자연히 부패와 협잡이 끼어드는 '정실자본주의'가 득세할 수밖에 없었다.

이런 금융규제는 1980년대를 지나면서 도미노처럼 빠르게 무너졌다. 은행, 보험, 증권 등을 가로지르던 칸막이도 없어졌고 외국인 지분한도 역시 완화됐다. 고정환율제에 묶여 있던 외환시장도 자유를 얻었고 금리도 시장의 수급에 의해 정해졌다.

블랙-숄스 이론, 금융시장의 판세를 바꾸다

이러한 근저에는 노벨상 수상자인 피셔 블랙과 마이런 숄스가 1973년에 발표한 파생상품 가격결정 이론인 '블랙-숄스 모델'이 있었다. 같은 해에 로버트 머턴은 그들의 방정식을 좀 더 깊이 있고 통찰력 있는 방식으로 이해하는 방법을 내놓았다. 금융에 '정량적 quantitative'이라는 새로운 개념을 도입한 것인데, 그 뒤 금융은 차원이 다른 복잡한 세계로 발전했다.

블랙-숄스 방정식은 금융시장에 날개를 달아주었다. 금융시장은 속성상 불투명한 것을 싫어한다. 그런데 이 이론으로 파생상품에 가격이 매겨지면서 거래가 활발해졌다. 이로써 헤지펀드와 사모펀드가 급성장했다.

여기에 복잡한 파생상품의 손익 계산을 순식간에 해치우는 컴퓨터 기술이 보태졌다. 국제 금융시장이 '24시간 운영체제'로 바뀐 것이다.

세계적인 저금리 기조로 유동성 확대

세계적인 저금리 현상이 금융시장의 팽창을 부채질했다. 각국 중앙은행을 통한 유동성 공급이 금융시장에 생기를 돌게 하는 혈액이 되었다.

'신자본주의'는 각 경제주체들의 행동양식에도 영향을 미쳤다. 손쉽게 투자하고 수월하게 돈을 빌릴 수 있는 여건이 마련되면서 제도권 금융기관의 유동성뿐 아니라 가계부채 역시 빠르게 증가했다. 영국의 가계부채 규모는 1994년 GDP의 108% 수준에서 2005년엔 159%로 늘어났다. 전체적인 금융자산 규모가 빠르게 늘어났다.

이로써 금융자본주의가 득세하기 시작하자 기업은 경영권 방어가 한층 힘들어졌다. 공격적인 인수합병M&A 전략을 구사하는 헤지펀드와 사모펀드가 대폭 늘어났기 때문이다. 외국인 주주들의 발언권도 강화됐다.

신자본주의로 이끈 5가지 요인

〈파이낸셜타임스〉는 '신자본주의'라는 제목의 특집기사에서 금융 부문을 중심으로 세계 경제를 움직이는 작동 원리가 바뀌고 있다고 진단했다. 그 때문에 기업경영 방식의 변화와 소득격차 심화 등 예상치 못한 결과를 낳고 있다고 지적했다.

이 신문은 2007년 6월 세계 경제를 '신자본주의'로 이끈 요인으로 다섯 가지를 꼽았다.

첫 번째는 금융자산의 규모가 비약적으로 증가했다는 것이다. 매킨지 글로벌 인스티튜트에 따르면 주식과 채권, 은행예금 등을 합친 글로벌 금융자산의 규모(2005년 기준)는 약 140조 달러로 전 세계 국

신자본주의를 이끈 5가지 원동력

금융자산의 급격한 팽창
주식·채권 등 금융자산 전 세계 GDP의 3배 이상으로 급증

속도 빨라진 금융거래
회전 느린 은행 예금 비중 최근 25년 새 42%에서 27%로 축소

새로운 금융상품의 등장
각종 파생상품 규모 전 세계 GDP의 6배 수준으로 급증

헤지펀드와 사모펀드의 눈부신 성장
헤지·사모펀드 운용자산 규모 1조 6000억 달러로 팽창

각국 금융시장의 외국인 비중 확대
외국인 보유자산 규모 전 세계 GDP의 3배 이상으로 증가

내총생산GDP의 3배를 넘었다. 25년 전인 1980년에 비해서는 3배 이상 불어난 것이다. 그만큼 금융자산 증식이 빨라 금융자본주의와 소득 불평등이 심화되었다.

두 번째는 그 어느 때보다 금융거래가 활발해졌다는 점을 지목했다. 1980년에는 금융자산의 42%가량이 은행예금에 묶여 있었지만 2005년에는 은행예금 비중이 27%로 떨어졌다. 그만큼 많은 돈이 국제 금융시장을 떠돌아다닌다는 얘기다. 투기성 핫머니가 늘어난 것이다.

세 번째는 새로운 금융상품의 등장이다. 금리와 주식을 기반으로 한 파생상품이 대표적인 케이스이다. 전 세계 파생상품의 규모는 286조 달러가량으로 1990년(3조 4500억 달러)에 비해 80배 이상 팽창했다. 이것들이 글로벌 금융위기의 주범이었다.

네 번째는 헤지펀드와 사모펀드 등 새로운 금융 플레이어의 등장
이다. 1990년 610개에 불과했던 헤지·사모펀드는 2007년 9575개로
급증했다. 이들이 운용하는 자산은 1조 6000억 달러로 불어났다. 이
들이 지금 세계 금융시장의 판도를 바꾸고 있다. 게다가 상위 1%의
재산 증식이 주로 이들에 의해 이루어지고 있다.

마지막으로 외국인 투자자의 입김이 세졌다는 것이다. 외국인 투
자자의 금융자산 비중은 1970년대 전 세계 GDP의 절반에 불과했지
만 3.3배로 늘어났다. 그 선두에 미국의 자본이 있다. 미국이 신자유
주의를 외치며 강제로 외국의 금융시장을 개방케 한 이유이다.

〈파이낸셜타임스〉는 "신자본주의의 확산으로 자국 금융시장을
보호해야 한다는 보수적인 목소리가 힘을 얻고 있다"며 "신자본주의
가 세계 각국에 도움이 되는 경제 시스템인지는 아직 불분명하다"고
진단했다.※

❖ 안재석 기자, "세계 경제는 지금 '新자본주의' 시대", 〈한국경제〉, 2007년 6월 20일

폭발적인 금융자산의 증가

자본집적도

달러, 근원 인플레이션 허용 한도 내에서 제약 없이 발행

1970년까지만 해도 세계 금융자산 규모는 세계 총생산 규모의 절반에 불과했다. 닉슨 쇼크 이전 금본위제 아래에서는 세계의 통화량과 금융자산이 지나치게 적었음을 알 수 있다.

1971년 8월 15일, 달러가 자유를 맞이한 광복절이다. 미국 대통령 닉슨이 달러와 금의 연결고리를 끊어버린 것이다. 이렇게 금태환제도가 무너졌다.

그리고 달러가 근원 인플레이션이 허용되는 한도 내에서 제약 없이 발행되었다. 이때부터 세계 금융자산의 증가 속도가 빨라졌다. 금의 제약으로부터 해방된 달러가 거의 무제한 인쇄되어 전 세계에 뿌려졌다. 하지만 이것이 문제의 시작인지는 아무도 몰랐다.

신자유주의, 자본집적도를 팽창시키다

그 뒤 10년 만인 1980년에 이르러 세계 금융자산 규모는 2배 이상 커졌다. 세계 총생산 규모를 넘어서기 시작했다. 곧 금융자산을 GDP로 나눈 '자본집적도_{financial depth}'가 109%로 1.09배였다.

이후 미국에서는 레이건노믹스로 대표되는 신자유주의가 극성을 부리기 시작했다. 감세정책과 금융의 자유화로 경기를 활성화시키는 것이 골자였다. 있는 자들의 부는 급속도로 불어났다. 10년 후 1990년 자본집적도 비중은 무려 263%가 되었다. 불과 20년 만에 GDP 대비 금융자산의 규모가 50%에서 263%로 5배 이상 커진 것이다.

신자유주의의 양면성

그 뒤 미국은 다른 나라에도 신자유주의를 강하게 밀어붙였다. 이른바 '워싱턴 컨센서스'라 하여 미국식 시장경제 체제와 금융 시스템의 대외 확산전략을 말한다. '세계화'와 '자유화'라는 용어가 이때 만들어졌다. 신자유주의의 산물이 정부의 간섭을 배제하는 탈규제화와 무역자유화, 자본자유화, 민영화였다.

이후 미국은 강제로 남의 나라 외환시장 빗장을 열어젖혔다. 자본 수출에 광분했다. 그 뒤 세계 각국의 외국인투자 자본의 3분의 2는 미국 자본으로 채워졌다. 제조업 비중이 빈약한 미국이 이후 자본 수익으로 세계 경제의 리더 자리를 지켰다.

신자유주의는 양면성이 있다. 정부의 간섭, 곧 관치를 줄이고 시장에 맡긴다는 면에서는 효율적인 제도다. 최소한 우리나라에서 금융 관치를 몰아낸 일등공신이 신자유주의였다. 그러나 속도가 문제였다. 너무 급격한 변화는 시장 자체를 심하게 망가뜨렸다.

우리의 1997년 IMF 사태도 '워싱턴 컨센서스'에 희생된 제물의 하나였다. 이때 우리 은행들의 주식 60% 이상이 그들 손으로 넘어갔다. 은행 3개는 아예 통째로 넘어갔다. 상당량의 대기업 주식도 외국인에게 넘어가기는 마찬가지였다. 이로써 우리나라도 글로벌 금융자본이 주식시장의 3분의 1 이상을 장악했다.

게다가 1900년대 후반에는 세계 경제가 골드락스를 맞아 금융시장이 호황을 누려 2000년에 세계 자본집적도는 3.10배, 2004년에 3.34배로 증가했다. 금융자산의 증가 속도가 세계 총생산 증가 속도에 비해 서너 배 이상 빨랐다.

매킨지 보고서를 통해 본 세계 금융자산 규모

2008년 초에 발표된 맥킨지 보고서를 보면, 2006년도 전 세계 금융자산 총액은 167조 달러에 이르러 전년대비 25조 달러, 17.6%나 늘어나 지나치게 팽창하고 있음을 알 수 있다. 2006년 기준 세계 경제권역 간 투자와 금융자산 규모는 미국이 56조 달러로 유럽의 53조 달러를 웃돌았다. 미국 한 나라의 금융자산이 유럽 전체를 앞선 것으로 미국이 세계 금융을 리드하고 있음을 알 수 있다. 유럽 집계액은 유로존(유로화를 사용하는 국가들)과 영국, 스위스, 스웨덴 등을 모두 포함한 것이었다.

글로벌 금융위기 직전인 2007년에는 자본집적도가 355%로 증가했다. 당시 선진국 평균은 417%였고 신흥국 평균은 199%였다. 금융버블이 선진국에서 유래했음을 알 수 있다.

결국 금융산업에 낀 과도한 거품이 터져 2008년 글로벌 금융위기

세계 경제 권역간 투자와 금융자산 규모

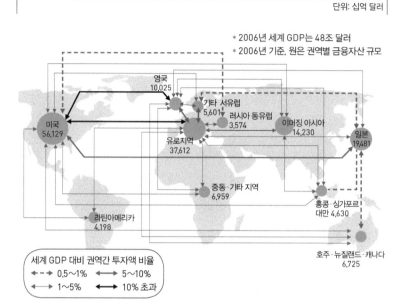

단위: 십억 달러

* 2006년 세계 GDP는 48조 달러
* 2006년 기준. 원은 권역별 금융자산 규모

영국
10,025

기타 서유럽
5,601

러시아 동유럽
3,574

이머징 아시아
14,230

미국
56,129

유로지역
37,612

일본
19481

중동·기타 지역
6,959

홍콩·싱가포르
대만 4,630

라틴아메리카
4,198

호주·뉴질랜드·캐나다
6,725

세계 GDP 대비 권역간 투자액 비율
0.5~1%   5~10%
1~5%   10% 초과

자료: 맥킨지글로벌인스티튜트, 〈매일경제〉 2008년 8월 17일

가 발생했다. 하지만 글로벌 금융자산 규모는 위기 이후에도 줄어들지 않았다. 매년 1.9%라는 느린 성장을 하기는 했으나 적어도 줄지는 않은 것이다. 2007년 세계 금융자산이 206조 달러였는데 2012년 상반기 금융자산은 225조 달러였다.

자본집적도 증가의 문제점, 소득 불평등 심화

자본집적도의 급격한 증가는 사실 큰 문제점을 안고 있다. 신자유주의 이후 세계의 산업자본주의를 금융자본주의가 대체하였음을 뜻했다. 이는 부의 분배가 기업가와 노동자에게서 주주와 은행 등 금융자본가에게로 쏠리고 있음을 의미했다.

금융자산이 국내총생산GDP 성장률보다 더 빠른 속도로 축적되어 부가 금융자본가 등 소수에게 집중되었다. 이에 따라 소득 불평등도 커졌다. 소득 불평등 심화가 단순한 중산층의 몰락이 아니라 최상위 계층의 극소수 집단으로의 소득 집중의 결과임을 알 수 있다.

문제의 심각성은 이러한 자본집적도 비중의 증가가 양극화의 심화로 이어져 부익부 빈익빈 현상이 심화되고 있다는 점이다. 힘든 시기에 있는 자들이 더 많은 부를 움켜쥐었고 중산층들이 빈곤층으로 내몰리고 있는 것이다. 이로써 중산층의 소비력이 급격히 위축되었다. 이것이 2008년 발발한 금융위기가 아직까지 회복되지 못하고 있는 이유이자 미국 등 선진국에서 부유세가 거론되는 이유이다.

상위 10%가 전체 소득의 반을 차지하면 공황이 터진다

다음 페이지의 그림에서 보듯 놀라운 사실은, 최상위 10%의 소득이 전체 소득의 50%에 육박하면서 1929년 대공황이 발발했고, 2007년 다시 이 비율이 50%에 달하면서 글로벌 금융위기가 터졌다는 점이다. 이는 상위 한 명이 버는 소득이 나머지 9명이 버는 소득과 같았음을 뜻한다. 곧 국민의 90%가 소비력을 잃어버리는 경제 체제는 붕괴할 수밖에 없음을 보여주고 있다.

2007년도 355%였던 자본집적도가 금융위기를 거치면서 다행히 2012년 상반기에 312%까지 내려왔다. GDP 대비 자본집적도 비중이 하락한 것은 사실 이 기간에 중국과 인도 등 개발도상국들이 높은 경제성장을 구가했지만 이들 나라에서는 금융자산이 크게 늘지 않은 탓이다.

미국 상위 10%의 소득점유율 추이

단위: %

대공황

2차 대전 발발

빌 클린턴 취임

레이건 취임

조지 부시 취임

2차 대전 종결

블랙 먼데이(주가 대폭락)

50
45
40
35
30
25

1917 1927 1937 1947 1957 1967 1977 1987 1997 2006

* 소득은 시장소득과 자본소득의 합산(그래프가 상승할수록 양극화 심화)

자료: Emmanuel Saez(http://elsa.berkeley.edu/~saez/)

유동성 증가에 대한 제어의지나 적절한 제어 수단이 없다

금융위기가 끝나면 자본집적도는 다시 늘어날 것이다. 문제는 이러한 실물경제 대비 과도한 유동성 증가에 대한 제어의지나 적절한 제어 수단이 별로 없다는 점이다. 그나마 유로 지역에서는 화폐 수량설에 입각해 정부는 GDP 성장률에 준하는 화폐를 공급하는 데 그쳐야 한다고 주장한다. 반면 미국에서는 케인스학파의 영향으로 시장이 위태로우면 정부가 개입해서 화폐를 무제한 공급해야 한다고 역설한다.

미국은 2008년 신용위기가 나타나자 보란 듯이 유동성을 무제한으로 늘리는 기민함을 보여주었다. 3차에 걸친 초유의 양적완화정책으로 많은 돈이 풀렸다. 이는 EU와 일본도 마찬가지였다. 세계 3대 통화가 다 같이 통화 팽창에 적극 가담했다. 이로써 위기 상황을 완

화하기는 했으나 문제는 앞으로 나타날 수 있는 후유증이다. 후유증
은 늘 시차를 두고 나타나는 법이다.

세계 평균보다 2배 더 높은 우리나라의 자본집적도

한편 이러한 금융자산 증가 현상은 우리나라가 오히려 한술 더 뜨
는 듯하다. 우리나라의 금융자산은 1980년 약 114조 원에서 2005년
말 5300조 원으로 늘어났다. 25년 만에 46배나 늘어났다. 우리나라
의 2006년도 연간 예산이 202조 원임을 감안하면 엄청난 규모다.

반면 이 기간 GDP는 1980년 39조 원에서 2005년 807조 원으로
20배가량 늘어나는 데 그쳤다. 금융자산 증가 속도의 절반에도 못 미
쳤다. 이에 따라 자본집적도는 1980년 3.0배에서 2005년 6.6배로 증
가했다. 맥킨지가 집계한 2004년도 세계 자본집적도 3.34배의 무려
2배에 이른다. 그만큼 실물경제 대비 금융자산이 많다는 이야기다.

우리나라의 국내총생산 대비 금융자산 비율(자본집적도)

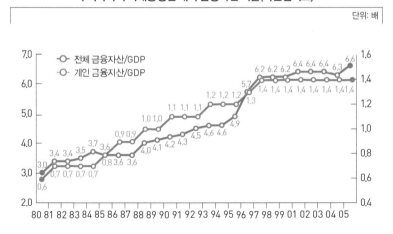

자료: "투기자본, '유가 뻥튀기'에 발 벗고 나섰다", 〈이코노미 21〉, 2006년 4월

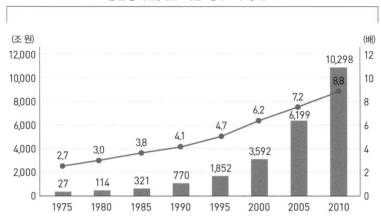

총금융자산(개인·기업·정부·국외) 규모

(조 원)   (배)

	1975	1980	1985	1990	1995	2000	2005	2010
총금융자산	27	114	321	770	1,852	3,592	6,199	10,298
금융연관비율	2.7	3.0	3.8	4.1	4.7	6.2	7.2	8.8

■ 총금융자산: 개인, 기업금융(금융·비금융), 정부, 국외 포함
●─ 금융연관비율: 총금융자산/명목GNI

자료: 한국은행

특히 국내에 유입된 외국인 금융자산은 1980년 20조 원 수준에
서 2005년 313조 원으로 크게 늘어나 개방경제를 실감케 했다. 외국
인 금융자산은 외환위기를 틈타 폭증했다. 이후 줄곧 300조 원 안팎
을 기록하다 최근 다시 외국인 자본의 유입이 늘어 2014년 초 주식
413조 원, 채권 95조 원 등 약 509조 원을 나타내고 있다.

한 가지 특징적인 것으로 개인 금융자산이 1980년 21조 원에서
2005년 1166조 원으로 늘어 무려 50배 이상으로 뛰었다. 이에 따
라 GDP 대비 개인금융자산 비율은 1981년 60%에서 2005년에는
140%로 늘어났다.※

한국은행 자료에 의하면, 우리나라 2010년도 금융자산 연관비율

※ 최중혁 기자, "투기자본, '유가 뺑튀기'에 발 벗고 나섰다", 〈이코노미 21〉, 2006년 4월

은 글로벌 금융위기 와중에도 꾸준히 증가해 8.8배에 달했다. 총 금융자산은 1975년 27조 원에서 2010년 1만 298조 원으로 약 380배 늘어났다. 한국의 금융자산 비율은 2012년 9.1배로 상승하였다. 여기서 금융자산은 예금, 주식, 채권과 같은 신용자산을 포함한다. 한국의 금융자산 연관비율은 미국(9.2배)과 비슷한 수준이다.

우리나라의 심각한 소득 불평등

문제의 심각성은 이러한 자본집적도 비중의 증가가 부의 상위계층 편중으로 인해 양극화의 심화로 이어진다는 점이다. 한국의 소득 불평등이 자본주의 종주국인 미국 수준에 달하고 있다.

우리나라 상위 10%의 소득집중도는 이미 일본과 프랑스 등 유럽권 수준을 넘어선 상태다. 특히 한국의 소득 불균형 원인으로 지목되는 것은 경제성장 둔화와 낮은 고용률 등이다.

국가별 상위 10%의 소득집중도

단위: %

미국	한국	일본	프랑스
48.16	45.51	40.50	32.69

* 한국과 미국은 2012년, 일본은 2010년, 프랑스는 2009년 기준

자료: 김낙년 동국대학교 교수

지나친 금융자산 증가 속도는 반드시 거품을 일으킨다

이러한 금융자산의 급팽창 현상은 그 원인과 실태를 여러 각도에서 깊이 있게 분석되어야 한다. 사실 경제성장률을 뛰어넘는 금융자산의 증가로 자본집적도가 높아지는 것은 도만 지나치지 않으면 경제에 그다지 나쁘지 않다. 기업에 대한 투자와 자본 확대를 위한 더 많은 기회를 제공하기 때문이다.

하지만 우리나라는 자본집적도가 세계 평균에 비해 너무 높다. 그 정도가 지나쳤다. 자본집적도가 급속히 늘어나는 유동성 장세는 자산가치의 거품으로 연결된다. 거품이 꺼지게 되면 다시 경기침체나 고통스러운 구조조정을 유발한다. 이러한 거품이 급작스럽게 터진 게 바로 신용위기다. 신용위기는 금융경색을 불러 금융위기로 연결되었으며 기나긴 침체의 늪을 견뎌야 했다.

금융위기 시 국가 간 자본 유출입 61% 감소

금융자산의 성장을 추적하는 게 자본집적도라면 통화의 이동, 곧 금융 세계화global financialization를 알아볼 수 있는 지표는 국가 간 자본 유출입이다. 국경을 넘는 자본 유출입은 외국인 직접투자와 은행들의 대출과 차입, 그리고 외국인의 증권과 채권투자를 포함한다. 1980년대 신자유주의 시작 이후 금융 세계화는 글로벌 금융시장의 자유화와 개방의 슬로건 아래 엄청난 속도로 진행됐다. 그것은 세계 GDP 성장률이나 상품 및 서비스 무역 증가율을 압도했다.

1980년까지만 해도 세계 GDP의 4%에 불과하던 국경 간 자본이동이 2007년에는 무려 5배나 늘어나서 20%에 이르렀다. 그리고 그 규모는 11조 8000억 달러로 커졌다. 그러나 금융위기 이후 그 이동

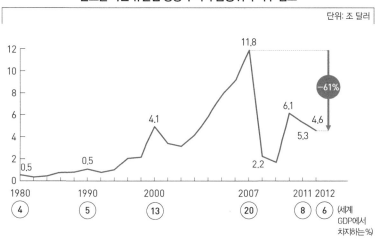

글로벌 자본 유출입 성장 추이와 금융위기 이후 감소

단위: 조 달러

11.8

−61%

12

10

8

6 ... 6.1

4.1 ... 5.3 ... 4.6

4

2 ... 2.2

0.5 ... 0.5

0

1980 1990 2000 2007 2011 2012

4 5 13 20 8 6 (세계 GDP에서 차지하는 %)

자료: IMF

규모가 무려 61%나 줄어들었다. 금융자산 가치의 추락보다 글로벌 자본이동의 축소가 훨씬 더 컸다.

2008~2009년 자본이동이 일시적으로 심하게 축소되었다. 하지만 2012년 신흥국으로 유입된 자본은 1조 5000억 달러에 달했다. 이로써 거의 2007년 수준을 회복했으며 이는 글로벌 자본유입의 32%에 해당했다.✥

미국 부채 증가가 세계 금융자산 증가의 절반 이상 차지

글로벌 금융위기 이전에 주택 모기지 증권이 일반화되면서 미국

✥ 김병권 새사연 부원장, "위기 이후 금융 세계화의 전망", 〈프레스바이플〉, 2013년 3월 18일; 2013년 글로벌 자본시장 맥킨지 보고서 등

의 가계부채가 급증했다. 주택을 담보로 한 대출 금액을 늘려 이를 다른 용도의 소비에 사용했기 때문이다. 가계부채는 1974년 6800억 달러에서 2009년 14조 달러로 늘었다. 거의 미국 GDP와 맞먹는 규모다. 특히 마지막 7년간 2배로 늘어났다.

미국 가계는 신용카드를 평균 13개 소유하고 있다고 한다. 아무리 신용사회라지만 지나쳤다. 그리고 지출 금액의 40%를 신용카드에 의지했다. 1970년에는 겨우 6%가 신용카드 부채였던 점과 비교하면 엄청난 변화다.

1980년대에 정부부채가 크게 늘었다. 그 뒤 1990년대는 개인부채의 팽창 시기였다. 이후 다시 정부와 개인의 몫이 동시에 커졌다. 미국의 공공 및 개인부채의 증가가 2000년에서 2004년 사이 세계 금융자산 증가의 절반 이상을 차지했다.

소비 증가가 빚을 얻어 이루어졌다는 게 문제

이런 상황에서 금리인상이 진행될 경우 더 큰 고통을 유발할 수밖에 없다. 특히 미국은 GDP의 72%를 가계소비에서 얻는 최대 소비국이다. 그동안 소비를 통해 세계 경제를 지탱하는 역할을 해왔다. 미국 GDP에서 소비가 차지하는 비중이 1980년까지 62% 수준이었던 것이 점차 늘어나 1990년대 중반부터는 4~5%씩 성장했다. 그러다 미국 경제의 적신호가 들어오고 있던 2006년에 이미 9조 6000억 달러로 미국 GDP의 72%이자 세계 GDP의 19%에 이르렀다.

문제는 이러한 소비지출의 증가가 소득증대로부터 기인된 것이 아니라 빚을 얻어 이루어졌다는 점이다. 가계부채는 1980년까지는 GDP의 절반을 넘지 않았다. 하지만 2008년 초에는 102%를 넘어섰다. 지나친 모기지 대출을 통한 개인부채의 급속한 증가와 함께 이루어진 소비였다. 곧 모기지 한도를 늘려 이자가 더 저렴한 대출로 바꿔 타며, 그 늘어난 대출액만큼을 소비에 지출한 것이다. 이러한 소비 행태가 금리인상이라는 일격에 무너져 내린 게 바로 신용위기다. 그러니 이제는 빚으로 유지되는 과소비시대로는 되돌아갈 수 없다.

예금에서 주식과 채권으로 이동, 거래 속도도 빨라지다

한편 금융자산의 증가뿐 아니라 투자처 분포 형태에도 큰 변화가 있었다. 전통적인 은행예금 방식에서 탈피하여 주식·채권 등으로 투자 형태가 다양해졌다. 지난 1980년까지만 해도 세계 금융자산의 45%는 은행예금이었다.

그러다 다른 금융자산의 가격이 올라가자 투자 대상이 빠르게 변해 갔다. 은행예금이 급속히 빠져나가 2004년에 29%, 그리고 2008년에는 13%까지 떨어졌다. 굉장히 빠른 속도로 줄어들었다. 그만큼 많은 돈이 은행에서 빠져나와 다른 투자 대상으로 옮겼거나 단기투자, 곧 단타로 움직이면서 국제 금융시장을 떠돌아다녔다.

반면 주식이 차지하는 비중은 1980년 23%에서 2004년 29%를 거쳐 2008년 초 50%로 급격히 늘어났다. 투자자들이 주식에 열광하여 2005년에서 2007년 사이에 주식시장이 무섭게 달아올랐다는 이야기다.

회사채 등 채권의 비중도 14%에서 25%로 급증했다. 이는 예금에 잠겨 있던 돈이 주식과 채권시장으로 쏠리면서 거래 지향적으로 변하여 금융자산의 회전 속도가 빨라졌다는 뜻이다.

우리나라 가계자산, 금융자산 비중이 빈약하다

이에 비해 우리나라 2012년 가계자산 구성비를 보면, 부동산 등 비금융자산이 75%이며 금융자산은 25%에도 못 미치고 있다. 이는 미국이 비금융자산 31%, 금융자산 69%인 것에 비해 크게 대조되는 부분이다.

그리고 우리나라 가계금융자산 현황을 보더라도 2006년 기준, 예금 48%, 투자형 자산 30%, 보험·연금 23%로, 선진국과 비교하면 예금 비중이 높고 미래에 대비한 투자나 보험·연금자산 비중이 낮다. 이러한 양태는 2012년에도 그리 크게 변하지 않았다.

금융자산이 빠르게 늘어나는 것은 더 많은 투자기회를 제공하기 때문에 경제에 '호재'로 볼 수 있다. 하지만 자산가치 거품 가능성으로 볼 때는 '악재'여서 동전의 양면을 지닌 셈이다. 특히 자산 증가 가운데 부채 증가폭이 클 경우 경제에 큰 타격을 줄 수 있다. 따라서 차입투자 등 지나친 부채의 증가는 각국 정부가 앞장서서 막아야겠지만, 한편으로는 세계가 공동의제로 설정하여 이를 제도적으로 규제해야 한다. 문제는 미국이다.

이제는 세계 경제가 글로벌 금융을 통해 한 울타리 안의 공동운명체로 묶여 있다. 따라서 세계 금융자산 증가에 따른 유동성의 이동과 쏠림 현상에 대한 더욱 세밀한 관찰과 이에 대한 대책이 필요하다.

미국, 소비와 금융산업이 동력인 나라

앞에 기술한 여러 현상은 또 다른 의미로는 기존의 산업자본주의가 금융자본주의로 빠르게 이동하고 있음을 뜻한다. 금융의 산업지배가 강화되고 있는 것이다. 자본주의 경제에서 금융업이 차지하는 비중은 지난 30년 동안 급속히 늘어왔다. 그 선두주자는 미국과 영국이다.

특히 미국의 경우를 보면 1980년대 인플레이션이 해결되면서 그 뒤로 부동산, 채권, 주식 등 자산가격이 크게 상승했다. 근원적인 물가는 많이 오르지 않았는데 투자 대상이었던 자산 가격만 크게 오른 것이다. 그러면서 자산거래와 자산담보부 대출이 대폭 늘어났다. 이에 따라 금융산업은 날로 번창해 규모가 커져 갔다.

금융산업 규모가 커지자 미국 주식시장에서 금융주가 차지하는 비중은 1980년 5%에서 2007년 24%로 성장했다. 금융산업의 비중이 거의 5배나 커진 것이다. 대단한 약진이었다. 그만큼 금융자본주의가 본격적으로 자리 잡았다.

금융산업이 GDP에 차지하는 비중은 영국 15%, 미국 8%이다. 2011년 기준 미국의 금융산업 규모는 1조 6000억 달러로 세계 최대 규모이다. 그런데 금융산업이 GDP '성장'에 기여하는 비중은 영국은 10%, 미국은 20%에 이르렀다. 그만큼 미국은 금융산업이 중요하고 역동적이다. 한마디로 미국 경제가 성장하려면 금융산업의 발전 속도가 빨라야 헀다.

미국 은행은 대형화·다변화되었고, 금융공학자들은 위험을 분산하는 기법을 개발했다. 과학적 분석으로 개발된 컴퓨터 프로그램에 의한 투자기법이 나날이 발달했다. 미국은 이렇듯 소비와 금융산업이 경제의 주요 동력인 나라다.

왜 피케티 신드롬이 부는가

미국에서 프랑스의 40대 초반 경제학자 토마 피케티가 쓴 책 《21세기 자본론》이 뜨겁게 달아올랐다. 이 책은 원래 2013년 가을 프랑스에서 조용히 출간되었다. 이듬해 3월 미국에서 영어로 출간되자 돌풍적으로 인기를 끌었다. 이에 힘입어 강연과 면담 요청이 쏟아지면서 그는 월드스타가 되었다. 미국인이 주로 주름잡고 있는 세계 경제학계에서는 이례적 현상이다.

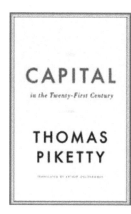

돈이 돈을 버는 속도가 노동 소득보다 훨씬 빠르다

책의 요지는 생각 밖으로 간단하다. 자본수익률이 생산소득 증가율을 19세기부터 지속적으로 넘어섰다는 것이다. 그리고 21세기에도 그럴 것이라고 우울한 전망을 내놓는다. 한마디로 돈이 돈을 버는 속도가 노동이 돈을 버는 속도보다 훨씬 빠르다는 것이다. 그는 "자본수익률은 경제성장률보다 영원히 높을 것이다. 인류 역사에서 늘 그래왔고 앞으로도 그럴 것이다"라고 단언한다.

대체 불평등이 얼마나 심한 것일까? 피케티의 주장을 들어보자. 이제까지 불평등에 관한 자료는 대부분 서베이를 통해 얻은 데이터였다. 곧 사람들에게 얼마를 버느냐고 물어봐서 얻은 결과였다. 하지만 서베이는 표본조사인데 진짜 부자들은 서베이 대상에서 빠졌을 가능성이 컸다. 그래서 피케티는 세무당국이 갖고 있는 소득신고 데이터를 이용해 불평등을 측정했다. 소득을 전보다 더 정확히 파악할 수 있었는데, 결과는 소득 불평등이 훨씬 심한 것으로 나타났다.

오늘날 미국의 경우 최상위 1%가 총소득의 22%를 가져가고, 상위 10%가 총소득의 50%를 가져간다. 반면 하위 50%는 총소득의 20%밖에 차지하지 못한다.

재산 소유 불평등은 더 심하다. 주요 선진국에서 상위 10%가 국부 전체의 50% 이상을 가지고 있는데 불평등이 심한 미국은 무려 70%를 가지고 있다 한다. 하위 50%는 국부의 5%를 가지고 있을 뿐이라 한다. 곧 전체 국민의 절반이 사실상 재산이 거의 없다는 이야기다.

피케티는 최상위 1%를 지배층, 다음 9%를 부유층이라 부르고 이

지배층
1%

부유층 9%

중산층 40%

하류층 50%

들을 합해 상류층이라 불렀다. 그다음 40%를 중산층, 나머지 절반을 하류층이라 불렀다. 곧 전체 국민의 절반이 하류층이고 40%가 중산층, 10%가 상류층인 전형적인 계급사회라는 것이다.

그나마 중산층은 상류층과 격차가 크고, 그 규모도 점점 줄어들고 있으며, 하류층으로 전락하는 중산층이 많다. 1980년대 신자유주의 이후 불평등이 더 심해지면서 상류층의 지위가 더 굳건해진 반면, 중산층이 위협받고 하류층이 더 나빠지는 시대가 도래했다는 것이 피케티의 결론이다.

피케티의 제안

그래서 저자는 이러한 소득 불평등의 대안으로 조세 개혁을 주장한다. 곧 부의 재분배를 위해 부유층에 대한 고율의 누진소득세를 제안하고 있다. 더불어 부의 세습을 막기 위해 글로벌 부유세도 제시한다. 부의 세습은 민주주의까지도 파괴한다고 경고하면서 말이다.

피케티도 완전한 평등사회를 만들자는 것이 아니다. 단지 과도한 불평등을 시정하여 적정 수준으로 낮추자는 것이다. 피케티는 그렇게 개혁된 사회를 '사회적 국가'라고 부른다. 곧 부자들로부터 세금을 더 거두어 가난한 사람들을 위한 사회복지를 강화하는 것이 사회국가의 핵심이다. 부자 증세가 필요한 이유이다.

이 책이 프랑스에서 출간되었을 때만 하더라도 큰 인기를 끌지 못했다. 그런데 미국에서 출간되면서 왜 선풍적인 인기를 끈 것일까?

프랑스는 이미 사회주의 성격을 많이 띠고 있기 때문에 피케티의 주장이 그리 신선하지 않았다. 하지만 미국은 자유주의 국가라 책 내용을 매우 새롭게 받아들였다. 게다가 소득 불평등이 세계에서 가장 높은 국가라 이 테마에 관심이 없을 수 없었다.

소득 불평등 조세정의로 바로잡아야

무엇보다 전 세계적으로 부자에 대한 세금을 크게 강화하라는 폭탄발언이 충격적으로 받아들여졌다. 소득 50만 달러 초과분에 대해 최대 80%의 누진소득세를 부과하자고 주장했다. 그리고 별도로 부자들이 소유한 부에 대해 10%의 글로벌 부유세를 도입하자고 제안하고 있다.

이런 주장은 언뜻 들으면 과격해 보이지만 사실은 예전에 미국에서 실제로 실행했던 제도이다. 당시 미국의 경제성장률은 지금보다 훨씬 높았다. 부자 과세가 경제성장을 저해한다는 신자유주의 보수파들의 주장은 사실이 아니다. 20세기 중반 미국과 영국의 최고 소득세율은 90% 이상에 이르기도 했다. 프랑스와 독일은 60% 전후였다. 지금 미국과 영국의 최고 소득세율은 신자유주의 이후 40% 이하로 떨어졌다. 프랑스와 독일은 50% 전후로 더 높다.

피케티 교수의 주장은 이렇다. "불평등 심화는 사회적 불안으로 이어진다. 이런 문제를 극복하기 위해서는 부자들에게 더 많은 세금을 내도록 해 사회적 신분 이동의 사다리가 사라지지 않도록 만드는 게 중요하다. 부유세의 경우, 조세피난처 등이 많아져 한 국가 단위의 세금은 얼마든지 피할 수 있다. 이 때문에 범세계적 차원의 협력이 절실하다." 하지만 자본가 입장에서 보면 이런 정책은 민간의 부private wealth에 대한 '몰수적 세금'이다.

피케티는 조세정책은 '소득'보다 '부'에 집중하라고 주문하고 있다. 소득재분배를 위해 20세기에는 정부가 소득세에 집중했지만 21세기에는 재산세에 집중할 것을 강조한다. 소득세는 그렇지 않아도 상황이 좋지 않은 임금소득자에게 불리하기 때문이다.

피케티의 이런 주장은 돈이 돈을 버는 자본수익률이 경제성장률보다 높아 경제 전체에서 자본가 수입이 차지하는 비중이 최근 들어전례 없이 높아졌다는 사실에서 나왔다. 요즘 선진국의 자본수익률은 연 4~5%인 반면, 경제성장률은 연 1~1.5%에 불과하다.

프랑스는 2013년 부자들의 격렬한 반대에도 불구하고 부유세 도입을 관철시켰다. 2014년 말까지 100만 유로 이상의 연봉을 지급받은사람은 100만 유로 초과분에 대해 50% 특별세를 내도록 한 것이다.

피케티의 취지에 공감하는 학자들이 많다. 노벨경제학상 수상자인 폴 크루그먼 프린스턴대학 교수는 "경제학의 흐름을 바꿔놓았다"며 극찬했다. 그는 피케티가 경제적 불평등이 세습된다는 사실을 입증한 것이 새로운 업적이라고 말했다. 피케티 역시 이 점을 강조하기위해 '세습자본주의'라는 용어를 사용하고 있다.

2013년 노벨경제학상을 수상한 로버트 실러 예일대학 교수는 "피케티가 100% 맞다고 할 수는 없지만, 피케티의 주장에는 동의한다"고 밝혔다. 그는 '불평등 연동 세제'를 주장했다. 불평등 연동 세제란 소득 불평등 지표가 악화되면 자동적으로 부유층 소득세율을 올리고 서민층 세율을 낮추는 것이다. 정치적 논란에 따른 시간 지체 없이 소득분배 악화에 대응할 수 있다는 게 장점이다.

물론 피케티 교수가 제시한 불평등 심화의 원인에 대해선 유명 학자들 사이에 갑론을박이 있다. 그가 대안으로 제시한 글로벌 누진세 부과에 대해서 실효성이 없다는 비판이 쏟아졌다. 그레고리 맨큐 하버드대학 교수는 자산소득과 노동소득을 구분해야 한다고 비판했다.

소득 불평등이 몰고 온 대공황

피케티는 20개 선진국의 1700년 이후 300년에 걸친 통계를 면밀히 조사하여 세금에 대한 역사 자료를 토대로 최상위 경제 엘리트의 수입을 추정했다.

자본가의 소득점유율은 1929년 대공황 직전이 피크였다. 그 뒤 대공황과 2차 대전을 기치면서 줄이들이 1950~1970년대에 긴 바닥을 그렸다. 왜 이 기간 동안 자본가의 소득점유율이 떨어져 낮게 유지될 수 있었을까?

1930년대 대공황을 겪으면서 미국에는 개혁을 주장하는 플랭클린 루스벨트 정부가 들어섰다. 정부가 시장에 적극 개입해 소득 평준화와 완전고용을 추구해야 한다는 케인스의 '수정자본주의'가 추진되었다.

특히 전쟁과 공산주의의 위협 때문에 각국 정부는 자본주의 모순

1917~2012년에 걸친 미국의 소득 불평등 추세

단위: %

상위 10%의 소득점유율 추세

start of financialization

자료: 토마 피케티

을 해결해야 했다. 소득 불평등을 방치할 수 없었다. 세금을 올리고 복지지출을 늘렸다. 또 노동조합의 파워가 커져 임금이 빠른 속도로 올랐다. 또 높은 수준의 인플레이션이 진행되어 자본수익률이 낮게 유지되었다.

하지만 1970년대 들어 케인스주의가 약발을 다했다는 평가를 받으며 신자유주의가 부상했다. 1980년대 미국과 영국에서 자본가에게 유리한 감세정책과 재정, 금융 등 일명 '레이거노믹스'와 '대처리즘'이라 불리는 급진적 신자유주의 정책이 추진되었다. 이에 힘입어 자본가 파워는 급상승하여 소득 불평등이 다시 심화되었다. 2000년대에 들어서 소득 불평등은 다시 1920년대 후반 대공황 직전 수준까지 올라갔다.

상위 10%의 소득이 전체 소득의 50%를 넘는다는 의미는 한 사람의 소득이 나머지 9명 모두의 소득을 합한 것보다도 많다는 뜻이다. 그런데 문제는 이렇게 자본가의 수입이 지나치게 많으면 소득분배가 악화되어 사회가 크게 불안해지고 총수요가 줄어들어 경기마저 차갑게 식게 된다는 점이다.

∴ 위기를 기회로 바꾼 개혁가 루스벨트 대통령

일하지 않고 놀고먹는 '세습자본주의' 막아야

따라서 피케티는 이런 문제를 해결하려면 자본가에 대한 과세를 늘려야 한다고 주장한다. 과도한 소득에 대해서는 급진적인 누진소득세와 부유세를 부과할 것을 주문하고 있다. 특히 한 나라에서만 누진소득세와 부유세를 부과할 경우 부자는 다른 나라로 이전할 테니, 세계적으로 공조하여 글로벌 부유세를 추진하라고 제안한다.

이런 이유 때문에 혹자는 토마 피케티를 '현대판 마르크스a Modern Marx'라고 부른다. 물론 이러한 과격한 정책 처방을 실현하는 것은 결코 쉽지 않다. 각국의 공조를 이끌어내기가 매우 어렵기 때문이다. 또 어떤 나라는 부자들의 돈이 자국으로 몰려오기를 바라기도 할 것이다.

저자의 분석 결과 자본가들은 늘 경제성장률을 앞지르는 수익을 남겼고 이로써 세계는 불평등해졌다. 저자의 통계를 바탕으로 보면 미국과 유럽의 소득 순위 상위 10%가 전체 부의 60~70%를 소유하고 있다. 토마 피케티는 이러한 현재의 자본주의를 '세습자본주의patrimonial capitalism'라고 부른다. 예전 19세기 경우처럼 부유한 부모의 부를 자식이 물려받기 때문이다. 일하지 않고 놀고먹는 사람들의 소득이 계속 늘어나는 것이다.[*]

한국 소득 불평등 맨 얼굴 국제 DB 통해 첫 공개

우리나라의 소득 불평등이 세계에 공개됐다. 2014년 9월 프랑스 파리경제대학의 세계 상위 소득 데이터베이스에 따르면 한국의 상위계층 소득점유율 통계가 정식으로 등록됐다. 국세청 납세 자료를 기반으로 한 동국대학교 경제학과 김낙년·김종일 교수의 〈한국의 고소득층〉 논문이 공신력을 인정받은 것이다.

그간 경제협력개발기구OECD는 이 데이터베이스를 참고해 소득·세제 관련 동향을 발표해왔다. 하지만 OECD 회원국임에도 한국의 자료는 데이터베이스에 등록되지 않아 연구 대상에서 비켜나 있었다.

이번 우리나라 데이터베이스의 특징은 소득을 축소 신고하면 불법을 무릅써야 하는 조세 통계를 활용했다는 점이다. 이 데이터베이스를 구축·활용해 소득분배의 실상을 조명한 대표적 경제학자로는 《21세기 자본론》으로 유명세를 얻은 파리경제대학 토마 피케티 교수가 있다. 김낙년 교수 등의 연구도 가계조사가 아닌 국세청 납세 자료를 활용한 데이터였기에 고소득층의 소득을 정확히 파악한 것으로 평가받았다.

한국의 소득 불평등은 세계 최상위권 수준이다. 2012년 말 현재 한국의 소득 상

❖ 리드앤리더 김민주 대표 등

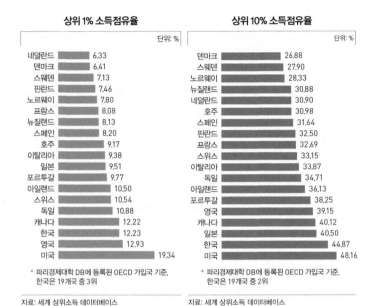

자료: 세계 상위소득 데이터베이스   자료: 세계 상위소득 데이터베이스

위 1% 인구는 전체 소득의 12.23%를, 상위 10% 인구는 전체의 44.87%를 차지하고 있다. 데이터베이스에 등록된 19개 OECD 회원국을 대상으로 따져볼 때 상위 1% 기준에서는 3위, 상위 10%에서는 2위에 해당하는 높은 집중도다.✤

✤ 이경원 기자, "한국 소득 불평등 맨 얼굴 국제 DB 통해 첫 공개", 〈국민일보〉, 200년 9월 12일

금융자본주의 어떻게 성장했나

급성장한 '금융의 증권화'

금융자본주의가 대세를 이루면서 특히 눈에 띄는 변화는 금융의 '증권화 현상'이다. 최초의 금융 증권화 시장은 1970년대에 탄생했다. 이것이 금융시장을 키운 황금 키이자 글로벌 금융위기의 단초였다. 미국의 주택 모기지 시장을 시작으로 해 주택저당채권mortgage을 담보로 발행되었다. 주택저당채권은 금융기관이 대출을 해주고 집을 담보로 발행하는 만기 20~30년의 장기채권이다. 이를 담보로 모기지저당증권MBS을 발행하면 만기가 아직 남아 있는 채권을 조기에 현금화하는 효과를 얻는다.

이렇게 모기지저당증권은 채무를 여러 개로 쪼개어 투자자들에게 판매하는데서 시작되었다. 투자은행

들은 여러 모기지를 모아 집단화하여 이를 담보로 증권을 발행했다. 위험이 서로 다른 정도의 증권을 만들어내고, 장기대출을 단기증권으로도 바꾸어놓았다. 이렇게 위험을 분산하고, 만기를 조절하는 기법 덕분에 금융의 증권화가 이루어졌다.

이 가운데 최하 등급인 서브프라임 모기지는 고위험을 내포하고 있을 뿐 아니라 대출기간도 길다. 하지만 이런 거래조차 위험을 분산시키는 것으로 이해되면서 장려되었고 시장에 참여한 모든 사람이 이익을 보는 것으로 간주되었다.

유동화 증권들이 팔리면 은행으로서는 장기대출을 회수한 효과가 났다. 은행은 이 돈으로 다시 대출해줄 수 있었다. 더구나 은행은 이러한 대출을 대차대조표에 올리지 않고 수수료를 챙길 수 있어 지불준비금조차 축적할 필요가 없었다. 이로써 은행은 다른 사람에게 대출할 때 운신의 폭이 더 넓어졌다. 그리고 이러한 메커니즘은 유동화 증권 투자자들에게는 정부채권 이상의 고수익을 보장해주었다.

또한 금융의 증권화는 금융중개 방식이 직접 금융화하는 현상이다. 예컨대 기업은 은행에서 돈을 빌리기보다 주식, 채권, 기업어음 등을 발행해 자금을 시장에서 직접 조달한다.

기업뿐만이 아니다. 은행들도 자금조달이 쉬워졌다. 증권화 덕분에 은행들은 이제 소규모 예금 유치에 주력할 필요 없이 채권을 증권화시켜 주식시장에서 바로 자금을 조달할 수 있었다. 이런 자산유동화증권ABS: Asset Backed Securities 규모는 1995년에만 해도 5억 달러 이하였는데 이후 엄청난 규모로 성장했다. 내용도 복잡해졌다. 이렇게 되자 금융회사들도 예대마진 일변도에서 벗어나 금융채, 수익증권 등 유가증권 연계상품으로 영업활동을 다변화했다. 이런 이유들로 금융의 증권화는 급성장했다.

파생상품 거래규모,
세계 총생산 규모의 5배에 달해

이러한 과정에서 복잡한 '파생상품derivatives'들이 생겨났다. 파생상품이란 그 가치가 채권, 금리, 외환, 주식 등 기초금융자산으로부터 파생된derived 계약을 말한다. 전통적인 금융상품이 아니다. 금융상품의 장래 가격변동을 예상해 그 가격 움직임을 상품화한 것이다. 대표적인 것으로 선물future, 옵션option, 스왑swap, 선도forward가 있다.

이들 파생상품을 토대로 또 다른 파생상품이 탄생했다. 파생상품을 서로 연계한 2차 파생상품들이 나온 것이다. 선물옵션, 스왑선물, 스왑옵션 등이 그것이다. 이들은 1970년대 초반에 등장해 1980년 중반부터 급속히 크기 시작했다.

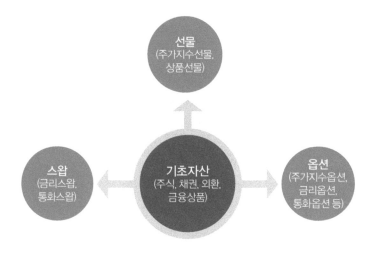

파생상품의 발명 목적은 위험 회피였다. 주식과 비교해서 파생상품의 큰 차이점은 바로 거래보증금이다. 이로 인해 생기는 지렛대(레버리지) 효과가 수익을 극대화시켰다. 예를 들어 거래보증금이 보통 15%라면 1500만 원으로 1억 원의 상품을 거래하는 것이다. 1억 원짜리 상품에서 20% 수익

이 남으면 2000만 원인데 파생상품은 1500만 원으로 2000만 원의 수익을 확보할 수 있었다. 물론 예측이 빗나가면 쪽박 차기 일쑤였다.

이것이 리스크를 감수하는 헤지펀드들에 의해 수익 추구의 수단으로 사용되었다. 그 뒤 엄청난 물량이 팔려나갔다. 국제스왑파생상품협회에 따르면, 2006년 말 기준 이자율스왑, 통화스왑, 이자율옵션의 평가금액이 286조 달러에 이르렀다. 이는 당시 세계 총생산 규모의 5배에 이른다. 1990년만 해도 3조 4500억 달러에 불과한 규모였는데 그사이 80배 이상 팽창한 것이다.

신용파생상품이 금융위기의 주범

파생상품은 거래방식 및 장소에 따라 '장내거래'와 '장외거래'로 구분할 수 있다. 장내거래는 증권선물거래소에서 거래하는 것이고 장외거래는 장외에서 당사자 간 직접계약이나 채권 브로커를 통해 거래하는 것이다. 장내거래는 거래 불이행 위험이 없는 반면, 장외거

래는 거래 불이행 위험이 상대적으로 높다.

기초자산별로는 상품파생상품, 통화파생상품, 금리파생상품, 주식파생상품, 신용파생상품 등으로 구분할 수 있다. 이 가운데 신용파생상품이 금융위기의 주범이었다. 특히 채권을 담보로 만든 부채담보부증권CDO과 주로 이의 부도 위험을 회피하기 위해 만든 신용부도스왑CDS이 원흉이었다.

새로운 플레이어들이 나타났다, 헤지펀드와 사모펀드

금융시장이 커지자 1990년대부터 새로운 플레이어들이 본격적으로 나타났다. 헤지펀드와 사모펀드가 그것이다. 헤지펀드란 100명 미만의 고액 투자가들로부터 자금을 모아 카리브 해의 버뮤다와 같은 조세회피지역에 위장 거점을 두고 자금을 운용한다. 파생금융상품

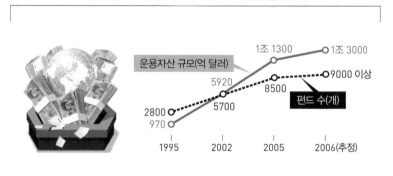

글로벌 금융위기 전 늘어난 헤지펀드 숫자와 운용자산 규모

운용자산 규모(억 달러)
1조 1300
1조 3000
5920
8500
9000 이상
2800
5700
970
펀드 수(개)

| | 1995 | 2002 | 2005 | 2006(추정) |

자료: International Financial Service London

을 교묘히 조합해 도박성이 강한 투자를 하는 게 특징이다.

헤지펀드의 수는 1990년 610개에서 2007년 말 1만 개 이상으로 늘어났다. 이들이 운영하는 자금은 2조 달러에 이르렀다. 주식과 채권에 투자하는 뮤추얼펀드와 같은 전통적인 장기펀드와는 달리 헤지펀드는 단기차액을 노린다. 그러니 투기적이 될 수밖에 없다.

사모펀드PEF: Private Equity Fund도 2006년에 기록적인 수준에 도달했다. 사모펀드는 비공개로 투자자들을 모집해 자산가치가 저평가된 기업을 사들여 기업가치를 높인 다음 되파는 전략을 취한다. 공모펀드와 달리 운용에 제한이 없다. 공모펀드는 펀드 규모의 10% 이상을 한 주식이나 한 채권에 투자할 수 없는 등 제한이 있다. 그러나 사모펀드는 이러한 제한이 없다. 이익이 발생할 만한 어떠한 투자 대상에도 무제한 투자할 수 있다.

2006년 기준 세계 사모투자펀드는 7000억 달러 수준이었다. 특히 사모펀드의 경우에는 이 가운데 약 60% 이상이 은행 차입금으로 충당된다.

세계 각국에 투자한 외국인 자본, 미국 자본이 2/3 차지

금융위기 이전에 IMF가 발표한 세계 각국에 투자한 외국 자본의 구성비는 미국 자본이 전체의 3분의 2로 압도적이다. 미국은 1960년

❖ 마틴 울프, 〈파이낸셜타임스〉, 2007년 6월 18일

대 이래 제조업, 곧 산업자본이 쇠퇴하면서 서비스산업 중심으로 재편되었다. 산업자본의 축소로 기업의 자금 수요가 줄어들자 대규모로 축적되었던 금융자본은 자연스레 해외로 진출했다. 이후 많은 나라에서 미국 금융자본은 채권매입, 직접대출, 주식투자 등을 통해 해당국 금융시장의 절대강자로 자리 잡았다.

대규모 자금이 국외로 이동하면서 미국은 신자유주의를 더욱 강조했다. 상대국의 금융 방어벽을 허물기 위한 수단이었다. 진입과 동시에 해당 국가의 금융기관을 매입하거나 경영권을 장악할 만큼의 금융주를 사들였다. 해당 국가가 금융기관의 중요성을 미처 인지하지 못하는 사이에 이미 미국 금융자본은 해당 국가의 금융기관을 거의 장악했다. 세계 대부분의 나라가 미국 금융자본으로부터 자유롭지 못하다. 결론적으로 미국이 전 세계 금융기관을 장악한다는 것은 세계 경제의 혈맥을 미국이 쥐고 있다는 뜻이다.

대조되는 한국과 중국의 금융환경

우리나라도 1997년 IMF 사태 때 대부분의 금융기관 주식 태반이 외국인에게 넘어갔다. 특히 은행들은 대부분 외국인 지분율이 60% 이상으로 외국 자본이 지배하고 있다. 제일은행 등 몇 개 은행은 아예 통째로 매각되어 경영권이 넘어갔다.

다행히 중국은 2001년 WTO에 가입했지만 금융시장을 완전히 개방하지는 않았다. 가입 조건에 맞추어 5년 뒤인 2006년 일부만 개방했다. 합자은행의 외국 측 지분을 투자자당 20%로 제한하고, 외국

단위: %

은행명	지주회사 배당성향 (2011년 결산)	지주회사 외국인 지분율 (2012년 10월)	비정규직원 비율 (2012년 8월)
SC	33	100	33
씨티	20	100	41
외환	12	65	32
하나	12	65	26
국민	12	65	31
신한	11	63	23
우리	9	24	15
평균	15.6	68.8	26.0

* 외환은행: 2011년 론스타가 대주주였을 당시 배당성향은 66.9%

자료: 금융감독원

투자자의 소유지분 총합이 25%를 초과할 수 없도록 했다. 중국에서 외국인이 금융기관 지분 10% 이상을 사려면 중앙정부는 물론 지방 금융 감독기관의 승인까지 받아야 한다.

초국적 금융자본의 비약적 성장

그렇다면 어느 정도 규모의 초국적 자본이 세계를 이동하고 있으며, 그 성장세는 어떠한지 보자. 전 세계 초국적 자본의 운동은 해외 직접투자, 해외 포트폴리오 투자, 기타 해외 투자로 나뉜다.

해외 직접투자는 한 나라 기업이 해외에 '공장 설립이나 기업활동'을 목적으로 하는 투자다. 이와 달리 해외 포트폴리오 투자는 투기적 요소가 다분한 초국적 금융자본이다. 해외 포트폴리오 투자는 금융수익을 목적으로 한 투자로 주식, 채권, 현금성 자산, 옵션과 같은 파생금융상품 등이 주 대상이다. 기타 해외 투자는 상업신용, 차관, 금융리스, 외환 등이다.

여기서 주목할 만한 것은 2002년 이후 시작된 초국적 금융자본의 폭발적 증가세다. 해외 직접투자는 1994년 2700억 달러에서 2005년 9300억 달러로 3배 남짓 늘어난 반면, 해외 포트폴리오 투자는 같은 기간 3400억 달러에서 2조 5000억 달러로 무려 7배 이상 증가했다. 그 뒤 이러한 증가세는 더욱 가파르게 진행되었다. 기타 해외 투자도 사실상 포트폴리오 투자와 함께 초국적 금융자본의 운동에 포함된다는 사실을 감안하면, 해외를 떠도는 초국적 금융자본이 폭발적으로 커지고 있는 것이다.

초국적 금융자본의 비약적인 성장은 금융산업의 거대화와 함께

2002년 이후의 초국적 금융자본의 폭발적 증가

단위: 백만 달러

■ 해외 직접투자 ■ 해외 포트폴리오 투자 ■ 기타 투자

자료: IMF, Balance of Payment Statistics, On-Line

진행되었다. 이 과정에서 보험회사, 연기금, 뮤추얼펀드, 헤지펀드 등이 중요한 역할을 하고 있다. 선진국 기관투자자들의 금융자산은 2005년 약 46조 달러다. 이 가운데 미국계 기관투자자들이 거의 절반을 차지하며 초국적 금융자본의 운용을 주도하고 있다. 이러한 초국적 자본들이 결국 글로벌 금융위기를 일으키는 원흉이 된다.

시장규모는 외환 > 상품 > 채권 > 주식의 순

세계거래소연맹WFE에 따라 2004년 말 세계 주요 증시의 시가총액을 보면, 뉴욕 증시가 12조 7000억 달러로 가장 크고, 도쿄 증시(3조 6000억 달러)와 뉴욕 나스닥(3조 5000억 달러), 런던 증시(2조 9000억 달러)가 그 뒤를 잇고 있었다. 우리나라는 시가총액이 3986억 달러로 세계 15위를 차지했다. 2004년 말 세계 증시 시가총액은 37조 2000억 달러였는데 금융위기를 거치면서도 늘어나 2013년 말에는 규모가 63.4조 달러였다. 이 가운데 미국이 차지하는 비중은 36%였다.

이렇게 주식시장이 큰 것 같지만 채권시장은 훨씬 더 크다. 주식 시상이 가장 발달한 미국만 해도 2004년 말 주식시장이 약 16조 2000억 달러(GDP의 129%) 정도인 데 비해 채권시장은 GDP의 160%가 넘는 20조 달러 이상이었다. 2010년경 미국 채권시장 규모는 주식시장의 2배를 초과했다.

또 채권시장보다는 상품시장이 훨씬 더 크다. 석유와 곡물, 금속 등의 현물과 선물이 거래되는 국제상품거래소의 거래량은 주식시장의 약 10배에 이른다. 그런데 외환시장은 이보다 훨씬 더 크다. 파생

세계·한국 증시 시가총액

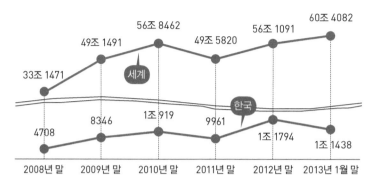

단위: 억 달러

* 세계 증시는 세계거래소연맹WFE 회원인 62개 거래소 합계
* 한국 증시는 코스피·코스닥 합계

자료: 세계거래소연맹 월간리포트

상품을 포함한 외환시장의 거래량은 국제상품거래소 거래량의 약
10배, 세계 무역거래액의 약 100배에 이른다. 런던이나 뉴욕 외환시
장이 아닌 시카고상품거래소 한 곳만 보더라도 그곳에서 진행되는
외환거래액의 총합은 놀랍게도 전 세계의 국민총생산보다도 더 크
다. 수출과 수입이라는 실수요에 의한 외환거래가 아니고, 투기거래
를 위해 상상을 초월한 자금이 거래되고 있다.

　다시 요약하면, 세계 주식시장의 규모가 1이라면, 채권시장은 약
2배, 국제상품거래소의 거래량은 주식시장의 약 10배이고, 외환시장
은 파생상품을 포함하면 상품시장의 약 10배, 세계 무역거래액의 약
100배에 이른다. 수출입에 수반되는 실거래가 아니라 차익거래나 투
기거래가 이렇게 성행하고 있다.

05

유동성 장세가 만들어낸 비극,
서브프라임 사태

하루 평균 단기투자에 동원되는 핫머니,
5조 3000억 달러

IMF 통계를 보면, 2004년도에 이미 세계 일일 외환거래액이 평균 3조 800억 달러였다. 이 가운데 무역거래에 필요한 외환은 하루 300억 달러에 불과했다. 유동액의 99%가 투기성 자금인 핫머니였다. 그 3년 뒤 한국은행이 발표한 2007년 4월 〈세계 외환 및 장외파생상품시장〉 보고서의 일평균 거래규모는 5조 3000억 달러에 달하는 것으로 나타났다. 하루에 일상적으로 단기투자에 동원되는 핫머니가 5조 달러 이상인 것이다.

이를 반영하듯 근래에는 핫머니 자금이 주식과 채권시장은 물론 상품시장의 매점매석에 열을 올리고 있다. 게다가 틈이 보이는 통화시장을 헤집고 다니면서 외환시장을 심하게 교란하고 있다. 특히 2010년 5월에 유럽의 재정위기를 틈타 유로화가 미국의 헤지펀드들

∴ 독일의 메르켈 총리

에 의해 심하게 휘둘렸다.

외환시장의 흔들림을 보고 있노라면 핫머니의 거대한 유동성 앞에 유럽 15개국의 통화인 유로화마저 마치 하나의 주식 종목처럼 농락당하고 있는 것이 보인다. 이렇듯 돈이 되는 곳에는 항상 미국계 금융자본들이 있다. 독일의 메르켈이 이들의 농락에 심하게 반발하면서 경고했지만 그것으로 끝이었다. 그 뒤에도 이들의 파상적인 공세 앞에 유럽은 시달릴 수밖에 없었다.

두 얼굴의 양면성, 유동성 장세

이러한 유동성 장세는 1990년대 이후 미 연방준비제도에 의해 주도되어 온 저금리 기조 때문이다. 글로벌 유동성 장세는 미국의 거대 금융자본에 의해 주도되었다. 1997년 말 우리나라에 IMF 사태가 닥쳤을 때, 그 뒤에 세계적으로도 금융위기가 시작되었다. 1998년 소련의 디폴트 선언과 더불어 태국의 바트화 폭락 이후 계속된 아시아발 금융위기가 전 세계 시장을 불안하게 만들었다.

미국에서는 신용경색 조짐이 높아지자 미국 경제가 받을 충격을 완화하기 위해 전문가들 대부분이 금리인상을 주문했다. 긴축으로 대비해야만 손실을 그나마 줄일 수 있다고 보았던 것이다.

당시 장고를 거듭한 연준 의장 앨런 그 린스펀은 사람들의 예상을 깨고, 2000년 금리인하를 전격 단행했다. 게다가 2000년대 초 IT 거품 붕괴는 미국의 경제 를 건드린 뇌관이었다. 이로 인해 경제가 무너져버린다면 부시 정권으로서는 상 당한 타격을 입는 것이었다. 그래서 미국 경제팀은 2000년 6.5%였던 금리를 급히 1%까지 낮추면서 유동성을 공급했다.

앨런 그린스펀

시중에 돈이 돌자 세계 경기가 살아나기 시작했다. 덕분에 우리 김 대중 정부도 IMF 사태를 쉽게 탈출하고 경제를 회복했다. 당시 한국 뿐 아니라 세계 경제를 그린스펀이 살린 것이다. 그린스펀이 예상했 던 경제 세계는 좀 더 거시적이었다. 그가 생각했던 관점은 금리인하 를 단행해 세계가 경기불황을 겪지 않고 호황 상태를 만드는 게 결국 은 미국을 위해서도 이익이라고 봤다.

그 뒤 세계가 누린 경기호황은 상당 기간 계속되었다. 이후 대부분 의 사람들은 당시 그린스펀의 정반대 결정을 비판하지 않았다. 그린 스펀은 그 뒤 미국의 경제 대통령뿐 아니라 세계의 경제 대통령이라 불렸다.

이로부터 과잉유동성이 시장을 극단의 유동성 장세로 이끌게 된 다. 그 때문에 그린스펀이 2008년 글로벌 금융위기에서는 정반대의 비판에 몰렸다. 그때 저금리를 너무 오래 밀어붙여 유동성 장세의 후유증에 시달리고 있다는 것이다. 2001년 이후 그린스펀이 이끄는 연준에 의해 급격하게 시행된 금리인하는 오랜 기간 지속되어 민간

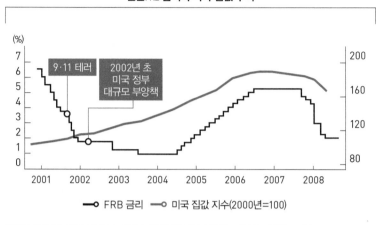

연준FRB 금리와 미국 집값 추이

9·11 테러

2002년 초
미국 정부
대규모 부양책

— FRB 금리 — 미국 집값 지수(2000년=100)

자료: FRB, 〈이코노미스트〉

부문의 대출 증대와 투자 확대로 직결되어 세계의 유동성을 폭증시
켰다.

일본의 양적완화정책,
엔 캐리 트레이드로 이어지다

그런데 2001년 또 하나의 국제유동성 공급원이 있었다. 바로 일
본의 양적완화정책이었다. 이 정책은 제로금리로도 시중에 돈이 돌
지 않을 때 마지막으로 시도하는 극단적인 통화팽창정책이다. 일본
정부는 1998년 9월 경기침체를 부흥하려 제로금리정책을 도입했다.
기준금리를 0%까지 낮추었는데도 시중에 돈이 돌지 않았다. 그러자
2001년 3월 비상수단으로 중앙은행이 채권을 사들여 금융회사에

돈을 공급했다. 한마디로 화폐를 찍어내 시중에 직접 푸는 것이다.

일본중앙은행이 2001년부터 시작한 무제한 통화량팽창정책은 2006년 3월까지 5년간 지속되었다. 시중은행이 중앙은행으로부터 언제라도 제로금리로 자금을 빌려 갈 수 있었다. 이 돈들이 모두 낮은 금리를 미끼로 전 세계에 유동성을 공급했다. 이것이 이른바 '엔 캐리 트레이드' 자금이다.

국가 간, 통화 간의 벽을 넘어 양쪽의 금리차를 이용해 투자하는 거래를 통칭해 캐리 트레이드라고 한다. 이 시기에 일본 금리가 선진국 가운데 가장 낮았다. 장기간 제로 수준의 금리를 유지해온 일본이 '세계의 대출금고'라고 불리며 엔 캐리 트레이드 자금을 유출했다. 이 자금이 과잉유동성의 새로운 주범으로 전 세계 헤지펀더들을 육성시켰다.

유동성은 또 다른 유동성을 낳았다. 중국으로 들어간 엔화는 즉각 위안화로 바뀌어 시장에 공급되었다. 지난 2003년 이후 중국의 유동성 증가율은 매년 19%가 넘었다. 대단한 유동성 장세였다.

그 뒤 해외에서 들어오는 막강한 유동성으로 인해 바트화가 폭등하자, 태국은 외국 자본 유입을 막기 위해 투자제한법을 만들었다가 두 달 만에 취소했다. 이 사건만 보더라도 일본에서 시작된 막강한 유동성은 세계 각국의 환율 강세를 가져오며 상당한 버블을 만들어냈음을 알 수 있다.

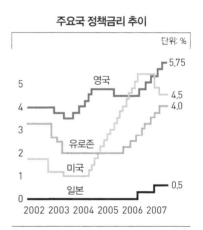

주요국 정책금리 추이

단위: %

자료: 블룸버그

일본 정부부채, 위험 수위

　일본은 그 뒤 5년 동안 엄청난 채권을 발행했다. 2009년에만 50조 엔(5530억 달러) 이상의 채권을 발행했다. 그렇지 않아도 일본의 정부부채는 선진국 가운데 가장 높은 수준이었다. 2009년 경제협력개발기구OECD 추산에 따르면, 일본의 정부부채는 국내총생산GDP 5조 달러 대비 197%에 이르렀다. 이에 비해 당시 프랑스는 92.5%, 미국은 92.4%였다.

　또한 부채규모 면에서도 미국에 버금갔다. 2010년 일본의 정부부채는 973조 엔(10조 8000억 달러)에 이르러 미국의 채권규모와 거의 같은 규모였다. 작은 나라에서 참으로 많은 채권을 발행했음을 알 수 있다. 일본의 2012년 말 국가부채 비율은 GDP 대비 230%로 재정위기에 휩싸인 유럽 어느 나라보다도 높은 수치였다. 2001년 3월 일본

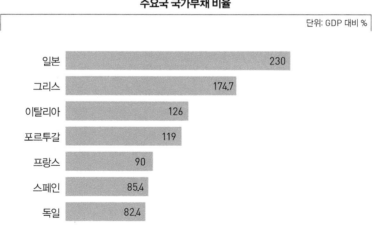

주요국 국가부채 비율

단위: GDP 대비 %

국가	비율
일본	230
그리스	174.7
이탈리아	126
포르투갈	119
프랑스	90
스페인	85.4
독일	82.4

자료: 유럽통계청(2012년 12월 말 기준)

의 무제한 양적팽창정책과 같은 해 9·11 테러 이후의 미국의 유동성 확대는 전 세계에 걸쳐 화려한 유동성 장세를 이끌었다.

달러의 약세 기조로 자산 버블 만들다

과거 같으면 이 거대한 자금 중 일정 포트폴리오를 안전자산인 달러화에 묻어두었을 것이다. 하지만 달러화의 약세 기조로 이 돈들이 갈 곳이 없었다. 이 유동성은 훗날의 유동성 환수라는 막강한 파괴력을 숨긴 채 세계 부동산과 증시는 물론 원유를 포함한 상품시장 등에 전방위적인 상승을 불러왔다. 주로 원유선물과 상품선물을 주 타깃으로 했다.

하지만 수요를 다 커버하지 못해 이머징 마켓으로도 많은 자금이 흘러갔다. 이러한 유동성은 또한 세계 각국에서 유동성의 연쇄반응을 가져왔다. 이는 인도 증시 등 몇몇 타깃을 유로 지역에 비해 훨씬 높은 주가 수준을 만들었다.

5년 사이에 전 세계 집값이 75%나 오르다

2001년부터 시작된 저금리 기조가 길어지자 특히 민간부문의 유동성이 급증했다. 여유자금을 묻어두는 투자수단은 다양했다. 은행 예금에 넣어둘 수도 있고, 주식과 펀드를 사거나, 아니면 주택·상가 같은 부동산에 투자할 수도 있다. 이처럼 돈을 투자하는 대상물을 경제용어로 자산資產이라고 부른다.

자산시장은 일차적으로 경기 동향, 자산의 수요와 공급, 정부의 경제정책에 따라 가격이 움직인다. 하지만 가격변동의 근본 원인을 계속 파고들어 가보면 마지막에 수요를 결정짓는 것은 유동성, 곧 돈이다. 자산투자가 확대일로로 치달았다. 곧 부동산, 증권, 석유 등 세계의 자산가격이 폭등한 것이다.

이 글로벌 유동성 장세가 5년여 동안 부동산과 주식시장을 폭등장세로 만들었다. 〈이코노미스트〉는 2000년대 들어 5년 동안 전 세계 부동산 관련 자산이 40조 달러에서 무려 30조 달러가 늘어 2007년에 70조 달러에 이르렀다고 지적했다. 이로써 돈의 힘으로 5년 사이에 전 세계 집값이 75%나 올랐다. 오히려 이 기간 동안 한국의 부동산가격 상승은 OECD 국가 가운데에서 평균을 밑돌았다. 상대적으로 별로 안 올랐다는 이야기다.

미국, 영국, 호주, 프랑스, 스페인, 중국 등 세계 각국에서 부동산 자산의 총규모가 그 나라의 국내총생산을 능가했다. 이를 뒤집어보면 근원 인플레이션율은 높지 않았음에도 부동산 등 자산가격이 폭등하여 실제 돈 가치가 폭락한 것이다.

이렇게 21세기 초입에 접어들면서 골디락스를 즐기는 동안 전 세계에 대단한 자산 인플레이션이 있었다. 전 세계의 부동산과 증시는 물론 석유를 포함한 원자재 등 자산가격이 모두 폭등했다. 그 후유증이 서브프라임 사태다.

골디락스에 취하다

골디락스에 공헌한 중국의 제조업

1992년에서 2004년 사이에 연간 교역량은 약 50% 늘어난 반면, 외환거래규모는 280%나 급증했다. 세계의 금융 유동성이 실물경제를 훨씬 앞지르는 현상이었다. 이렇게 유동성이 급증했음에도 세계 경제가 인플레이션에 휩싸이지 않은 데는 중국의 공이 컸다.

중국이 세계의 공장으로서 저렴한 공산품을 풍부하게 제공하여 세계 '근원물가지수'를 크게 억제할 수 있었다. 근원물가지수란 소비자물가 조사품목 가운데 석유와 농산물 등 일시적 외부충격 요인에 취약한 품목들을 빼고 물가 변동의 장기적 기조를 분석하는 지표다. 경기위축 상황에서 오일쇼크와 같은 외부충격에 의해 물가가 상승할 경우, 통화긴축은 오히려 경제에 악영향을 줄 우려가 있기 때문에 채택된 것이다.

금융위기 이전만 해도 세계 경제는 '높은 성장을 이루면서도 물가 상승 압력은 크지 않은 이상적인 상태'인 골디락스goldilocks에 취해 있었다. 골디락스란 뜨겁지도 차지도 않은 딱 알맞은 상태라는 뜻이다.

골디락스의 또 다른 얼굴, 자산가격 버블

골디락스 덕분에 세계 경제가 순항하였던 10여 년 동안 인플레이션 상승률은 그리 높지 않았다. 그런데 자산가격은 왜 이리 폭등한 것일까? 해답은 의외로 간단하다. 근원물가지수로 인한 근원 인플레이션 때문이었다.

대부분 국가는 주로 생필품 위주로 한정해 근원 인플레이션 통계를 잡는다. 그 때문에 대부분의 자산가격과 외부충격에 민감한 품목들이 빠져 있다. 한마디로 인플레이션과 자산가격은 따로 놀고 있는 것이다.

이렇게 근원 인플레이션은 그 나라 중앙은행이 통제 가능한 품목만을 대상으로 하고 있다. 우리나라도 2000년 이후 근원물가지수를 중앙은행 물가안정목표제도의 대상지표로 사용하고 있다.

그런데 이러한 생필품과 공산품은 그동안 중국이 싼값에 대량으로 공급하여 세계 물가안정에 지대한 공헌을 하였다. 이를 활용해 세계는 골디락스를 즐길 수 있었고, 미국 등 선진국은 '안심하고' 금리를 내릴 수 있었던 것이다. 골디락스가 지속되었던 오랜 기간 동안에 걸쳐 유지된 저금리 기조로 유동성 장세가 기승을 부리며 자산가격에 버블을 만든 것이다.

게다가 중국이 너무 고속으로 발전하다 보니 경제발전에 필요한 석유 등 원자재의 수요가 크게 늘어났다. 인구대국인 인도와 주변국들도 한창 성장하고 있어 많은 원자재가 필요했다. 이렇게 원자재 등 상품자산 가격이 상승 조짐을 보이자 여기에 투기세력이 가세해 가격을 한껏 올려놓았다. 석유가격이 단적인 예다. 원자재가격의 상승과 위안화 강세 예상으로 중국의 수출품이 이제 더 이상 싸지기는 어려운 형편이 되었다.

파생상품 남발이 일으킨 금융위기

파생상품의 역사

선도거래의 역사

거래에는 현물거래spot trading와 선물거래futures trading가 있다. 선물거래란 현재 시점에서 계약을 체결하고 일정 기간이 지난 뒤 결제하는 거래를 말한다. 그런데 선물거래는 다시 거래소 내에서 거래하는 선물거래와 거래소 밖에서 개인들끼리 만나 거래하는 선도거래로 나뉜다. 곧 선물거래futures는 조직화된 거래소를 통해 이루어지는 공식적 거래인 반면, 선도거래forward는 거래 당사자 간의 사적 거래이다. 파생상품의 기원은 선도거래로부터 시작된다.

선도거래는 기원전 1700년 무렵 야곱 이야기로 거슬러 올라간다. 야곱과 라반은 "야곱이 라반을 위해 7년간 일하면 라반의 둘째 딸 라헬을 야곱에게 아내로 주겠다"는 약속을 한다. 하지만 라반은 7년 뒤 라헬 대신에 그 언니인 레아를 야곱의 아내로 준다. 첫 번째 선도

∴ 라파엘로의 〈야곱과 라헬의 만남〉, 바티칸

거래가 실패한 셈이다. 그 뒤 야곱은 라헬을 너무나 사랑한 나머지 "7년간 추가로 일하면 라헬을 아내로 준다"는 약속을 다시 믿게 된다. 7년 뒤 두 번째 선도거래는 약속한 대로 이행되었다. 그 뒤 야곱은 두 아내와 열두 아들을 거느리게 되었다.

기원전 580년 무렵, 그리스의 자연철학자 탈레스는 점성술로 이듬해 올리브가 대풍작을 이룰 것을 예상하였다. 그는 올리브 열매가 열리기 전에 그 지역의 모든 기름 짜는 압착기 소유주들에게 선금을 주고 언제든지 압착기를 빌릴 수 있는 권리를 샀다. 마침내 그가 예상한 대로 올리브는 대풍작을 이루었다. 다른 올리브 생산자들은 엄청나게 수확된 올리브를 가공하기 위해 압착기가 필요했으나 압착기를 가지고 있는 사람은 오직 탈레스뿐이었다. 덕분에 탈레스는 큰돈을 벌었다.

파생상품은 야곱과 탈레스의 사례처럼 현물 기초자산에서 파생된 일종의 약속 또는 계약이다. 여기서 기초자산은 농산물, 원자재, 주가지수, 주식, 채권, 통화, 신용위험 및 임의의 선물계약에 이르기까지 매우 다양하다.

선물거래의 역사

선물거래의 역사는 중세에 유대 상인에 의해 시작되었다. 16세기 앤트워프와 리옹 등에서 곡물, 양모, 향신료 등의 수급 불일치 혹은 자연재해에 의한 손해에 대한 손실을 최소화하는 방안을 추구하던 중에 발명된 것으로 보인다. 이후 네덜란드에서 동인도회사의 번창에 따라 1530년 암스테르담에 상품 거래소가 생겨 선물거래를 했다는 기록이 있다. 1688년 유대인 상인 조셉 드 라 베가의 《혼돈 속의 혼돈Confusion de confusiones》이라는 책에 당시의 거래 모습이 잘 나타나 있다. "잡지도 않은 청어를 선물거래로 팔고, 수확하지 않은 밀, 아직 받지 않은 상품을 팔았다"고 했다. 당시 이미 공매도와 심지어 옵션 거래도 있었다고 한다.

동양에서는 17세기 일본의 도지마 쌀시장이 유명하다. 1600년대 도쿠가와德川 막부의 중앙정부 강화정책에 따라 강제적으로 에도江戶(지금의 도쿄)에 머물게 된 지방 영주들은 호화스러운 생활로 비용을 감당하기가 어려워지자 수확될 농작물(주로 쌀)을 담보로 물표(일종의 창고증권)를 발행하게 되었다. 이 물표들이 유통되면서 일종의 유가증권 형태로 점차 거래가 활발해졌다.

이러한 물표거래에서 많은 돈을 번 거상 중에 요도야라는 사람이 있었다. 오사카大阪 근교의 도지마堂島에 본거지를 둔 그의 집은 항상 많은 상인이 몰려들어 서로 거래에 대한 정보를 교환하고 또 거래를 성사시키는 거래소 역할을 하였다.

이곳이 후일 '도지마 쌀 거래소'로 이름이 알려진 일본 최초의 상품거래소가 자리 잡은 곳이다. 비록 오늘날과 같은 근대적 선물거래소는 아니었지만 매우 유사한 기능을 갖춘 상품 거래소로 일본 내 상품거래소의 기원이 되었다.

시카고상품거래소의 설립

1848년 미국 중서부 곡창지대인 시카고에서는 추운 겨울에 해마다 수급상의 문제가 되풀이되었다. 게다가 창고 부족 및 수송수단 미비 등 여러 가지 비능률적이고 불합리한 유통상의 문제로 인해 새로운 상거래 방식을 통해 곡물의 공급과 유통의 원활성 및 효율성을 높여야 할 필요가 있었다. 이에 상인들이 중심이 되어 세계 최초의 근대적인 선물거래소라고 일컬어지는 시카고상품거래소CBOT: Chicago Board of Trade가 설립되었다.

⁂ 시카고상품거래소

설립 초기에는 현물거래, 선도거래가 주를 이루었으나, 선도거래의 문제점들이 속속 나타났다. 그래서 이를 선물계약으로 표준화시키고 거래소가 계약이행을 보증하는 형태의 근대적 선물거래를 1865년부터 시작하게 되었다. 1916년 면화선물법을 필두로 1992년에 곡물선물법이 제정되었다. 1936년에는 오늘날까지도 그 효력을 발하고 있는 상품거래소법이 제정되어 모든 농산물 선물거래에 대한 규제의 틀을 마련하였다.

블랙-숄스 이론, 파생상품 시대를 열다

2000년대 들어 유동성 장세는 또 다른 폐해를 가져왔다. 시중에 돈이 많아지면 투자 대상이 확대된다. 그러면 사람들은 안전자산과 투기자산의 차이를 크게 가리지 않는다. 곧 안전자산과 투기자산 사이의 리스크 부담비용이 줄어든다. 투기자산도 안전자산 못지않게 높은 가격에 팔린다는 뜻이다. 투자할 돈이 많다 보니 사람들이 겁을 먹지 않는다. 이러한 수혜를 받는 대표적인 상품이 바로 파생금융상품이다.

금융시장에서 파생상품의 역사는 그리 오래되지 않았다. 본격적으로 파생상품이 세계 금융시장 무대에 등장한 것은 1973년이다. 그 이전에도 파생상품 거래는 있었지만 규모는 그다지 크지 않았다. 하지만 미국 시카고옵션거래소에서 그해에 주식옵션거래가 본격적으로 시작되면서 파생상품 시대가 열렸다. 이를 가능케 한 것이 '블랙-숄스 이론'이다.

1973년 매사추세츠공과대학MIT 피셔 블랙 교수와 마이런 숄스 교수는 옵션거래의 가격 설정에 관한 이론을 발표하고, '블랙-숄스 이론'이라 이름 붙였다. 이 파생상품 평가이론 덕분에 파생상품에 비교적 정확한 가격이 매겨졌다. 그 뒤 선물, 옵션, 파생금융상품 거래가 활성화되었다. 이 연구로 이들은 25년 뒤인 1997년에 노벨경제학상을 받았다.

이들의 연구는 국제 금융시장을 가히 혁명적으로 변화시켰다. 원래 금융시장은 불확실성을 싫어한다. 그런데 이 이론이 등장하여 투자자는 정확하게 계산된 스톡옵션을 활용함으로써 주가 등락의 피해를 상쇄할 수 있었다. 월스트리트를 비롯해 국제 금융시장의 투자자들은 블랙-숄스 공식을 도입하여 파생금융상품을 운영했다. 이에 따라 국제적으로 거래되는 유동성은 폭발적으로 늘어났다.

금융공학이 도입되고 퀀트를 양산해내다

세계 최대 선물시장인 시카고선물거래소CBOE: Chicago Board Options Exchange에서도 이 공식을 토대로 본격적인 파생상품 거래가 시작되었다. 블랙-숄스 공식이 유명해지자, 연구자들은 대학 강단을 떠나 월스트리트 투자회사를 찾아다니며 자신의 연구 결과를 강의했다.

그 뒤 매사추세츠공과대학은 물론 카네기멜론대학, 컬럼비아대학, 뉴욕대학 등이 금융공학 프로그램을 도입하여 수학을 금융에 적용하는 전문가, 곧 퀀트를 양산해냈다. 이 공식이 새끼를 쳐(?) 선물거래 등 다양한 파생금융상품을 탄생시켰다.

숄스는 1973~1980년 동안 시카고대학 증권가격 연구원 원장으로 재직하면서 방대한 양의 증권가격 데이터를 정리하여 금융경제학 발전에 지대한 기여를 했다. 미국 월스트리트에서 투자은행들이 막대한 돈을 벌어들이기 시작한 것은 1980년부터다. 이때 금리스왑을 필두로 다양한 파생상품이 출현하기 시작했다. 이로써 시장규모는 빠른 속도로 확대되었다. 이 시장에서 투자은행들이 엄청난 돈을 벌어들이기 시작했다. 수학과 물리학을 전공한 공학도들이 투자은행에 몰려들었다.

숄스는 1983년 스탠퍼드대학 경영대학원·로스쿨 종신교수가 되었고, 1997년 블랙-숄스 모형을 개발한 공로로 로버트 머튼과 함께 노벨경제학상을 받는다. 블랙은 1995년 사망하여 노벨상을 받지는 못했다. 숄스는 이렇게 학자로서 큰 명성을 얻었다.

당시 살로먼 브라더즈 증권사에서 뛰어난 성적으로 두각을 나타내던 존 메리웨더는 마이런 숄스, 로버트 머튼과 손을 잡고 1994년 LTCM_{Long Term Capital Management}이라는 펀드를 설립했다. 박사 출신 160명의 파트너가 있었으니 그건 펀드회사라기보다는 연구집단이었다. 하지만 실제 금융투자에서는 재미를 보지 못했다. 롱텀캐피털매니지먼트 사가 1997년 동아시아 금융위기 때 큰 손실을 입고 파산하고 만 것이다.

스왑거래가 선보이다

1980년대와 1990년대는 스왑거래가 주를 이루었다. 원래 스왑거래란 미래에 닥칠지도 모르는 리스크를 관리하기 위해 탄생하였다. 따라서 거래 상대방과 미리 정한 계약조건에 따라 장래의 일정시점에 두 개의 서로 다른 방향의 자금흐름_{cash flow}을 교환한다. 그러다 보니 현물거래와 선물거래가 동시에 이루어지는 특징을 갖고 있다.

스왑거래로는 변동금리와 고정금리를 교환하는 금리스왑, 거래 당사자가 서로 상이한 통화로 차입한 경우 원리금 상환을 교환하여

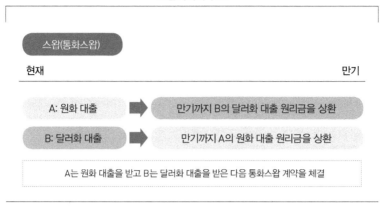

스왑거래의 구조

스왑(통화스왑)

현재   만기

A: 원화 대출	만기까지 B의 달러화 대출 원리금을 상환
B: 달러화 대출	만기까지 A의 원화 대출 원리금을 상환

A는 원화 대출을 받고 B는 달러화 대출을 받은 다음 통화스왑 계약을 체결

이행하는 통화스왑 등이 있다.

1980~1990년대에는 '금리스왑' 파생상품이 주를 이루었다. 지금도 금리 파생상품의 시장규모가 가장 크다. 그 뒤 '통화스왑' 파생상품을 거쳐 1990년대 말에는 '신용스왑' 파생상품이 거래되기 시작했다. 이 신용파생상품이 2000년대 들어 결국 사고를 치게 된다.

파생상품이 불러온 서브프라임 사태

주택시장의 대부, 패니메이와 프레디맥

미국 정부는 1937~1938년 대공황 끝 무렵에 주택건설 경기를 살리기 위해 '연방주택보증협회'를 만들었다. 그리고 은행의 대출채권을 구입하고 이를 연방주택 감독청이 보증함으로써 유동성과 안정성을 확보해줬다. 당시 미국 정부가 설립한 것이 패니메이였다. 사실 대공황 탈출에는 패니메이의 공이 컸다. 당시 패니메이가 장기 주택

담보대출 보증을 서줌으로써 비로소 주택시장은 활성화되기 시작해 경기부양에 큰 도움이 되었다. 그 뒤 30년 동안 페니메이가 주택담보대출 보증시장을 독점했다.

정부는 1968년 패니메이를 민영화할 때 의회는 독점을 막기 위해 민영 프레디맥의 설립 허가를 내줬다. 민간회사임에도 시장에서는 두 회사가 발행한 증권을 정부 보증으로 여겼다. 연방주택감독청이라는 곳에서 자산 건전성과 안전성을 보증하기 때문이다. 이들 모기지 업체는 은행이 대출한 주택담보대출증서를 사들이거나 보증하여 은행이 서민들에게 주택대출을 더 많이 하도록 촉진하는 업무를 했다.

모기지대출저당증권 MBS, 대출을 거의 무한대로 늘리다

파생상품 거래규모가 급성장한 이면에는 그럴듯한 이론들이 있었다. 경기호황 당시 금융기관 모두에게 돈이 되는 새로운 금융기법이 나타났다. 주택담보 대출을 증권화하는 방법이었다. 주택담보대출을 해준 은행은 보통 20~30년 장기대출을 하게 되므로 오랜 기간 자금이 묶인다. 이런 대출금을 모아 증권으로 만들어 파는 기법이 나타난 것이다. 이른바 자산유동화증권의 일종인 '모기지대출저당증권

_{MBS}'이 그것이다. 미국 정부주택저당공사 지니매_{Ginnie Mae}가 1968년에 처음으로 이 증권을 발행했다.

자산유동화증권이란 한마디로 미래에 생길 수익을 담보로 증권을 만들어 팔아 현금화하는 것이다. 은행이나 모기지 회사 입장에서는 대출을 해주고 장기간에 걸쳐 이자를 받는 것보다 증권으로 만들어 대출금을 빨리 회수하는 게 낫다. 회수한 돈으로 다시 대출해주고, 또 이를 증권화 하는 과정을 반복하면 대출이자 수입도 늘어나고 그때마다 수수료 수입이 생겼다.

국가에 의해 공급된 부동산 금융

당시로선 획기적인 금융상품이 탄생한 것이다. 이로써 채무 리스크조차도 투자자에게 넘길 수 있게 되었다. 지니매 이외에도 패니메이와 프레디맥도 MBS를 발행했다. 패니메이는 연방저당협회_{FNMA}, 프레디맥은 연방주택대출저당회사_{FHLMC}의 약자를 부르기 쉽게 바꾼 이름이다. 결국 시장에서 MBS를 공급하는 주체는 이 세 기관이다. 미국 부동산 금융의 상당 부분은 사실상 국가에 의해 공급되고 있는 것이다.

은행은 소비자에게 주택을 담보로 대출해주고 그 대출을 패니메이나 프레디맥에게 팔았다. 모기지 매각이 이루어지면 그 순간부터 은행장부에는 해당 대출이 더 이상 존재하지 않는다. 오직 패니메이나 프레디맥이 대출에 대한 책임을 진다. 소비자가 매달 갚아나가는 상환금을 받을 권리와 주택소유자가 이를 불이행할 경우 떠안게 되는 위험 역시 패니메이와 프레디맥의 몫이다. 패니메이와 프레디맥은 은행으로부터 사들인 대출을 묶어 모기지대출저당증권을 발행하여 투자자들에게 판매한다. 그래야 돈이 돌기 때문이다.

한편 패니메이와 프레디맥에게 모기지를 매각함으로써 대출관계에서 벗어난 은행은 다시 그 돈으로 새로운 대출을 해준다. 이 과정은 더 많은 모기지대출을 만들어내어 서민들의 주택 구입을 손쉽게 만든다. 이로써 대출을 장부에서 털어낸 은행들은 주택담보대출을 계속할 수 있었다. 시중에 자산유동화증권의 유동성이 주체할 수 없을 정도로 커진 이유이다.

리스크 분산의 회심작, 신용부도스왑

JP 모건의 블라이드 마스터스가 1995년 발명한 신용부도스왑CDS은 금융시장 지형을 바꿔놓았다. 그녀는 영국 케임브리지대학 경제학과 전액 장학생으로 졸업하고 1991년 JP 모건에 입사했다. 그녀가 개발한 CDS는 금융시장의 가장 원초적인 공포, 곧 돈 떼이는 두려움을 해소시킨 획기적 발명품이었다.

원리는 간단하다. 예를 들어 한 금융사가 한 기업의 회사채를 구입한다고 치자. 문제는 리스크다. 기업이 망하기라도 하면 채권매입 금융사는 막대한 손실을 본다. 이럴 때 다른 보험사나 은행이 보험료를 받고 원금을 보장해주는 상품이 바로 CDS다.

CDS는 금융사와 보험사(또는 헤지펀드) 사이의 계약이다. 기업에 돈을 빌려준 금융사는 일정 기간마다 일정 금액(보험료)을 보험사에 주는 대신 기업이 돈을 갚지 못하면 원리금을 보험사로부터 받게 된다.

여기서 그치는 게 아니다. 보험사는 계약 자체를 제3자에게 팔아넘길 수도 있다. 위험을 제3자에게 전가하는 게 가능해진 것이다. 또 비슷한 신용도를 갖춘 기업의 부도 확률을 계산한 파산위험지수가 주가지수처럼 발표된다. 금융사와 보험사는 이 지수를 바탕으로 기업의 신용도를 실시간으로 평가할 수 있다.

CDS 개발자인 마스터스는 월스트리트에서 일약 스타로 떠올랐다. 훗날 서브프라임 사태를 증폭시킨 부채담보부증권CDO도 사실 그녀의 두뇌에서 나왔다. 그래서 '20세기 후반 최고의 금융상품'을 낳은 어머니로 불렸다. 앨런 그린스펀도 이 상품을 극찬했다.

∴ 블라이드 마스터스

기본적으로 CDS 시장은 각국 정부의 감시·감독 영역 밖에 머물러 있다. 은행 등이 보험회사와 계약서를 쓰고 보험료만 지불하면 되는 시장이다. 금융상품 세일즈맨들은 돈을 빌려준 금융사의 원초적인 두려움에 호소해 CDS를 팔았다. '돈 떼이면 우리가 해결해준다'는 게 그들의 판매전략이었다. 보험사, 헤지펀드 등 이른바 보장을 판매하는 쪽도 부담 없이 팔았다. 한동안 유동성 풍년으로 기업들의 파산 비율이 역사상 가장 낮은 수준으로 떨어졌기 때문이다.✳

CDS, 걸출한 발명품으로 대우받다

이렇게 CDS는 신용·위기 전까지만 해도 21세기 금융시장 최고의 발명품으로 대우를 받았다. 이유는 경기 사이클의 침체 국면을 획기적으로 줄여주었기 때문이다. 보통 시장이 침체 국면으로 전환될 조짐이 보이면 은행은 곧바로 대출부터 줄인다. 이유는 침체기에는 부

✤ 〈중앙선데이〉, 2008년, 2월 24일

도 위험이 커지기 때문이다. 대출이 줄어든다는 것은 시장의 유동성이 줄어든다는 뜻이다. 이는 침체기를 더욱 오래 끌게 만든다.

CDS라고 하는 걸출한 발명품은 위험을 대신해서 사줄, 이른바 '위험매수자'가 생김으로써 은행은 리스크를 타인에게 전가할 수 있게 되었다. 곧 시장의 리스크가 아무리 커져도 그 위험을 책임져줄 위험매수자가 생기면서 은행은 약간의 보험비용만 추가로 지불하면 대출을 줄이지 않아도 되었다.

은행들의 대출이 경기침체기에도 줄어들지 않았기 때문에 신용위기 이전 경기침체기는 평균 6개월에서 10개월로 짧아졌다. 이는 오로지 CDS 출현 이후 나타난 독특한 현상이었다. 사람들은 이를 골디락스라 부르며, 이제 더 이상의 불경기는 없다고 즐겼다.[*]

파생상품 규제 도입 의견 무참히 묵살되다

한때 파생상품에 대한 규제 의견이 나왔다. 헤지펀드 롱텀캐피털매니지먼트LTCM가 파산위기에 직면했던 1998년, 당시 주무부처인 미국상품선물거래위원회CFTC의 브룩슬리 본 위원장은 파생상품 시장이 아무런 규제를 받지 않고 있으며, 주무 부서인 그녀의 위원회가 파생상품시장의 거래 내용에 대해 정보가 많지 않다는 것을 알게 되었다. 그녀는 미국에 이렇게 투명하지 않은 금융시장이 존재한다는 것에 놀랐다. 그녀

⚬ 브룩슬리 본

❖ 박문환, [고수 투자 데일리], 〈한경 와우넷〉

는 파생상품 거래를 이대로 방치했다가는 미국 경제가 중대한 위기에 직면할 가능성이 높다고 판단했다.

그녀는 정부 당국자들과 간담회를 가졌다. 그러나 간담회에 참석

∴ 아서 래빗(왼쪽)과 로버트 루빈, 앨런 그린스펀, 래리 서머스(오른쪽)

한 앨런 그린스펀 연준 의장을 비롯해 로버트 루빈 재무장관, 아서 레빗 증권거래소 위원장 등은 한목소리로 파생상품 규제도입에 강력히 반대했다. 당시 미국 경제를 이끌었던 이들 세 인물 모두 유대인이다. 결국 그녀의 규제도입 주장은 무참히 묵살되어 배제되고 말았다.

하지만 그녀는 물러서지 않았다. 의장의 직권을 이용하여 파생상품시장의 투명성을 제고하고 규제할 수 있는 근거를 마련하는 법안의 제정에 착수했다. 그 무렵 월스트리트 입장에서는 수익의 원천인 파생상품을 규제하면 금융산업이 심하게 위축될 것을 걱정하여 규제도입을 격렬히 반대했다. 결국 월스트리트의 항의에 굴복한 의회는 CFTC의 시장규제 권한을 6개월간 봉쇄하는 조치를 취했다. 그리고 이듬해 브룩슬리 본 위원장을 쫓아냈다. 월스트리트의 힘은 대단했다.

2000년 파생상품 규제 대상 제외로 세계 GDP 11배로 성장

설상가상으로 2000년에는 파생상품 거래를 규제 대상에서 아예

완전히 제외하는 법까지 의회를 통과했다. 월스트리트의 집요한 로비 공작이 성공한 것이다. 그 결과 파생상품 거래는 끝없이 늘어났다. 이것이 글로벌 금융위기라는 비극의 단초였다.

국제결제은행BIS에 따르면, 파생상품 거래규모는 1990년만 해도 3조 4500억 달러, 1998년 6월에 72조 달러 규모였다. 그러던 것이 규제가 철폐되자 폭발적으로 증가하기 시작했다. 2006년 말 286조 달러, 2008년 6월에는 684조 달러로 치솟았다. 말 그대로 기하급수적으로 성장했다. 2008년 세계 총생산이 60조 달러 남짓이었다. 그런데 그 실물경제를 기초로 만들어진 파생상품 거래규모는 11배가 넘었다.

한마디로 그린스펀의 말처럼 비이성적인 과열이었다. 하지만 관련된 누구에게나 돈을 벌어주었기 때문에 이를 이성적인 눈으로 보고 싶지 않았던 것이다.

파생상품 거래규모

단위: 조 달러

자료: 국제결제은행

1530억 달러의 공적자금을 지원해 국유화하다

서브프라임 사태가 터지자 가장 먼저 타격을 받은 곳은 MBS를 발행하던 패니메이와 프레디맥이었다. 두 업체는 미국 전체 주택담보 시장 12조 달러의 절반에 가까운 5조 3000억 달러의 주택담보대출 보증을 바탕으로 채권과 증권을 발행했다. 우리는 숫자가 너무 커지면 그때부터는 숫자에 대한 감각을 잃는다. 5조 3000억 달러는 1달러당 1000원으로 계산하면 우리 돈으로는 약 5300조 원이다. 우리나라 전 국민이 5년 동안 일해서 버는 돈을 하나도 안 쓰고 모아도 모을 수 없을 정도의 엄청난 금액이다.

이 두 회사가 망하면 미국 주택시장은 붕괴할 수밖에 없었다. 더불어 두 회사의 채권을 산 각국 중앙은행이나 금융기관들의 1조 5000억 달러 규모의 채권이 휴짓조각이 된다. 당시 우리 한국은행도 패니메이와 프레디맥이 발행한 채권을 380억 달러나 보유하고 있었다. 따라서 미국 경제는 물론 세계 경제가 파산할 위험성이 있었다. 미국 정부는 공적자금을 투입해서라도 살릴 수밖에 없었다.

그들은 서브프라임 사태 후 5000억 달러가 넘는 손실을 기록했다. 2008년 9월 미국 재무부는 역사상 최대 규모인 1530억 달러의 공적자금을 지원해 두 회사를 국유화했다.

파생의 파생, 부채담보부증권

이렇듯 금융위기는 부동산 가치 하락에서 출발했다. 그러나 부동산가격이 웬만큼 하락해도 공황은 쉽게 오지 않는다. 이를 증폭시킨 2차 파생상품이 문제였다. 원흉은 모기지대출저당증권MBS을 기초자산으로 하는 '부채담보부증권CDO: Collateralized Debt Obligation'이었다.

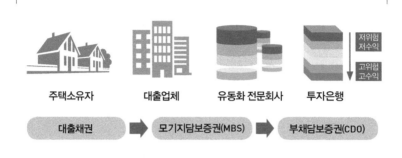

미국 주택대출의 증권화 구조

주택소유자　　대출업체　　유동화 전문회사　　투자은행

저위험 저수익 ↓ 고위험 고수익

대출채권 ➡ 모기지담보증권(MBS) ➡ 부채담보증권(CDO)

　　부채담보부증권은 주택담보대출채권을 각종 채권과 섞은 뒤 이를 다시 신용등급별로 잘게 쪼개서 만든 파생상품이다. 이론적으로는 CDO의 경우 MBS와 달리 수많은 MBS를 집합한 다음 부도 확률을 계산하여 여기에 신용등급을 매겨서 파는 2차 파생상품이다. 파생상품의 파생상품이 만들어진 것이다. 집값이 떨어지자 가장 먼저 위험이 시작된 것이 바로 부채담보부증권이었다.

　　시장에서 부동산의 부실로 인한 MBS에 문제가 있다고는 하지만 그것은 정작 그리 큰 문제가 아니었다. 왜냐하면 MBS는 주택이라는 실물자산을 담보로 하기 때문에 부실이 나도 반 토막이 난다거나 하는 최악의 부실은 발생하지 않는다. 하지만 CDO는 주택대출이라는 무형의 '부채'를 담보로 만든 것이기 때문에 채권이 부도나면 아예 사라질 수도 있는 위험이다.※

❖ 샤프슈터 박문환 블로그

CDO를 팔 때 CDS 보험과 같이 팔다

투자은행들은 CDO를 팔 때 일반적으로 신용부도스왑CDS 이라는 보험과 같이 팔았다. CDO의 부실 위험을 보험으로 막은 것이다.

CDS란 신용파생상품의 하나다. 부도나 파산 등 신용사고가 일어 났을 때, 손실의 일부 또는 전부를 보전해주는 계약을 말한다. 곧 원리금을 돌려받지 못할 경우에 대비해 가입하는 일종의 보험증권이다. 한마디로 미래의 부도 확률을 계산하여 보험으로 만든 것이다. CDO가 부도나면 보험금을 받을 수 있는 상품인 CDS와 같이 묶어서 함께 파니 파는 사람이나 사는 사람이나 위험을 느끼지 않고 거래하게 되었다. CDS는 나중에는 CDO 없이도 혼자 팔려나가 대상기업이 망할지 안 망할지에 돈 걸고 내기하는 용도로도 쓰였다.

2004년 레버리지 비율 규제철폐가 화를 잉태하다

게다가 월스트리트의 집요한 로비로 2004년 4월 28일 미국증권거래위원회SEC는 투자은행의 레버리지 비율에 대한 규제를 철폐했다. 그 결과 짧은 시간 안에 투자은행의 레버리지 비율, 곧 부채 비중은 순자본의 20~30배까지 급상승했다. 이러한 로비를 위해 1999년부터 2008년까지 금융계가 지불한 공식 로비 비용만 27억 달러에 달했다.

또 증권거래위원회는 투자은행의 자회사인 증권사의 자본 규제를 풀어주었다. 이는 대형 투자은행들이 서브프라임 모기지 시장에 적극 참여할 수 있도록 기회를 마련해준 것이다.

증권거래위원회는 그에 대한 위험성을 미처 파악하지 못했다. 그 뒤 투자은행들은 CDO를 본격적으로 만들어 은행과 보험회사 등에 팔았다. 또 부도 위험을 헤지하기 위한 CDS도 곁들여 팔았다.

이에 힘입어 2000년 2750억 달러에 불과하던 CDO 시장은 2006년 4조 7000억 달러로 급팽창했다. 부채담보부증권으로 또 다른 파생상품을 만들기도 했다. 투자은행들은 부채비율이 3000~4000%에 이를 정도로 이런 파생상품을 남발했다. 비상식적인 엄청난 레버리지 비율이었다. 언제라도 파탄 날 수 있는 위험한 게임이었다.

2006년 말 기준 파생상품까지 모두 합한 세계 유동성 규모는 세계 총생산의 964%에 이르렀다. 실물경제 부문의 10배에 가까운 돈이 금융시장을 떠돌고 있었다. 이러한 유동성 자금이 2007년에 더 폭발적으로 늘어난다. 이 또한 파생상품 때문이었다.

세계 파생상품 거래규모는 2007년도 한 해에 전년 대비 무려 33%

나 늘어나 거래 잔액이 약 600조 달러에 이르렀다. 이는 세계 유동자금의 85%에 달했다. 이 가운데 CDS만 하더라도 62조 달러에 이르렀다. 2008년 들어 파생상품 시장은 더 과열되었다. 그리

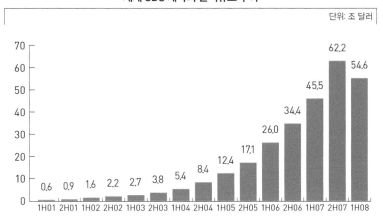

세계 CDS 계약의 잔액규모 추이

단위: 조 달러

자료: 한국투자증권

스펀은 이를 점잖게 '비이성적 과열'이라 표현했지만 한마디로 미친 짓이었다.

장내와 장외의 차이, 기성복과 맞춤복

파생상품은 거래소에서 거래되는 장내파생상품과 거래소 외에서 거래되는 장외파생상품으로 구분한다. 장내파생상품은 미리 정해진 규정에 따라 표준화된 형태의 상품으로 거래된다. 옷으로 비교하면 기성복이다. 투자자들은 거래소를 통해 거래함으로써 거래 상대방이 누구인지 알 수 없고, 알 필요도 없다.

반면 장외파생상품은 공식적인 거래시장을 통하지 않고 거래가 이루어지는 파생상품을 의미한다. 예를 들면 씨티그룹이 A라는 기관과 서로의 필요에 의해 파생금융거래 계약을 체결할 경우 이는 장외파생상품이다.

장외파생상품 거래는 각 거래 상대방의 필요에 의해 이루어지는 것으로 매번 거래에 따라 모든 구조와 내용이 다르다. 옷으로 비교하면 맞춤복이다. 협의에 따라 어떤 형태의 구조도 거래가 가능하다. 따라서 일반적으로 장외파생상품시장의 거래 종류가 훨씬 다양하다. 국내 중소기업들이 투자하여 많은 손실을 기록한 키코KIKO가 장외파생상품이다.

장외파생상품의 대폭발

국제결제은행에 따르면 국제 장외파생상품 거래는 하루 거래량을 기준으로 1995년 2700억 달러에서 2007년에는 2조 5440억 달러로 급증했다. 연평균 20.6%의 초고속 성장이었다. 이러한 비이성적인 거래의 증가 속도는 부실과 거품을 양산하여 결국 신용위기를 부르고 말았다.

원래는 주식·채권·외환 거래의 리스크를 없애기 위해 개발된 선물·옵션·스왑 거래가 투기의 대상이 되었다. 금융시장의 불안요소가 된 것이다. 금융기법이 발달할수록 이들 파생상품은 더욱 첨단화되고 복잡해졌다. 파생이 파생을 낳고, 이를 기초로 한 제3의 혼합파생을 낳아 그 실체를 파악할 수 없을 정도로 커졌다.

외환거래액 99%는 무역활동과 관련 없는 투기거래

IMF 통계에 따르면, 2004년도 일일 외환거래액이 평균 3조 달러를 웃돌았다. 이는 2001년 조사 당시에 비해 약 57%, 1992년에 비해 223%가 증가한 것이다. 유동성의 흐름이 거세졌다는 뜻이다. 더구나 전통적 외환거래보다는 장외파생상품 거래의 증가 속도가 훨씬 더 가파랐다. 2004년 장외파생상품 거래는 1992년에 비해 무려 20배가 증가했다. 이는 핫머니가 주도하는 투기의 속도가 더욱 치열하게 빨라지고 있음을 뜻했다.

연간 영업일을 250일로 가정할 경우, 2004년 연간 순 외환거래규모는 470조 달러이고 장외파생상품 거래규모는 300조 달러로 전체 규모는 770조 달러에 이르렀다.

이 가운데 스왑거래가 53%로 가장 많았다. 그다음으로 현물거래가 33%, 선물거래가 12% 순이었다. 주요 시장별로는 영국 런던이 전체 거래의 약 31%를 차지하여 세계 수위였으며, 미국(19%), 일본(8%), 싱가포르(5%)와 독일(5%), 홍콩(4%)이 뒤를 이었다.

카지노 자본주의를 보여준 보고서

한국은행이 발표한 2007년 4월 〈세계 외환 및 장외파생상품시장〉 보고서의 일평균 거래규모는 5조 3000억 달러로, 2004년 4월의 3조 1000억 달러에 비해 3년 사이에 71%나 늘었다.

문제는 2004년 조사에 비해 일일 외환 및 장외파생상품 거래규모의 '증가 속도'가 더 가파르게 빨라졌다는 것이다. 실물경제의 증가 속도에 견주어볼 때 도저히 있을 수 없는 과열이었다. 과열이 지나치면 불이 나는 법이다.

장외파생상품을 다시 세분하면, '통화' 관련 장외파생상품은 2910억 달러로, 3년 전 대비 110% 늘어났다. 한편 '금리' 관련 장외파생상품은 1조 6860억 달러로 3년 전 대비 64% 증가하였다. 그리고 나머지 1130억 달러가 새로 태어난 '신용' 관련 장외파생상품이었다.

여기에 거래소를 통한 장내파생상품 거래규모 6조 2000억 달러를 포함하면, '세계 외환 및 파생상품시장' 일평균 거래규모는 11조 5000억 달러로 추정된다. 신용위기 직전에 발표된 이 보고서는 돈 놓고 돈 먹기 식의 카지노 자본주의의 극치를 보여 주었다. 결국 이러한 유동성의 폭발적인 증가는 자산 버블도 폭발시켰다.

서브프라임 합성 CDO, 폴슨과 골드만삭스의 합작품

CDO는 1997년 JP 모건의 블라이드 마스터스에 의해 개발되었다. 그녀는 CDS를 발명했던 머리로 CDO까지 만든 것이다.

그런데 미 증권거래위원회SEC가 2010년 골드만삭스가 판매한 투자상품(Abacus 2007 AC1)이 사기에 해당한다며 제소했다. 아바쿠스라는 투자상품은 합성 CDO다. 이 CDO는 존 폴슨과 골드만삭스의 합작품이었다.

존 폴슨이 이 상품 개발에 참여한 것은 2006년 말로 거슬러 올라간다. 당시 존 폴슨은 주택시장 붕괴가 가까이 왔음을 직감했다. 폴슨은 2006년에 골드만삭스와 도이체방크, 그리고 베어스턴스에 접근해 자신이 후원할테니 합성 CDO를 발행하라고 제의하면서 대신에 자신이 그 CDO의 가치가 하락하는 쪽에 돈을 걸 수 있도록 해달라는 조건을 내걸었다. 이에 대해 베어스턴스는 그런 행위가 도덕적이지 못하다고 생각한 반면, 골드만삭스와 도이체방크는 그 제안을 받아들였다.

그가 운영하는 헤지펀드 '폴슨앤코'는 가치가 하락할 것으로 예상되는 서브프라임 모기지, 곧 비우량 주택담보대출을 기반으로 만든 123개 모기지대출저당증권MBS을 선정한 뒤 아바쿠스 개발을 위해 골드만삭스를 찾는다. 골드만삭스는 이 상품 개발을 돕기 위해 제3의 독립회사를 물색한다. ACA 매니지먼트는 골드만삭스의 의뢰를 받아 형식적인 상품 개발자로 나서고 골드만삭스는 폴슨과 함께 이 상품 설계에 나선다.

∴ 존폴슨

폴슨은 상품 개발과 동시에 신용디폴트스왑CDS을 골드만삭스에서 사들인다. 바로 이 상품의 가치 하락에 베팅한 것이다. 도이체방크의 'Start 프로그램'도 같은 맥락이었다.

ACA는 당시 폴슨이 이 상품의 가치 하락에 베팅한 것을 몰랐다. 골드만삭스는 이를 알고도 투자자들에게 이 사실을 알리지 않아 후에 문제가 되었다. 골드만삭스의 아바쿠스 프로그램(25건, 총 100억 달러 규모)이 가치가 하락하는 쪽에 돈을 걸겠다는 폴슨의 바람을 충족시키면서 고객에게는 다른 CDO와 다를 게 없는 것처럼 보이게 만들었다는 것이다. 폴슨은 금융위기로 무려 200억 달러를 벌어들였다.

더 이상 교과서가 통하지 않는다

금융거래의 대부분은 주식, 채권, 파생금융상품, 기타 투기적 금융 그리고 차관 등의 형태로 이루어져 있다. 국제경제 교과서에 의하면, 환율은 재화와 서비스의 수입·수출에 따라 결정된다. 일부 국가들은 수출보다 수입액이 많아져 그 차액을 외채로 충당해야 한다. 현재 경상수지 적자폭이 지나치게 커졌다면, 그 나라의 통화가치를 줄여 수출을 늘리고 수입을 줄여야 한다. 균형이 잡힐 때까지 환율이 떨어져야 한다.

그러나 이제는 더 이상 교과서가 통하지 않는다. 세계화를 통한 금융자유화는 환율이 더 이상 재화와 서비스 이동만으로 결정되는 것이 아니라, 자본 흐름에 따라 결정된다는 것을 뜻한다. 세계 각국의 국경을 넘나드는 금융투자가 증가하면서 국제적인 금융거래는 무역거래에 우선되었다. 동시에 통화량의 경우, 자산시장이 무역수지를 대체하였다.

과잉유동성으로 인한 유동성 쏠림 현상 경계해야

1997년 우리나라를 비롯한 동아시아 5개국은 전대미문의 대규모 금융위기를 경험했다. 그 규모가 얼마나 컸던지 세계 경제학자들은 1997년의 동아시아 금융위기는 1930년대 대공황 이래 최대 규모의 사건이라며 놀라워했다.

이때 동아시아를 한바탕 분탕질하고 빠져나온 국제 금융자본은 다시 정보통신IT 산업과 벤처투자에 무더기로 몰려들어 1990년대 후반에 세계적인 버블을 만들어냈다. 알다시피 버블의 끝은 폭락이다. 2001년 IT와 벤처 부문에서 유동성이 무더기로 빠져나오면서 급작스런 붕괴 사태를 야기했다.

그 뒤 국제 금융자본은 IT와 벤처 부문에서 빠져나와 미국, 영국, 스페인, 아일랜드, 아이슬란드, 두바이 등의 부동산으로 몰려들어 거대한 버블을 만들어냈다.

2005년도에 저금리 시대가 마감되고 이듬해에 금리가 급격하게 5.25%까지 오르자 미국 경기가 위축될 가능성이 탐지되었다. 그러자 초국적 금융투자자본과 각국이 긴축 기조로 선회하면서 세계적인 유동성 축소가 일어났다. 초국적 금융자본은 리스크 관리를 위해 신흥 개도국의 위험자산에서 발을 빼 선진국의 안전자산으로 대거 이동했다. 이로 말미암아 2006년 상반기에 세계 증시가 동반 폭락했다. 특히 터키 등 개발도상국이 유동성 위기로 혼쭐이 났다.

반면 서브프라임 사태로 미국의 금리인하가 시작되자 달러 값이 하락하면서 다시 한꺼번에 미국과 유럽 등에서 유동성이 빠져나오면서 급작스런 버블 붕괴를 야기했다.

이번에는 빠져나온 유동성이 중국 등 신흥 개발도상국으로 몰렸다. 이렇게 상황에 따라 유동성 흐름이 거대한 썰물과 밀물이 되어 취약한 개발도상국의 경제를 유린했다.

특히 금융위기 이전 10여 년 동안의 저금리와 중국 저가 공산품의 대량생산은 '골디락스'라 불리는 신경제를 인류에 선보이며 세계의 유동성을 한껏 끌어올렸다. 한마디로 세계는 과잉유동성_{easy money}에 파묻혀 있었다.

광속으로 움직이는 거대한 핫머니로 인해 이처럼 우리 모두가 외환 및 금융 리스크에 노출된 위험한 세상에 살고 있다. 이제 세계는 이러한 '유동성 쏠림 현상'에 대한 다각적인 분석과 연구, 그리고 대책이 필요하다. 과잉유동성이 세계와 각국 경제에 끼칠 시나리오와 이에 대한 단계별 대비책이 강구되어야 한다.

결국 터지고 만 신용위기

미국에서 촉발된 신용위기가 유럽 등으로 번지면서 유동성은 급속히 안전자산으로 회귀하였다. 그러면서 자금이 순식간에 빠져나간 중국 등 개발도상국은 초상집이 되었다. 주가는 반 토막을 넘어 3분의 1로 떨어졌다. 러시아는 아예 며칠 동안 증권시장을 폐쇄하였다. 하늘 높은 줄 모르던 유가와 원자재가격도 폭락과 폭등을 거듭하는 널뛰기가 장세가 심하게 나타났다. 한마디로 유동성 쏠림 현상이 극심하게 나타난 것이다.

2008년 금융위기에서 유동성 쏠림 현상은 세계를 공포의 도가니로 몰아넣었다. 유동성을 회수하는 자산 디레버리지가 시작되자 다우지수는 고점 대비 54%나 하락하였다. 2007년 10월 11일 1만 4198에서 2009년 3월 9일 6547로 폭락한 것이다.

이때 다른 자산가격도 40% 이상 떨어졌는데, 그 가운데 주택가격은 30% 정도 떨어졌다. 우리 코스피지수도 고점 대비 55%나 하락했다. 2007년 10월 31일 2064에서 2008년 10월 938로 떨어진 것이다. 이때 우리나라를 빠져나간 돈이 약 45조 2000억 원에 이르렀다. 그래도 1997년 IMF 외환위기에 비하면 덜 빠진 셈이다. 주가가 외환위기 당시는 고점 대비 69.9%가 빠졌었다.

이후 미국의 초저금리가 시작되자 달러 가치의 하락을 우려한 자금, 곧 '달러 캐리 트레이드_{dollar carry trade}'가 시작되어 이 돈들이 다시 우리 시장에도 몰려들기 시작했다. 2009년 4월부터 9월 사이에만 약 43조 원이 유입되었다. 이 돈들이 코스피지수를 밀어 올리고 우리 경제를 그나마 받쳐주었다. 유동성 쏠림 현상에 심하게 휘둘리고 있는 셈이다. 이렇게 외국에서 자금이 쏟아져 들어오자 원/달러 환율도 1590에서 1150으로 떨어졌다.

이처럼 이들 핫머니가 일제히 준동할 경우 그 액수와 파괴력은 상상을 불허한다. 밀물이 있으면 썰물이 있는 법이다. 즉 유동성이 밀려와 장세가 좋으면 곧 유동성이 썰물처럼 순식간에 빠져나갈 때를 대비해야 한다.

궤도 벗어난 금융시장, 럭비공처럼 튄다

'환투기 공세'로 영란은행 등 여러 나라 중앙은행들을 초토화시킨 전력의 조지 소로스는 자신의 저서《세계 자본주의의 위기》에서 요즘 국제 금융시장에 대해 이렇게 말하였다. "세계 자본주의는 금융시장이 스스로 평형을 유지한다는 믿음에 근거하고 있다. 그러니까 진동 추가 왕복운동을 하듯, 그것이 잠시 외적인 요인으로 이탈할 수는 있어도 결국에는 평형상태로 돌아온다는 것이다. 그러나 이 믿음은 틀렸다. 금융시장은 이미 궤도를 벗어났으며, 이 같은 상태가 계속되면 정상적인 회복은 불가능하다. 최근의 국제 금융시장은 진동 추처럼 움직이는 것이 아니라, 마치 럭비공처럼 튀면서 많은 나라들을 때리고 있다."

또한 소로스는 "세계 자본주의에는 중심과 주변이 있다. 중심은 뉴욕과 런던 등 자본의 공급자이고, 주변은 자본의 사용자다. 게임의 규칙은 중심에 유리하게 되어 있다. 중심은 주변의 희생으로 이득을 본다. 상황이 불확실해지면 자본은 자신의 고향으로 돌아가는 경향이 있다. 이런 이유 때문에 세계 자본주의의 혼란은 중심보다 주변에 더 악영향을 미친다. 월스트리트가 감기에 걸리면 다른 지역은 폐렴을 앓는 것이다"라고 말했다.

⸪ 조지 소로스

2008년 신용위기의 실체

신용위기의 실체

모기지 대출이 소비로 연결되다

일반적으로 은행 간 신용위기는 자금경색을 불러와 부도와 파산을 촉발하고 이는 금융위기로 발전한다. 2008년 신용위기의 실체를 보자.

자기 집을 갖는 것은 모든 세계인이 그렇듯 미국인의 꿈이었다. 소득세가 도입된 이래 주택 모기지 이자는 소득세 공제 대상이었다. 공제 혜택이 컸다. 그래서 대부분 급여생활자는 소득세와 주택임차료 대신 이를 모기지 이자로 활용해 집을 샀다.

1987년 들어 레이건 행정부는 자동차 구입과 신용카드 대출이자에 대한 소득세 공제는 폐지하면서 주택 모기지 이자만은 소득세 공제를 유지했다. 그러자 사람들은 주택을 담보로 모기지를 얻어내 자동차를 사는 등 편법을 쓰기 시작했다. 이때부터 모기지 대출을 더 받아 다른 용도로 소비하는 행태가 만연했다. 1994년에 전체 주택담보의 68%가 자동차 구입 등 다른 목적에 사용되었다.

주택 50만 달러까지 양도세 없애자 투기 대상으로

게다가 1997년에 클린턴 대통령은 경기부양의 하나로 주택건설경기를 진작시키기로 했다. 정부는 부부 합산의 경우 50만 달러 한도로 부동산 자본이득세capital gains tax를 폐지했다. 주식과 채권 등에 대한 자본이득세는 유지하면서 주택에 대한 자본이득세를 없앤 것이다.

자본이득세란 자본자산의 매각에서 발생하는 이득에 대해 물리는 세금이다. 부동산에 대해서는 50만 달러까지는 양도이익이 발생해도 세를 물리지 않겠다는 것이다. 그러자 그때부터 미국인들은 주택을 투자 대상으로 보기 시작했다.

돈 한 푼 없이 집을 살 수 있는 길이 열리다

부시 대통령은 2004년 10월 재선을 향한 선거운동에서 "미국의 가족이 내 집 마련의 꿈을 이룰 때마다 미국은 더 강한 나라가 됩니다"라고 부추겼다. 이것이 바로 '소유자 사회ownership society'의 아이디어였다. 대통령이 연거푸 내 집 마련을 강조하자 기다렸다는 듯이 각종 정책지원이 뒤따랐다. 중산층과 서민들이 내 집 마련에 대거 나서면서 미국의 자가 소유 비율은

∴ 부시 대통령

1995년 64%에서 2005년에는 69%로 상승했다. 주택이 투자 대상으로 떠오르자 2005년 중 구입한 주택의 40%는 1가구 2주택이었다.

여기에 불을 붙인 것이 종잣돈이 없어도 집을 살 수 있는 길이 생긴 것이다. 예를 들어 미국에서 10만 달러짜리 주택을 사기 위해서는 과거에는 적어도 2~3만 달러는 자기 돈이 있어야 했다. 하지만 2006년도에는 이런 규정 자체를 아예 없애버렸다. 이렇게 사람들에게 보증금 없이도 집을 살 수 있는 주택담보대출을 해주었다. 돈 한 푼 없이도 집을 살 수 있는 길이 열린 것이다.

은행, 파생상품 믿고 대출경쟁에 올인하다

게다가 은행은 집값만 올라가면 된다는 이유로 주택 구매자의 신용조사도 약식으로 처리하거나 심지어 생략했다. 곧 50만 달러짜리 주택 소유자에 대해 신용조사도 하지 않고 50만 달러 대출을 해주었다. 2년 동안 원리금 상환을 유예해주기도 하고, 차입자의 구두 답변만 듣고 아무 증빙서류도 없이 돈을 빌려주기도 했다.

저금리 기조로 유동성이 풍부한 은행권은 대출경쟁에 혈안이 되었다. 게다가 은행 스스로도 주택담보대출저당증권MBS으로 주택대출자금을 얼마든지 만들어낼 수 있게 되면서부터는 대출경쟁이 더 치열해졌다.

이러다 보니 소득, 직업, 재산이 없어도 대출이 되는 NINJANo Income, No Job or Asset 대출이 활개를 쳤다. 금융위기의 시발탄 노릇을 했던 미국 2위의 서브프라임 모기지 업체 뉴센트리 파이낸셜의 홍보 문구는 "단 12초면 대출 여부를 알려드립니다"였다. 그 무렵 대출 실적이 미미한 직원은 징계를 받았으며 실적이 좋은 직원들은 큰 인센티브를 받았다. 그러다 보니 '묻지 마' 대출이 기승을 부릴 수밖에 없었다.

주택가격이 계속 상승하는 데다 금리가 낮아 중산층과 서민들이 내 집 마련 대열에 대거 동참했다. 이는 여러 해 동안의 주택건설 호황으로 이어졌다. 집값이 계속 올라가면 문제가 없지만 떨어지면 연쇄적으로 문제가 생길 수밖에 없는 구조였다.

그러나 은행들은 위험을 덜어주는 파생상품 덕분에 큰 문제가 없다고 보았다. 단지 그 위험을 떼어내어 위험에 투자하는 제3자에게 전가시키면 된다고 생각했다. 바로 부채담보부증권CDO이나 신용부도스왑CDS이라는 신종 파생상품을 통해 말이다.

아무튼 이런 상태에서 주택대출을 기초자산으로 하는 MBS들이 계속 발행되고, 이 발행된 채권을 모으고 쪼개어 다시 CDO가 만들어졌다. 그리고 이것에 신용을 보강하기 위해 CDS로 보증이 들어가면서 세상은 위기에 모두 묶여버린 것이다. 이 위기의 진행 과정을 좀 더 살펴보자.

저금리가 유동성 과잉을 부르다

미 연준은 2001년에 IT 거품 붕괴와 9·11 테러 이후 경제 불황을 우려해 금리를 열세 차례나 급격하게 내렸다. 2001년 6.5%였던 정책금리를 2003년 7월까지 1%로 끌어내렸다. 욕심이 앞서 단기간에 너무 무리하게 끌어내린 것이다. 그리고 2004년 6월까지 계속 1%대로 끌고 갔다.

유동성이 풍부해져 경기호황이 이어지자 그린스펀은 경제 대통령으로 칭송받았다. 연준도 골디락스에 취해 통화 환수를 가능한 뒤로 미루었다. 이러한 저금리정책의 장기간 지속은 당연히 유동성 과잉

미국 연방기금 금리 변화

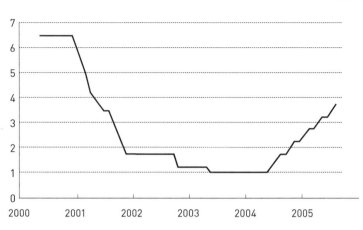

단위: %

자료: Federal Reserve Bank of St. Louis, FRED Data Series

을 불러왔다. 돈이 주체할 수 없을 정도로 많아진 금융기관들은 경쟁적으로 대출을 늘렸다.

은행들은 앞다투어 신용등급이 낮은 사람들, 곧 프라임(우량)급 이하를 지칭하는 비우량 등급인 서브프라임에게조차도 담보가치 100%로 주택대출을 해주었다. 서브프라임 모기지란 미국에서 주로 실시하는 '비우량 주택담보대출'을 뜻한다. 곧 소득수준과 신용이 우량한 고객을 상대로 주택담보대출을 해주는 프라임 모기지와 달리, 소득이 불안정하더라도 이자를 조금 더 받고 대출을 해주는 프로그램이다. 우리나라에서는 거의 사용되지 않는 제도다.

서브프라임subprime은 문자 그대로 대출금을 상환하지 못할 가능성이 많은 사람에게 금융기관이 위험을 안고 대출해주는 것이다. 소수인종과 저소득층도 주택을 소유할 수 있도록 한다는 미명 아래 자격

미달인 주택 구매자에게 대출을 해주고, 그로 인한 위험부담을 모기지 채권을 인수한 주택금융 공기업격인 '패니메이'와 '프레디맥'이 떠안았다.

이들 공기업이 은행으로부터 모기지 채권을 인수함에 따라, 자금을 회수한 은행은 다른 주택 구매자에게 대출을 해줄 수 있었다. 이렇게 은행은 주택대출을 계속해줄 수 있어 많은 사람이 낮은 이자율로 대출을 받아 집을 샀다.

재무장관을 지냈던 로렌스 서머스는 패니메이와 프레디맥이 야기하는 위험을 경고했다. 하지만 그냥 묻혀버리고 말았다. 은행들의 대출경쟁으로 주택대출 모기지 금리가 낮아져 다시 주택에 대한 수요가 급격하게 늘었다. 수요 증가로 당연히 주택가격이 올랐다. 주택 소유자들은 집값이 오르자 환호하며 부자가 된 듯한 착각에 빠졌다. 집값은 계속 올랐고, 주택 소유자들은 오른 집값만큼 더 대출을 해 소비를 즐겼다.

월스트리트의 대형 은행과 투자은행, 헤지펀드, 보험사들도 모기지와 파생상품으로 목돈을 챙겼다. 소비가 늘어나 경제가 붐을 이루었다. 이 과정은 특히 모기지 회사인 패니메이와 프레디맥에 의해 증폭되었다. 이들은 정부가 손실을 보증해주었기 때문에 MBS를 늘릴수록 이익이었다. 그래서 이들은 손실은 생각하지 않고 MBS 규모를 늘리는 데만 열중했다. 그러나 무리는 무리를 낳는 법이다.

투기로 이어지는 부동산가격 폭등이 나타났다. 5년 사이에 집값이 무려 75%나 오른 것이다. 여기에 위기의 징후가 있었다. 그러나 금융권에서는 위험에 대한 인식이 희박해져 오히려 고위험 상품에 대한 투자가 급격히 늘어났다. 경기과열 정점에서 나타나는 전형적인 현상이었다.

무리한 통화정책이 불러온 참극, 과격한 급브레이크

그제야 연준은 무언가 시장이 심상치 않게 돌아간다고 느꼈다. 그리고 마음이 급해졌다. 과잉유동성에 의한 인플레이션을 우려하게 된 연준은 2004년 6월 이후 매달 0.25%씩 한 달도 쉬지 않고 금리를 올려 2006년 8월 5.25%까지 인상했다. 금리를 내릴 적에도 쫓기듯 서둘렀는데, 이번에도 너무 단기간에 급격하게 끌어올렸다. 이것이 실책이었다. 당연히 부작용이 뒤따랐다.

먼저 시장이 놀라 기준금리 이상으로 모기지 금리가 올랐다. 당연히 주택 수요가 줄어들며 주택가격이 떨어지기 시작했다. 대출받아

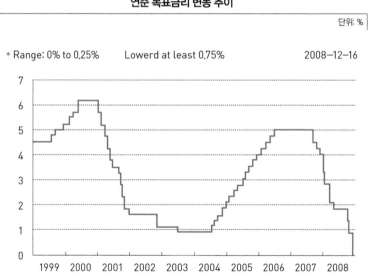

연준 목표금리 변동 추이

단위: %

* Range: 0% to 0.25%   Lowerd at least 0.75%   2008-12-16

자료: 로이터, 〈뉴욕타임스〉

주택을 사서 다시 팔아 이윤을 얻으려 했던 사람들이 대출금조차 갚을 수 없을 만큼 주택가격이 떨어졌다. 신용등급이 낮았던 비우량 대출, 곧 서브프라임 대출에서부터 문제가 터졌다.

부동산가격이 하락하자 뉴센트리 파이낸셜은 직격탄을 맞았다. 한때 주당 50달러가 넘었던 이 회사 주식은 1달러를 밑돌았다. 결국 상장 폐지되고 2007년 4월 파산보호 신청을 했는데 이것이 미국 금융위기의 전주곡이었다.

서브프라임 사태의 심각성을 눈치 못 챈 시장

그 뒤 2007년 8월에 발생한 서브프라임 사태에도 주식시장은 그해 10월까지 호황을 누렸다. 2007년 10월 9일 다우지수 종가는 14164를 돌파했다. 하지만 주택가격은 이미 2006년 6월에 정점을 찍고 떨어지기 시작했다. 부동산 버블 붕괴 조짐이 먼저 보였던 것이다. 그때까지만 해도 연준은 물론 시장이 얽히고설킨 파생상품의 파괴력을 눈치채지 못했다.

MBS-CDO-CDS로 이어지는 파생금융시장의 위험 전이구조는 사소한 환경변수에도 심각한 타격을 입힌다. 연준이 금리를 0.25% 인상했을 때 인상폭은 작아 보였다. 그러나 그게 아니었다. 이게 모이다 보니 부동산 대출금리가 6.3%에서 11.25%로 급등했다. 서브프라임 모기지 대출금리는 프라임 모기지 대출금리보다 2~4%포인트 높았다.

미국의 모기지 대출시장은 크게 세 가지 신용등급으로 나뉜다. 우량대출(프라임), 알트A 모기지 대출, 비우량대출(서브프라임)이 그것이다. 주택 호황이 지속될 것으로 보고 주택가격의 '100% 이상'을 대출해준 서브프라임 대출은 주택가격이 떨어지면 곧바로 은행 부실로 이어져 경제에 치명적인 영향을 미친다.

티저금리의 함정

게다가 대부분이 2년간 저리의 고정금리를 내다 이후 28년 동안 6개월마다 금리를 재조정하는 변동금리를 내는 구조였다. 여기에 함정이 있었다. 티저금리$_{teaser\ rate}$는 서브프라임 파장의 빌미를 제공한 시발점이었다. 티저는 원래 '살 마음이 내키도록 눈길을 끌게 하는 광고'를 뜻한다. 모기지 회사들은 판촉을 위해 고객들에게 낮은 금리를 제시했다. 첫 2년 동안은 아주 낮은 금리를 적용해 대출을 유도한 것이다. 모기지 회사들은 특히 교육수준이 낮은 흑인이나 히스패닉 계층에 티저금리를 제시하며 모기지를 팔았다.

또한 은행들은 빌리는 사람의 초기 부담이 적은 최초 수년간 이자만 내는 모기지 대출을 적극 활용했다. 그 비중이 2006년 22.8%까지 늘었다. 더구나 초기자금 없이도 집을 살 수 있는 LTV 103%까지 등장해 집 사는 데 필요한 수수료까지 부담해주었다. 대출심사도 느슨해 약식 또는 무서류 심사 비중이 2006년 50%를 넘어섰다.

문제는 첫 2년의 티저금리 적용기간이 끝나면서 나타났다. 이 시점부터 모기지 연체율이 높아지기 시작했다. 급기야 원리금 상환을 할 수 없어 2008년 1/4분기에 서브프라임 채무자들의 14%가 파산했다.

비극으로 끝난 금융공학자들의 실험

미국의 모기지 대출은 2006년 말 잔액 기준 10조 달러 규모로 GDP의 72%에 이르렀다. 그중 서브프라임 모기지 대출은 1조

2000억 달러로 전체 모기지 대출 잔액의 12% 정도였다. 저신용 고레버리지인 '홈 에쿼티 론home equity loan'까지 포함하면 2조 4000억 달러로 24%였다. 시기적으로는 2005년부터 빠르게 늘어났다. 전체 모기지 대출 증가분에서 서브프라임 모기지 증가분이 20% 선을 차지했다. 문제는 이것에서 비롯된 파생상품들이 얽히고설켜 폭발력을 갖는다는 점이다.

부동산 경기가 고꾸라지자 여기저기서 폭탄이 터지며 사상자가 속출했다. 그해 가을 초입에 리먼브러더스와 메릴린치 등 기라성 같은 투자은행들이 문을 닫았다. 호황기 때 막대한 레버리지(부채)를 일으켜 모기지 파생상품에 투자했던 금융회사들은 부도를 피하기 위해 서둘러 보유하던 주식과 채권, 상품선물을 팔기 시작했다. 거대한 디레버리지deleverage의 물결이 전 세계 금융시장을 덮치자 일제히 비명을 질러댔다.

본연의 임무인 '위험 헤지'에서 벗어나 돈벌이 수단으로 전락했던 파생상품이 대량살상무기가 되어 돌아온 것이다. 리스크를 쪼개 끊임없이 분산하면 '위험 제로'의 상품을 만들 수 있으리라던 월스트리트 금융공학자들의 실험은 이렇게 비극으로 끝났다.✣

급격히 오른 집값 급격히 빠지다

서브프라임 사태가 불거진 과정을 좀 더 자세히 살펴보자. 미국은 소비로 지탱해 나가는 경제구조를 갖고 있다. 소비가 국내총생산GDP에서 차지하는 비중이 72%를 넘는다. 소비가 늘지 않으면 경제성장

✣ 〈한경와우넷〉 샤프슈터 박문환, 〈이데일리〉 오상용 기자, 이정우 경북대학교 교수 등

이 안 되는 구조다.

그런데 미국인의 소비는 소득증대보다는 집값이 오르자 모기지 대출을 늘려 소비하는 형국이었다. 이는 신용위기 이전 10년 사이의 주택가격과 대출 규모를 비교해보면 쉽게 알 수 있다. 인플레이션을 감안하더라도 주택가격은 1996년에서 2006년 10년 사이에 무려 85%나 치솟았다.

당시 미국 가계가 주택을 담보로 대출받은 돈은 7조 7000억 달러였다. 이는 시중은행 자산의 40%였다. 주택 호황에 힘입어 그 뒤에도 계속 증가해 2006년 말 미국의 주택 모기지 잔고는 10조 4500억 달러로 늘어났다.

주택가격은 2006년 6월 정점을 찍고 하향세로 꺾였다. 그런데 문제는 2007년 이후 주택침체기에 들어와서도 모기지 대출은 줄지 않고 계속 늘어났다는 점이다. 2008년 1/4분기 기준 주택 모기지 대출

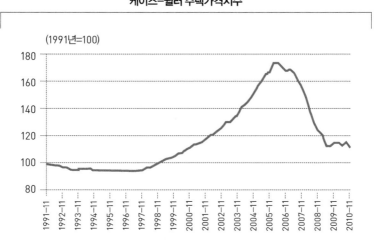

케이스-쉴러 주택가격지수

(1991년=100)

자료: www.unconventionaleconomist.com

잔액은 11조 2265억 달러였다. 약 5분기 동안에 미국의 주택 모기지 잔고는 7748억 달러나 늘었다. 빚내서 먹고사는 나라의 타성은 이리도 무서웠다.

주택침체기가 시작된 이후에 서브프라임 등급에 대출된 금액만도 약 150만 개의 모기지 계좌에 총 4000억 달러였다. 정부도, 은행도, 감독기관도 그 누구도 브레이크를 밟으려 하지 않았다.

2006년 말 이전 2년 동안 미국의 주택가격은 43%나 급등했다. 하지만 이후 상황이 급변했다. 미국 주택가격은 2007년도에만 10% 빠졌다. 주택가격 하락세는 그 뒤 속도를 더해 주택가격이 정점이었던 2006년 중순과 2009년 4월을 비교하면 30% 이상 떨어졌다. 케이스-쉴러 주택가격지수를 보면 1991년 100을 기준으로 2006년 170까지 상승했던 부동산가격이 2009년 들어 115 수준으로 내려왔다.

황금알을 낳는 거위, 모기지대출저당증권

부동산 버블로 돈 번 금융기관이 많았다. 대출해 준 일반은행뿐 아니라 투자은행들도 모기지대출저당증권MBS을 만들어 팔면서 수수료를 챙겼다. MBS의 신용등급을 매기고 보증을 서주는 기관인 모노라인과 프레디맥, 패니메이 같은 모기지 회사들도 돈을 벌었다. 결국 파생상품의 개발과 판매 과정에 참여한 모든 금융회사가 이익을 보았다. 다른 금융회사들도 상대적으로 금리가 높고 안전한 이 증권을 투자 차원에서 사들여 이득을 봤다. 헤지펀드들도 마찬가지였다.

이렇게 해서 금융권은 주택대출로 묶여 있던 자금을 토대로 MBS를 만들어 팔아 또 다른 대출자금을 만드는 과정을 반복하여 대출금액을 획기적으로 늘렸다. 이로써 버블을 한층 증폭시켰다.

문제는 이 과정에서 신용등급이 낮은 고객에게도 대출이 나갔다는 점이다. 신용이 평균보다 떨어지는 '서브프라임' 등급의 대출도 증권으로 변신해 유통된 것이다. 은행은 신용이 낮은 고객에게까지 주택담보대출을 확대하고, 이를 묶어 MBS를 발행하여 구매한 투자가들에게 부실 위험을 넘긴 것이다. 이런 방식으로 신용등급이 낮은 대출이 은행의 회계장부에서 빠져나갔다. 투자가들이 구입한 대출 증권은 여러 보유자에게 분산되어 위험도는 낮아 보였다. 특히 고위험 고수익을 추구하는 헤지펀드 등이 이를 적극 사들였다.

부실덩어리 부채담보부증권이 개발되다

이런 식의 자산유동화 파생상품이 끝이 아니었다. MBS를 기반으로 새로운 유가증권이 탄생했다. 바로 부채담보부증권CDO이다.

그런데 이를 만드는 과정에 문제가 있었다. 원래 연·기금, 보험기금, 퇴직기금 등 대형 투자기관은 AAA급이 아닌 위험자산에 투자하지 못하도록 되어 있다. 서브프라임 대출을 담보로 발행된 MBS는 등급이 BBB라 팔 수 없었다. 투자은행은 바로 이러한 고위험 고수익에 주목했다.

MBS 시장에서는 대출채권을 AAA, AA, BBB 등 여러 신용등급으로 나눈다. 여기서 하위등급 BBB 이하 채권은 정상 시장에서는 팔리지 않는다. 이것에 착안해 개발된 것이 CDO다.

투자은행이 서브프라임 주택대출을 비롯한 여러 하위등급의 채권을 매수한 뒤 투자자에게 판매하기 위해 등급을 다시 나누어 만든 채권이 바로 CDO다. 이렇게 하는 이유는 낮은 등급 가운데서도 상대적으로 우량한 것을 추려내어 조금이라도 더 많은 AAA 등급을

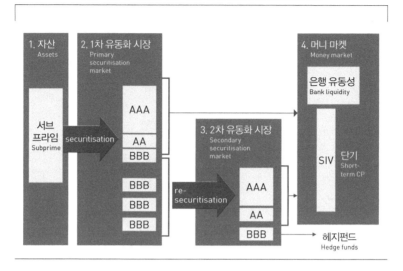

B급 이하의 서브프라임 대출이 A급으로 재탄생하는 과정

만들기 위해서였다.

실제 이렇게 해서 서브프라임 대출 MBS의 75%가 다시 AAA 등급을 받았다. 그리고 10%가 AA를, 8%가 A를, 7%만이 BBB 이하를 받았다. 그런데 실제 상황은 2007년 1분기 대출위약률이 15.8%에 이르고 최종적으로 20% 이상이 경매에 붙여졌다. 한마디로 고급등급을 제외한 나머지 모두는 부실 덩어리였다. MBS에 이런 후한 등급을 매겨준 무디스나 스탠더드앤드푸어스S&P 등 신용평가기관들은 신용위기의 공범이었다.

이들 신용평가사들은 부실 덩어리를 '중간등급Mezzanine'이라 불렀고, 폭탄 덩어리를 '보통등급Equity'이라 칭했다. 한마디로 최상위 등급을 제외한 모든 등급은 폭발성 쓰레기였다.

이렇게 하여 다시 분류된 AAA 등급을 기초로 한 '고급등급

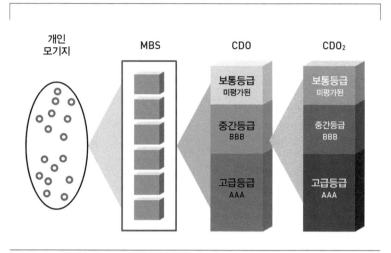

중간등급Mezzanine **CDO를 다시 분류하여 만든 CDO₂**

개인 모기지 | MBS | CDO | CDO₂

CDO
- 보통등급 미평가된
- 중간등급 BBB
- 고급등급 AAA

CDO₂
- 보통등급 미평가된
- 중간등급 BBB
- 고급등급 AAA

자료: www.unconventionaleconomist.com

CDO'는 대형 투자기관 등에 내다 팔고 '중간등급 CDO'와 낮은 등급을 기초로 만든 '보통 CDO'는 주로 '고위험 고소득'을 지향하는 헤지펀드들이 사 간다. CDO는 같은 등급의 회사채에 비해 금리가 높아 인기가 높았다. 심지어 메자닌급 CDO들을 다시 분류해 만든 CDO2를 팔기도 했다.

사실 월스트리트의 금융공학자들은 이를 위해 여러 해 동안 축적된 자료로 수학적 모형을 만들고, 이를 통해 리스크를 잘게 쪼개 분산하면 부실의 위험은 피할 수 있을 것이라고 생각했다.

CDO에는 같은 상품이 없다. 그만큼 여러 종류의 기초자산을 다양한 비율로 혼합해 발행하는 복잡한 파생상품이다. 특히 시가평가가 어렵고, 대다수가 발행사의 평가 모델에 전적으로 의존한다. 그래서 CDO의 가치는 뚜껑을 열어보아야 알 수 있다.

등장하지 말았어야 할 코플라 함수

여기에 불을 붙인 게 코플라 함수다. 월스트리트의 투자자들은 불확실성을 싫어한다. 그 때문에 처음에는 CDO에 거의 투자하지 않았다. 그런데 이러한 불확실성을 상당 부분 제거하는 수리통계적 접근법인 코플라 함수가 등장했다. 창안자는 데이비드 리라는 중국계 금융공학자였다.

∴ 데이비드 리

$$\Pr[T_A \langle 1, T_B \langle 1] =$$
$$\Phi_2(\Phi^{-1}(F_A(1)), \Phi^{-1}(F_B(1), \gamma)$$
∴ 코플라 함수

고대 비문 같기도 하고, 외계 문자 같기도 한 이 공식이 코플라 함수다. 원래는 전기공학 등에서 사용되는 공식인데 월스트리트로 들어가 금융공학으로 정착했다. 코플라 함수는 얽히고설킨 변수들마다 가격을 매겨 전체 기댓값을 구하는 공식이다.

2000년 이 공식이 학술지에 처음 등장하자 월스트리트는 그 무한한 가능성을 놓치지 않았다. 돈벌이의 귀재들은 즉각 이 공식을 모기지 채권 유동화에 활용했다. 이 함수 하나로 불획실성이 커서 거래가 힘들다던 CDO에 가격을 매길 수 있게 되자 엄청난 시장이 열렸다. 가격 산정의 불확실성 때문에 지지부진하던 부채담보부증권의 전성기가 열린 것이다.

태어나지 말았어야 할 맹독성 합성 CDO

CDO와 CDS가 만나면서 비극은 잉태되었다. CDO를 팔 때 이의 보험 성격인 CDS를 곁들여 판 것이다. 나중에는 아예 기초가 되는

MBS 없이도 같은 효과를 내는 CDO를 만들어 CDS와 함께 팔았다. 이를 합성Synthetic CDO라 한다. '모조품'이라는 뜻이다. 이것이 금융위기 촉매 구실을 했다.

이로 인해 월스트리트의 투자자들은 높은 수익을 예상하고 이 상품에 폭발적으로 투자하기 시작했다. 그 결과 2000년 2750억 달러에 불과하던 CDO 시장은 2006년 2조 7000억 달러로 급팽창했다.

원래 2003년까지만 해도 은행들은 서브프라임 대출을 별로 취급하지 않았다. 그러나 주택가격이 지속적으로 상승해 주택 장만하는 것이 재테크의 주요 수단으로 부각되면서 저소득층들의 주택담보대출 수요가 크게 증가했다. 그때부터 은행들도 서브프라임 대출을 늘리기 시작했다. 이에 따라 2000년 560억 달러에 불과하던 서브프라임 대출이 2005년 5080억 달러로 급증했다. 또 이렇게 급격하게 늘다 보니 전체 주택저당대출 가운데 서브프라임의 비중이 2006년 말 13%에 달했다.

은행들이 이렇게 서브프라임 대출을 크게 늘릴 수 있었던 또 다른 이유는 CDO라는 신종 금융수단이 개발되었기 때문이다. 이로써 차입자의 채무불이행 위험을 은행이 부담하지 않고 대신 시장에 떠넘길 수 있었다.

이 시기 CDO는 흥행 보증수표였다. 애초부터 리스크가 커 수익성이 높았던 상품에 판매자의 신용보강이 더해져 높은 신용등급까지 부여되었기 때문이다. 일명 '모노라인'이라 불리는 채권보증업체인 암박파이낸셜과 MBIA, 그리고 FGIC 등이 보증을 선 것이다. 그들이 보증을 선 채권의 규모는 2조 4000억 달러에 이르렀다.

이렇게 모기지 채권을 유동화한 자금으로 은행들은 다시 부동산 대출을 남발했다. 신용도가 낮은 사람들에게까지 미끼금리를 내걸어 집을 사도록 꼬드겼다.

급격한 금리인상이 화를 부르다

비우량(서브프라임) 대출은 2000년 초 전체 모기지 대출의 2% 수준에서 2003년 8.3%로 늘어났고, 2007년에는 21.1%로 껑충 뛰었다.

그 뒤 시중에 너무 많은 돈이 풀렸다고 판단한 연준의 급격한 계단식 금리인상으로 오르기만 하던 주택가격이 꺾이기 시작했다. 그러자 비우량 대출에서부터 문제가 생겼다. 서브프라임 대출자들 가운데에서 이자와 원금을 못 갚는 사람이 늘면서 이를 담보로 만들어진 증권도 부실화되었다. 부채담보부증권CDO에 연루된 은행, 증권, 보증기관은 물론 이 채권을 사들인 펀드까지 부실의 늪에 빠져들었다. 이게 바로 서브프라임 모기지 사태다.

CDO는 애당초 탄생되어서는 안 되는 금융상품이었다. 합법적으로 CDO에는 이미 부도가 나서 받을 수 없는 회사채도 포함할 수 있다는 규정 때문에 은행들은 받기 어려운 악성 채권을 담아서 팔았다. 이론적으로는 안전채권과 위험채권을 한 상품으로 묶어서 위험을 확률 범위 안에서 상쇄시키는 것이다.

호황기에 CDO가 잘 팔린 이유가 있었다. 고위험 고수익을 추구하며 비교적 낮은 금리로 자금을 빌릴 수 있는 투기 성향의 헤지펀드들은 경기확장기인 유동성 장세에서는 주로 고위험 유가증권에 투자한다. 수익이 높기 때문이다. 이 유가증권들은 시장의 유동성이 보장되는 한 쉽게 되팔 수 있었다. 따라서 많은 수익을 낼 수 있는 자산으로 여겨진다. 수익 마진은 엄청나 저등급 CDO마저도 황금으로 간

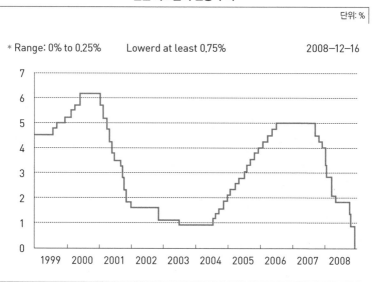

연준 목표금리 변동 추이

단위: %

* Range: 0% to 0.25%　　　Lowerd at least 0.75%　　　　　　2008-12-16

자료: 로이터, 〈뉴욕타임스〉

주되었다. 그리고 바로 이러한 큰 이윤이 객관적 위험을 은폐하였다. 누구도 위험을 보려고 하지 않았다. 최대한 오랫동안 시장의 상승세가 유지되어야 하기 때문이다.

그러나 연준이 유동성 회수를 위해 너무 급격하게 기준금리를 올리자 모기지 금리는 순식간에 급등했다. 이는 증가세에 있던 부동산 시장 참여자를 일시에 감소세로 반전시켰다. 부동산가격은 급락했다. 그 여파가 서브프라임 사태였다.

사전에 조심스럽게 제어되지 못하고 상황에 쫓겨 밟은 급격한 브레이크는 언제나 문제다. 반작용이 너무 크다.

문제는 신용부도스왑 CDS에서 터졌다

CDO는 하위등급일수록 많은 위험에 노출되는 대신 기대수익률이 높아 헤지펀드들의 투자비중이 높았다. 따라서 제일 먼저 타격을 받은 건 헤지펀드들이었다. 이들은 고율의 레버리지를 사용하거나 저등급 CDO에 집중 투자하면서 가장 먼저 위기에 봉착했다.

문제는 이러한 저등급 CDO의 위험을 줄이기 위해 들었던 보험인 신용부도스왑CDS에서 터졌다. CDS는 신용위험을 다른 사람에게 전가하는 일종의 보험 성격을 지니고 있다. CDS를 판 사람이 평소에 보험료(프리미엄)를 챙기다가 사고가 터지면 보험금을 지급해야 하는 것이다.

CDS의 특성상 부도가 발생하지 않을 경우 신용리스크의 매수자, 매도자 모두에게 이익을 주어 크게 성장했다. 신용경색으로 부도 위

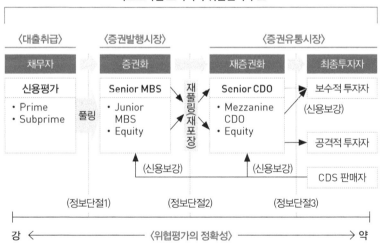

서브프라임 모기지의 위험전이 구조

자료: 안종식, 〈미국 감독당국의 글로벌 금융위기 대책 및 효과〉

험이 높아지자 신용리스크를 판 헤지펀드 등이 먼저 파산위기로 몰렸다. 결국 서브프라임 관련 CDO 시장의 진짜 위험은 CDO의 손실규모가 아니라 CDS 등을 통해 파생된 레버리지의 크기에 있었다.

헤지펀드들은 부도를 막기 위해 갖고 있던 유가증권들을 헐값에 내던졌다. 본연의 임무인 '위험 헤지'에서 벗어나 돈벌이 수단으로 전락했던 파생상품이 금융시장의 대량살상무기로 되돌아온 것이다. 매도는 매도를 불러 폭락 사태가 이어졌다. 다른 금융기관들도 매도 행렬에 참가했다. 호황기 때 막대한 레버리지를 일으켜 모기지 파생상품에 투자했던 금융회사들은 부도를 피하기 위해 서둘러 보유 중이던 주식과 채권을 팔아대기 시작했다. 거대한 디레버리지의 물결 앞에 전 세계 금융시장이 일제히 비명을 질러댔다.

결국 여러 금융기관의 부실과 파산으로 이어졌다. 금융경색이 극에 달하자 리먼브러더스 등 투자은행들의 파산과 함께 세계적인 금융위기가 오고 말았다.

리스크 관리의 중요성

이러한 상황에서는 손실을 줄이기 위한 수리통계적 접근법인 코플라 함수도 무용지물이었다. 수학 공식 하나로 불확실성을 계산할 수 있으리라 믿은 게 불찰이었다. 기초 데이터가 문제였다. 경기가 좋았던 시절의 데이터를 기초로 만들어진 모형이었기에 부동산가격 급락에 대한 기본적인 리스크를 간과한 것이다. 한때 그리도 칭송받던 이 함수는 그 뒤 '월스트리트를 무너뜨린 악마의 함수'로 불렸다. 리스크를 쪼개 끊임없이 분산하면 '위험 제로'의 상품을 만들 수 있으리라던 월스트리트 금융공학자들의 실험은 이렇게 비극으로 끝났다.

신용위기로 '리스크 관리'라는 것이 얼마나 중요한 것인지 많은 사람이 다시 한 번 실감했다. 중요한 것은 기본과 상식을 지키는 단순함이다. 서양에서는 예나 제나 단순함simple을 가장 큰 덕목으로 여긴다. 복잡한 수식이 리스크의 양을 정확하게 계산해줄 것이라는 믿음이야말로 가장 큰 착각이었다. 인간이 가진 상식과 균형감각, 그리고 유연한 판단력이 수학적 산식보다 리스크를 더 정확히 판단할 수 있음을 알았다.[*]

CDS, 투기적 베팅에 이용되면서 폭발적으로 성장하다

투자은행들은 파산하여 은행과 합쳐졌다. 예금을 받지 못하는 투자은행의 속성상 시장에서 자금조달이 힘들어진 상황에서는 은행들과 합치는 길밖에 없었다. 신용위기로 금융권의 부실과 파산이 속출하다 보니 이제 가장 큰 위험요인은 부도위험에 대한 보험에 해당하는 신용부도스왑CDS 시장으로 옮겨갔다. CDS의 정체부터 살펴보자.

신용위기에서 문제가 된 금융파생상품 가운데 최고의 단계가 스왑거래다. 그 가운데서도 최후의 결정적 작품이 신용부도스왑이다. 통화스왑에서 시작해 얼마 안 되어 금리스왑이 개발되었고, 스왑의 마지막 단계로 도달한 곳이 신용부도스왑이다.

---

[*] 최정현(F1컨설팅 컨설턴트); 〈한경와우넷〉 샤프슈터 박문환

신용부도스왑이란 원리금을 돌려받지 못할 경우에 대비해 가입하는 일종의 보험증권이다. 일반적으로 CDS는 CDO를 발행할 때, CDO의 위험 부분을 따로 떼어내서 상품화한 것이다. 한마디로 미래의 부도확률을 돈을 내고 거래하는 것이다. 이 보험상품의 등장으로 은행 대출의 위험을 줄여주어 부도 위험이 늘어나는 불경기에도 은행 대출이 꾸준히 증가할 수 있었다.[*]

그러나 CDS가 처음부터 각광받은 건 아니었다. 2000년 크리스마스 전날 미 의회를 통과한 무더기 법률 가운데 '상품선물현대화법'이라는 게 있었다. 연말에 무더기로 통과되는 법률에 항상 문제의 법이 있었다. 이 법은 많은 규제면제 조항을 담고 있었다. 면제조항이 많아지다 보니 보험 판매자에 대한 재무 건전성과 투명성을 알 수 없게 되었다.

이 법 이전에 CDS 판매액은 9000억 달러 정도였다. 이 법 이후에도 그리 각광을 받지 못하다가 2003년부터 시장이 커지면서 CDS는 위험채권에 대한 헤지 목적보다도 어떤 회사나 포트폴리오가 망할지 안 망할지에 대한 투기적인 베팅에 이용되었다.

원래 CDS는, 예를 들어 A사가 B사에 대출을 해주면서 C사에게 보험료를 지불하고 B사가 부도나면 대신 돈을 갚아주는 계약이었다. 하지만 실제 이러한 채권, 채무와는 아무런 관계없이 단지 기업의 신용도를 높이고 투기적 거래를 하는 경우가 늘면서 문제가 복잡해졌다. 이렇게 CDS 거래가 거미줄처럼 얽히면서 한 회사가 쓰러졌을 때 어디서 얼마만큼의 부실이 터질지 알 수가 없게 되었다.

---

[*] 〈한경와우넷〉 샤프슈터 박문환

CDS 현금흐름도(450bp 가정 시)

보장매도자의 의무

부도 발생 시 약정원금 지급

2008년 초
1만 달러
채권
계약 체결

3개월　6개월　9개월　1년

3개월마다 112.5달러 지급
= 1만 달러×(450bp/4분기)

보장매도자의 의무

　파생상품에는 항상 반대매매 포지션이 있다. 따라서 늘 '롱long(매수)'과 '숏short(매도)' 간 전쟁이 벌어지고 있다. 한마디로 돈 놓고 돈 먹기 식 놀음이었다. 그러면서 짧은 시간에 폭발적인 인기를 얻으며 급성장하였다.

　이것이 투기에 이용되면서 CDO의 위험만 따로 떼어낸 CDS만 팔기도 했다. 따라서 CDS 프리미엄은 채권의 파산위험에 대한 보험료 성격과 함께 그 자체로 거래되는 금융상품이 되었다.

　채권 발행회사의 신용위험에 따라 프리미엄이 등락을 거듭한다. 통상 프리미엄이 7% 이상이면 위험에 노출된 것으로, 10% 이상이면 부도 위험에 직면한 것으로 볼 수 있다. 100달러의 회사채를 보증받기 위해 7~10달러의 수수료를 지급해야 하기 때문이다.

　예를 들어 1만 달러를 보증받기 위해 매년 지급해야 하는 프리미엄이 4.5%라고 가정하면, 투자자는 손실보전을 약속한 금융회사에 매년 450달러를 지급해야 한다. 보통 5년 계약이므로 총 2250달러 비용을 들여 1만 달러의 지급보증을 받는 것이다. 2009년 3월 초, 당시 제너럴모터스의 CDS 프리미엄은 파산보호신청설 여파로 무려 85%까지 치솟기도 했다.

비상식적으로 불어난 CDS 판매

CDS의 규모는 2001년에 처음으로 1조 달러를 돌파한 뒤 2004년에는 6조 4000억 달러 규모로 커졌다. 그러다가 주택시장 호황이 찾아오자 CDS는 호랑이가 날개를 단 꼴이 되었다. 연방은행이 계속 금리를 인하하자 너도나도 주택 구입에 나서면서 모기지담보증권MBS이 인기 투자 대상이 되었다.

또 이를 기초로 금융기관이 부채담보부채권CDO을 만들면 투자은행, 상업은행, 연기금, 헤지펀드 등이 앞다투어 사 갔다. 부실 우려가 있기는 했지만 위험을 제거하는 CDS를 장치하여 충분히 위험을 대비한 것으로 여겼다. 투자자들은 CDS 덕분에 부도 위험에서 해방되어 채권 매입을 망설일 필요가 없었다.

서브프라임 모기지 사태 이전까지만 해도 투자은행들에는 CDO나 CDS투자가 '황금알을 낳는 거위'로 인식되어 오히려 전 세계로 퍼져 나갔다. 채권의 부도로 인한 손실을 보전해준다는 점에서 CDS는 보험의 일종으로 각광 받았다. 투자자들은 CDS를 이용해 채권 부도 위험에 대한 노출을 없앨 수 있기 때문에 채권 매입을 망설일 필요가 없었다. CDS는 채권시장을 활성화하는 데 큰 역할을 하였다.

CDS 판매는 기하급수적으로 불어나 2005년 말 17조 달러에서

2006년 말 34조 달러로 정확히 1년 사이에 2배로 늘어났다. 또 그 이 듬해에도 거의 2배로 늘어 2007년 말 62조 2000억 달러에 이르렀다.

이는 2007년 말 미국 회사채 발행 잔액 4조 달러의 무려 15배 이상의 규모다. 그 무렵 전 세계 GDP 54조 3000억 달러를 합친 것보다 큰 액수다. 인간의 속성이 투기로 치달아 단일 파생상품의 규모가 세계 연간 총생산액보다도 커진 것이다. 돈벌이에 눈이 멀어 상식과 균형감각이 상실되고 기본이 지켜지지 않은 것이다. 이를 규제하거나 감독하는 기관도 없었다. 그 누구도 이 상품의 위험을 보려 하지 않았다.

공포를 몰고 온 CDS, 신용경색의 주범

무엇보다 CDS는 미국 정부의 규제를 거의 받지 않는 금융상품이 었다. 증권이 아니므로 미국증권거래위원회의 권한 밖에 있었다. 또 보험과 유사한 성격을 갖고 있지만 일반 보험의 형태가 아니므로 보험업 규제도 받지 않았다.

더구나 CDS 거래는 정부에 보고할 의무가 없어 서브프라임 모기지 사태가 일어나고 세계 금융위기가 발생했을 때까지도 제대로 통계조차 잡히지 않았다. 더구나 누가 누구와 얼마를 거래하였는지조차 알 수 없었다. 그 이유는 CDS 계약은 익명으로 할 수 있었기 때문이다. 더구나 헤지를 위한 계약은 대차대조표나 손익계산서에 의무적으로 기재해야 하는 사항이 아니다. 그 때문에 CDS와 연관된 부실은 노출되지 않은 채 시한폭탄이 될 수 있었다.

게다가 정말 문제는 CDS와 같은 금융파생상품이 대부분 장외거래OTC: Over-The-Counter라는 점이다. 장외거래는 거래소를 거치지 않고

양 당사자가 직접 거래하기 때문에 가장 큰 단점이 '카운터파티 리스크' 부담이다. 이는 거래 상대방이 부도가 나면 덩달아 부도가 날 확률이 커진다. 곧 경기가 잘 돌아가면 문제가 없지만 거래의 분명한 이행을 담보할 수 없는 일대일 거래에서 문제가 생기면 걷잡을 수 없을 정도로 파장이 커진다.

또 CDS 거래는 채권 브로커를 통해 장외에서 이루어지고, 계약 체결 이후 자유롭게 제3자에게 되팔 수 있기 때문에 정확한 거래규모나 실거래 주체도 파악하기 어렵다. 전매가 자유롭다 보니 이 시한폭탄은 무서운 속도로 세상에 퍼져나갔다. 곧 계약을 좋은 가격에 체결하고, 그 계약을 또다시 타인에게 양도할 수 있기 때문에 계약은 1급 전염병처럼 세상의 끝까지 소리 없이 펼쳐졌다.

누가 얼마만큼의 CDS 계약을 가지고 있는지조차 파악할 수가 없을 정도로 세상은 심각하고도 치유가 어려운 질병에 빠져버렸다. 방만하게 발행된 CDS는 서로 물고 물리는 관계가 되어 누가 누구에게 얼마만큼의 보험료를 물어주어야 하는지에 대한 대략의 그림도 나오지 않았다. CDS와 관련된 정확한 가치 산정조차 제대로 할 수 없

었다. 다만 추정만 할 뿐이었다.

은행들은 누가 얼마만큼의 위험에 노출되어 있는지 알 방법이 없으므로 함부로 누구를 믿고 대출을 해줄 수 없는 상황이 되었다. 그러다 보니 아무리 중앙은행에서 돈을 풀어도 쉽게 대출이 이루어지지 않았다. 이것이 금융경색이 잘 풀리지 않는 이유의 하나였다. 신용위기 초에 전 세계 금융시장을 흔든 것이 2조 달러가 조금 넘는 CDO였다. 그러나 CDS는 그 30배에 이른다. 이러니 CDS에 대한 시장의 공포를 짐작해볼 만하다.

이렇게 금융파생상품이 복잡해지고 투자은행을 중심으로 금융기관들이 서로 얽히는 바람에 모기지 부실에 따른 손실을 예측할 수 없게 되었다. 그로 인한 불안감이 금융거래와 투자를 위축시켜 신용경색으로 이어지면서 금융회사들의 파산이 줄을 이었다.

2008년 9월 파산한 미국 4위 투자은행 리먼브러더스가 CDS 시장의 경색을 몰고 올지 모른다는 것이 당시 월스트리트의 가장 큰 우려였다. 리먼브러더스는 CDS 시장의 10대 큰손이었다. 당시 리먼브러더스와 계약을 맺고 있었던 CDS의 규모는 8000억 달러에 이르렀다.

우리나라도 CDS 부실규모 만만치 않다

국제금융센터에 따르면 우리나라만 해도 2008년 10월 말 기준 CDS 거래 잔액이 941억 달러로 세계 10위 규모라 했다. 이를 세분해보면 정부(외국환평형기금채권)가 493억 달러, 기업(회사채 또는 공사채) 312억 달러, 은행(은행채) 104억 달러 등이었다.

2008년 10월 말 기준 전 세계의 총 거래 잔액은 33조 6000억 달러였다. 하지만 기초자산인 채권부도 시 중복된 거래를 상계하고 실제로 결제해야 하는 총액은 3조 2000억 달러로 국가별 거래 잔액도 이를 근거로 산출된 것이다. 이로 미루어 우리나라 총 거래 잔액도 실제로 결제해야 할 금액의 10배 이상이었던 것으로 추정된다.

하지만 대부분의 기업이나 금융회사들이 아무런 내색도 하지 않고 영업을 했다. 우리금융지주만 해도 CDO 및 CDS와 관련한 누적 손실이 1조 2000억 원이라고 밝혔다. 신용파생상품시장이 걸음마 단계라는 한국에서조차 이 같은 부실규모가 발생한 것이다.

대마불사 베어스턴스

서브프라임 모기지 사태는 2007년 6월 26일 미국의 5대 투자은행의 하나인 베어스턴스가 자회사인 헤지펀드 두 곳에 16억 달러의 구제금융을 투입하기로 결정하면서 시작되었다. 이들 헤지펀드는 서브프라임 모기지를 근거로 발행된 부채담보부증권CDO을 중심으로 200억 달러에 이르는 자산을 운용하다 큰 손실을 보고 청산 위기에 몰렸다.

결국 2008년 3월 4일 베어스턴스가 13조 4000억 달러 상당의 파생상품 거래를 포기하고 파산신청을 했다. 이는 당시 미국의 국내총생산을 넘어서는 현기증 나는 액수였다.

연준과 재무부는 심각한 고민에 빠졌다. 마침내 3월 11일 결단을 내렸다. 연방준비은행은 대공황 이후 처음으로 베어스턴스를 비롯한 투자은행에 구제금융을 지원하기로 결정했다. 이는 사실 기존에는 예금은행들에만 허용되었던 권리였다. 이들 투자은행은 미국증권거래위원회의 감독을 받는 기관들로서, 연방준비은행과는 아무런 관련이 없으므로 연준의 구제금융 지원 대상이 아니었다. 그 뒤 3월 14일 도산위기에 처한 베어스턴스에 대해 300억 달러의 구제금융을 제공했다.

큰 집은 결국 살길이 생겨 쉽게 죽지 않는다는 '대마불사大馬不死'라는 바둑 용어는 큰 기업은 좀처럼 망하지 않는다는 뜻으로도 널리 쓰인다. 'Too Big To Fail'이라는 말이다. 이로써 월스트리트 안팎에서는 역시 '대마불사'의 원칙은 깨지지 않는다는 말이 나왔다.

언론과 여론에 된통 당하다

그리고 언론과 여론에 된통 당했다. 영국의 〈파이낸셜타임스〉의 마틴 울프는 이번 금융위기는 시장주의의 파산이라며 다음과 같이 주장했다. "2008년 3월 14일 금요일을 기억하라. 자유시장 자본주의의 꿈이 사망한 날이다. 30년 동안 우리는 시장 주도의 금융 시스템을 추구해왔다. 베어스턴스를 구제하기로 결정함으로써 미국 통화정책 책임기관이자 시장자율의 선전가인 연방준비제도이사회FRB는 이 시대의 종결을 선언했다."

미국 정부는 이들에 대한 구제금융이 도덕적 해이를 확산시킬 것이라는 비판에 맞서 도산을 방치할 경우 금융 시스템의 근간이 흔들릴 수 있다고 반박했다.

구제금융 지원 결정이 난 지 불과 이틀 뒤인 3월 16일에 베어스턴스는 JP 모건체이스에 헐값에 팔렸다. 베어스턴스의 파산을 막기 위한 부득이한 조치였다. 하지만 이로써

∴ 제임스 다이먼

제임스 다이먼 JP 모건체이스 회장은 월스트리트의 강력한 실세로 떠올랐다. 그는 그 뒤에도 정부로부터 워싱턴뮤추얼을 사들이면서 탁월한 경영수완을 발휘했다. 그리고 9월 7일에는 정부가 양대 모기지 업체인 패니메이와 프레디맥을 사실상 국유화하면서 1530억 달러라는 사상 최대의 구제금융을 투입했다.

신용위기 초기에 사태의 심각성 못 깨달은 연준과 재무부

이에 대한 반작용으로 2008년 9월 15일 모든 나라가 깜짝 놀라는 사건이 일어난다. 2000억 달러가 넘는 자산규모의 투자은행인 리먼브러더스가 파산한 것이다. 이 사건은 금융위기가 모든 개인들에게도 위기로 다가올지 모른다는 입체적 신호탄이었다.

당시만 해도 연준과 재무부는 파생상품의 심각성을 미처 깨닫지 못했다. 그래서 언론으로부터 호되게 질타당한 베어스턴스와 패니메이, 프레디맥의 전철을 밟지 않으려고 미국 4위 투자은행 리먼브러더스의 파산을 방치했다. 베어스턴스보다 더 큰 투자은행인데도 말이다. 이를 통해 금융계와 국민들에게 정부가 시장에 반하면서까지 그들을 구하는 것은 아니라는 점을 보여주려 했다.

하지만 결과적으로 대실수였다. 9월 15일 파산한 채권투자 전문은행 리먼브러더스의 폭발력은 가히 메가톤급이었다. 채권시장을 단숨에 공포의 도가니로 몰아넣었다. 리먼브러더스의 파산으로 CDS 시장의 경색은 극에 달했다. 이는 가뜩이나 위축된 자금조달 시장에 직격탄을 날렸다. 이로써 전 세계적으로 신용경색이 호되게 몰아쳤다.*

2009년 긴박했던 미국 금융권의 실체

2009년 1/4분기에 금융위기의 진원지인 미국은 상당히 어려운 처지에 놓여 있었다. 금융권의 상각, 곧 '빌려준 돈이 떼일 것으로 보고 손실 처리하는 것'이 끝 간 데 없이 불거졌기 때문이다. 미국 은행권의 상각이 지속될 수밖에 없는 이유가 있었다.

미국 은행은 1년 미만의 잔존 만기 채권만 시가평가를 하므로 대부분의 부실들이 대차대조표에 구입 당시 가격으로 버젓이 우량한 자산으로 남아 있었다. 이들은 만기가 다가오면서 그 마각을 드러낸다. 이 위장된 자산이 남아 있는 한 은행 부실의 끝을 알 수 없다.

단적인 예가 세계 최대 보험회사 아메리칸인터내셔널그룹AIG이다. AIG의 손실은 대부분 CDS 거래에서 불거져 나왔다. AIG는 본업인 보험 수신업무 이외에 CDO에 직접 투자했었다. 한편 CDO가 부실해질 경우에 대비해 CDS를 대거 발행했다. 문제가 터진 것은 AIG가 보유하던 CDS 4400억 달러 가운데 투자은행, 보험회사 등과 계약한 140억 달러에 대한 지급불능 사태가 발생하면서부터였다.

최악의 순간은 2008년 6월 30일이었다. AIG가 부채담보부증권에 연계된 CDS를 발행했으며, 그 액수는 4400억 달러에 이른다고 발표한 것이다. 요컨대 이는 시한폭탄을 안고 있다는 말이었다.

AIG 주식은 수직 낙하해 95%나 추락했다. 9월 16일 헨리 폴슨 재

---

* 〈디플로메틱〉 2007년 10월호; 〈한경와우넷〉 샤프슈터 박문환, 〈중앙일보〉 윤창현 교수

무장관은 골드만삭스와 JP 모건 측에 AIG를 위해 750억 달러 상당의 기금을 모아줄 것을 요청했다. 그러나 장관의 이야기도 소용없었다. 이제 파산이냐, 국유화냐 둘 중 하나를 선택해야 했다. 폴슨은 AIG에게 리먼브러더스와 같은 운명을 맞이하게 할 수는 없었다. 창설 이래 처음으로 연준은 은행이 아닌 기관에 돈을 빌려주기로 결정했다. 세계 제1위 보험사, 미국 자본주의의 꽃이라고 할 수 있는 AIG는 이렇게 해서 모두가 경악하는 가운데 국유화되었다.

"민간 금융회사에 국민 세금을 투입하지 않을 것"이라고 큰소리쳤던 헨리 폴슨 재무장관이었다. 하지만 9월 16일 스스로 이 말을 뒤집었다. 미국 정부는 세계 130개국 7400만 명의 고객을 보유한 AIG를 도저히 도산시킬 수 없었다. 결국 AIG에 850억 달러의 구제금융을 투입하기로 했다.

시장의 공포는 이 천문학적인 규모의 부실이 끝이 아닐지도 모른다는 우려에서 비롯했다. 금융사들은 부실규모를 줄여 발표하다 막바지에 가서야 숨겨왔던 부실을 털어놓았다. 그리고 이러한 부실은 연쇄적으로 확산됐다.

CDS에 전통적인 보험 방식을 적용한 것이 치명적인 실수였다. 전통적인 보험에서 위험의 발생은 서로 독립적인 현상이다. 그러나 CDS는 한 곳에서 부도가 발생하면 상호작용을 통해 눈덩이처럼 커지는 성격이 있어 애당초 보험으로 적합하지 않았다. 리먼브러더스는 7000억 달러가 넘는 스왑 계약을 맺으면서 상당수를 AIG에 보험으로 들었다. 그런데 AIG가 손실을 감당 못 하게 되자 부실은 일파만파로 번졌다.

부동산시장도 힘들기는 마찬가지였다. 페니메이의 최고경영자CEO

윌리엄스에 따르면, 2009년 3월 기준 모기지 시장의 유동성 가운데 민간은행 비중은 2006년 60%이던 것이 10%로 뚝 떨어졌다. 정부자금 의존도가 그만큼 높아졌다는 이야기다. 페니메이와 프레디맥 등 양대 국책 모기지 업체가 신규 모기지의 70%를 담당하고, 연방주택국이 20%를 담당해 전체의 90%가 정부에서 나왔다.

게다가 주택 압류도 계속 증가했다. 모기지 채무자의 10분의 1이 연체자들이고, 주택 25채당 한 채 꼴로 압류된 상황이었다. 부동산 가치의 40%가 떨어졌다.

대마불사의 전형, AIG

정부는 2009년 9월 15일 투자은행인 리먼브러더스의 파산은 방치했으면서도 바로 다음 날 보험회사인 AIG에는 긴급구제금융 지원을 발표했다. AIG는 다우존스에 포함되어 있었기에 다우지수도 폭락했다. 문제는 CDO나 CDS가 워낙 얽히고설켜 아무도 정확한 규모나 범위를 알 수 없다는 사실이었다.

실제로 CDO나 CDS는 발행 잔액뿐 아니라 부실규모 자체를 추정하기가 쉽지 않다. 신용파생상품의 특성상 기초자신과 관련된 신용위험을 다수 상대방에게 이전하는 계약을 하고 다양한 형태의 수익과 위험구조의 설계가 가능하므로 정확한 거래 내용과 규모를 파악하기가 어렵다. 그리고

더 큰 문제는 거래 당사자들이 부실규모를 밖으로 드러내고 싶어 하지 않는다는 점이다. 이로써 미국 경제가 AIG의 수렁에 빠져들었다. 문제는 AIG의 추가 부실이 얼마나 되는지 아무도 정확히 모른다는 점이다. AIG가 미국 경제의 시한폭탄으로 떠올랐다.

버냉키는 AIG만 보면 화가 난다고 했다. AIG를 살리자니 천문학적인 돈이 들고, 그렇다고 죽이자니 미국과 유럽의 15대 거대 은행들이 직접적으로 위험에 노출될 수 있었다. 이들 대형 은행들이 AIG로부터 CDS를 사들였기 때문이다. 만약 AIG를 부도내 버리면 이로 인해 AIG로부터 CDS 만기 시에 받아야 할 돈을 못 받게 되어 연쇄부도가 날 수 있는 점을 두려워한 것이다. 물론 그렇게 되면 금융 시스템은 완전히 신뢰를 잃고 붕괴할 가능성도 있었다. 그만큼 시장에서 CDS 문제는 시장의 운명을 가를 정도로 중요한 이슈였다.

결국 미국 정부가 2008년 9월 처음으로 AIG를 지원한 이후 모두 네 차례에 걸쳐 집행한 지원액이 무려 1820억 달러나 되었다. 그럼에도 사정은 더 악화해 2008년 4분기 손실이 620억 달러에 이르렀다. 이 같은 실적이 나오자 미국 증시는 12년 전 수준으로 떨어졌다.

과거에 비슷한 일이 일어난 적이 있었다. 1987년 주식시장 붕괴로 가격이 크게 요동칠 때, 선물시장과 주식시장이 상호작용을 일으켜 가격 폭락을 가져온 적이 있다. 그런데도 그린스펀은 연준 의장으로서 CDS를 적극 옹호했다. 그뿐만 아니라 오히려 "고부채 채무자의 위험을 이전하는 것은 지금과 같은 세계화 시대에는 경제안정을 위해 긴요하다"는 발언을 했다. 그러나 신용위기 뒤 그는 의회 청문회에서 "CDS는 심각한 문제를 안고 있으며, 좀 더 철저히 감독해야 한다"고 말해 자신이 실수했음을 인정했다.

워런 버핏은 일찍이 CDS의 위험을 간파하고 2002년에 이미 '금융 대량살상무기'라고 이름 붙인 바 있다. 과연 명불허전이었다. '오마하의 현인'이라는 그의 별명이 그냥 붙여진 게 아니었다. 그런데 웃기는 것은 2008년 10월 워런 버핏이 운용하는 버크셔해서웨이가 자그마치 48억 5000만 달러에 해당하는 파생상품 거래에 참여했다는 사실이 감독당국에 의해 밝혀진 것이다.✣

신용위기의 교훈, 시장에는 자율조정 기능이 없다

신용·부도스왑CDS 거래규모는 2008년 초에 62조 달러에 이르렀다. 보험 대상인 부채담보부증권CDO 전체 발행물량의 10배 이상이었다. 미국과 유로 지역, 그리고 일본의 총 통화량M2이 25조 달러 정도니까, 전 세계 주요 선진국 통화량의 2배가 넘는 엄청난 양이었다.

CDS야말로 탐욕에 의해 작동하는 옵션과 같은 계약이다. 우리가 주식에 투자하기 위해서는 웬만큼의 투자자금이 필요하다. 하지만 옵션의 경우는 권리에 대한 계약이기 때문에 적은 돈으로도 상당한 레버리지를 일으킬 수 있다. 그것은 실체가 아닌 권리를 거래하기 때문이다. CDS 역시 옵션거래와 마찬가지로 단지 계약만으로 엄청난 금액을 취할 수 있다는 장점 때문에 치명적인 수준까지 급속하게 늘어난 것이다. 시장의 유동성을 증가시키고 버블을 만드는 데 가장 큰 역할을 했다.

"이번 신용위기의 교훈은 시장엔 자율조정 기능이 없다는 것이다. 적절한 규제를 하지 않으면 늘 선을 넘어서기 일쑤다. 2009년만 해도

✣ 〈한경와우넷〉 고수투자 데일리, 샤프슈터 박문환; 이정우 경북대학교 교수; 위키 백과사전 등

우린 애덤 스미스의 '보이지 않는 손'이 왜 종종 보이지 않는 건지 다시금 알게 되었다. 그 손이 거기 없기 때문이다. 금융가들의 사리사욕 추구는 사회 전체의 이익으로 이어지지 않는다. 금융기관 주주들에게조차 도움이 안 된다." 노벨경제학상 수상자이자 세계은행IBRD 부총재를 지냈던 컬럼비아대학 교수 조지프 스티글리츠의 말이다.

실물경제로의 파급

이러한 금융위기는 곧이어 실물경제로 파급되었다. 연준이 금리를 낮추었음에도 은행이 기업이나 가계에 대출하는 이자는 오히려 더 높아졌다. 대출 리스크가 상승한 것이다. 게다가 금융기관의 자금 중개 기능이 약화되었다. 금융기관들이 대출 기준을 강화한 것이다. 이는 곧바로 민간 소비와 투자를 줄이는 결과를 가져왔다.

그리고 금융위기로 자산가치가 하락하였다. 이는 대출 여력의 손상을 의미하며 소비와 투자 심리를 극도로 위축시켰다. 여기에 금융 부문의 디레버리징, 곧 부채 축소가 민간 분야로도 전이되어 기업과 가계들이 빚을 갚기 시작했다. 그리고 저축률도 높아졌다. 시중에 유효 수요가 대폭 줄어들어 심각한 불경기를 초래한 것이다.

이러한 불경기는 개발도상국으로 전염되고 교역 여건도 악화되었다. 특히 수출의존도가 높은 아시아 나라들의 수출이 큰 폭으로 줄어들었다. 세계 경제가 동반 침체하기 시작한 것이다.

돈을 뿌려 월가를 살리다

미국 부실채권 정리 못 하고 전방위로 돈을 뿌리다

2008년 글로벌 금융위기가 일어나자 미국은 급히 금리를 내리고 재정을 풀어 대항했다. 금융위기가 발발한 후 2개월 남짓 기간인 2008년 11월 말까지 집행된 금액만 3.2조 달러에 이르렀다. FRB 기준금리도 2006년 5.25%에서 10차례에 걸쳐 제로금리에 가까운 0.25% 수준으로 인하했다. 그러나 효과는 기대에 미치지 못했다.

미국 정부와 중앙은행이 2008년 9월 이후 금융위기 극복을 위해 투입한 자금이 5조 달러에 달하고 금융회사에 투입한 공적자금만 2조 달러를 넘었다. 문제는 이 돈을 정확히 부실 채권 제거에 정조준하지 못

하고 금융계의 반발로 엉뚱하게 전방위로 살포하였다는 데 있다. 금융계가 자기들이 보유한 부실채권이 휴지 값으로 처리되는 것을 완강하게 반대했기 때문이다.

미국의 3차에 걸친 양적완화정책

효과를 보지 못하자 연준은 이듬해 3월 최후의 수단인 양적완화정책을 실시했다. '양적완화quantitative easing'란 제로금리 상태라 더 이상 금리를 내릴 수 없고, 재정도 부실할 때 사용하는 정책이다.

벤 버냉키 연준 의장이 2009년 초부터 2010년 초까지 국채를 사들여 1조 7500억 달러를 시장에 직접 푼 양적완화정책이 1차 라운

Fed의 양적완화정책

내용(기간)	규모(억 달러)	대상
1차 양적완화(QE1) (2009.3~2010.3)	17,250	국채, MBS
2차 양적완화(QE2) (2010.11~2011.6)	6,000	국채
Operation Twist (2011.9~2012.6)	4,000	장기국채 매입
Operation Twist 연장 (2012.6~2012.12)	2,670	장기국채 매입
3차 양적완화(QE3) (2012.9~)	월 400	MBS
4차 양적완화(QE4) (2013.1~)	월 450	국채

드였다. 그 뒤에도 경기가 살아날 움직임을 보이지 않자 2010년 11월에 2011년 6월까지 매달 750억 달러씩 총 6000억 달러를 푸는 2차 양적완화 조치를 시행했다. 하지만 미국 경제의 아킬레스건인 실업률이 여전히 8% 선에 머물러 있고 경기부양도 반짝 효과에 그쳤다. 경기가 불투명하여 투자에 대한 자신이 서지 않자 대부분의 돈들이 밖으로 풀리지 않고 다시 은행으로 들어가 낮잠을 자고 있는 것이다.

그 뒤 연준은 6670억 달러를 풀어 일명 '오퍼레이션 트위스트'라는 것을 시행했다. 단기국채를 팔고 장기국채를 사들이는 것이다. 이는 장기국채의 가격을 올리기 위한 것이다. 채권의 가격이 오른다는 것은 이자율이 싸진다는 뜻이다. 곧 장기금리를 인하시켜 투자를 활성화시키기 위한 것이었다.

그래도 큰 효과를 보지 못하자 이후 2012년 9월에는 아예 기한을

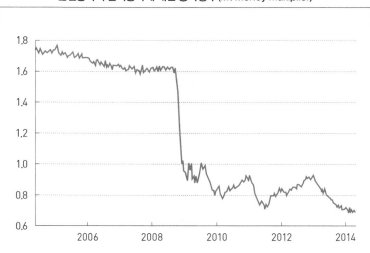

본원통화의 협의통화에 대한 통화승수(M1 Money multiplier)

자료: Federal Reserve Bank of St. Louis

정하지 않고 매달 400억 달러씩 푸는 3차 양적완화정책에 나섰다. 뒤이어 넉 달 후에는 매입금액을 확대하는 조치를 취해 금액을 총 850억 달러로 높였다.

그럼에도 금융위기 때 줄어든 시중 통화량은 2014년 초까지만 해도 회복할 기미를 보이지 않았다. 2008년 글로벌 금융위기 이후, 중앙은행의 본원통화 공급은 통화량의 증가로 이어지기가 어려웠다.

양적완화정책의 문제

양적완화정책은 기본적으로 두 가지 큰 문제를 안고 있다. 하나는 경기가 급속도로 살아날 경우, 유동성 쓰나미 현상을 초래해 대혼란을 야기시킬 수 있다는 점이다. 이 와중에 이를 금리인상으로 제어하는 과정에서 개발도상국들의 외환시장이 큰 타격을 받을 수 있다.

또 다른 하나는 양적완화로 인해 사회적 소득 불평등이 심화되고 있다는 점이다. 양적완화란 기본적으로 케인스학파가 추구하는 것으로, 돈을 풀어 돈의 힘으로 경기를 부양시키겠다는 정책이다. 한마디로 주택가격 등 자산가격을 올려 금융위기로부터 빠져나오겠다는 전략이다.

양적완화로 인한 유동성 장세는 결과적으로 투기자본을 키워준다. 그들은 거의 제로 금리로 돈을 융통하여 헤지펀드 등을 활용해 재산을 증식시킨다. 유동성 장세는 실물 경제와 상관없이도 돈의 힘으로 주식 가격 등을 상승시키기 때문에 그들이 손쉽게 돈을 벌 수 있는 것이다. 곧 금융장세는 있는 자들의 재산을 더 증식시켜 준다.

이로써 있는 자들의 금융자산 증식이 일반인들의 근로소득을 훨씬 앞서는 것이다.

불행하게도 불로소득이 자본주의의 정점에 서고 자본의 세습이 고착화된다. 이는 부익부 빈익빈을 심화시켜 소득 불평등의 골을 깊게 만든다.

세계의 양적완화정책

다른 나라들 역시 2008년 이후 금융위기 대응수단으로 금리를 내리고 재정을 확대했다. 그러고서도 경기가 풀리지 않자 최후의 수단인 양적완화정책을 사용하고 있다. 미국, 유로, 일본, 영국의 중앙은행들만 해도 양적완화 프로그램을 통해 2012년 7월까지 총 5조 달러에 달하는 돈을 뿌렸다.

보통 경기가 나빠졌을 때 경기를 부양하는 전통적인 방법은 크게 두 가지다. 정부가 재정을 풀든지, 중앙은행이 금리를 내리는 것이다. 재정을 푸는 방법은 정부가 공공사업을 벌여 직간접적으로 고용을 늘려, 여기에 비용을 지불해서 돈을 푸는 방법이다. 그런데 이것은 정부 재정이 충실하지 못하면 한계가 있다. 사실 금융위기 발생 이후 많은 나라가 재정을 풀었으나 이제는 거의 한계에 이른 상황이다. 오히려 유럽은 이로 인해 심각한 재정위기를 맞았다.

경기를 부양하기 위해 금리를 내리는 것 역시 많이 사용하는 방법이다. 좀 더 싼 이자로 돈을 빌릴 수 있도록 하면 돈을 빌려 사업이나 소비하는 사람이 많아지기 때문이다. 그러나 금리를 내리는 것도 한계가 있다. 금리는 아무리 내려봤자 '제로금리'에서 멈출 수밖에 없다. 돈을 빌려주면서 오히려 이자를 얹어줄 수는 없기 때문이다. 그럼 어떻게 해야 할까. 어차피 이자율을 내리는 것이나 재정을 푸는 것이나 시중에 돈이 더 많이 돌게 하기 위한 것이다. 시중에 돈이 안 돌면 중앙은행이 돈을 찍어 풀면 그만이다. 그렇게 양적으로 돈을 시중에 밀어내는 정책이 바로 양적완화정책이다.

사실 이러한 양적완화정책은 성공했다고 보기 어렵다. 주요 나라들에서 실업률이 여전히 높은 수준이고 재정위기 공포가 사라지지 않고 있다는 사실이 그 근거다. 유럽은 경기가 풀리지 않자 추가 양적완화를 다시 고려하고 있다. 어떤 면에서는 추가 양적완화를 고려한다는 사실 자체가 기존의 양적완화가 그다지 성공적이지 못했음을 반증하는 것이다.

그럼에도 중앙은행들이 또 다른 양적완화를 고려하는 이유는 무엇인가. 자산가격 때문이다. 중앙은행들이 양적완화를 펴면서 겉으로 내세우는 목표는 화폐 투입을 통해 은행 대출을 늘려 소비와 투자를 증가시킨다는 것이다. 그것도 맞는 말이다. 하지만 유동성 공급을 통해 집값과 주식시장 등 자산가격을 떠받치고 싶은 게 솔직한 심정일 것이다. 부동산과 주식시장이 살아야 금융위기가 종식되고 소비가 살아나기 때문이다. 그러나 훗날 소비심리와 인플레이션 기대심리가 살아나면 급격한 자산가격 상승이 불러올 엄청난 후폭풍 효과는 따로 있다.

신용승수와 통화승수

　앞으로 인플레이션이 빠르게 상승하거나 자산가격의 상승 조짐이 보이면 경기침체기와 다르게 소비자들의 구매 욕구가 커지면서 돈의 회전 속도가 빨라진다. 이럴 때 화폐 발행액보다 유동성이 커지는 이유는 통화의 신용창조 특성 때문이다. 신용창조란 은행이 예금을 받으면 그 돈이 대출되면서 통화량이 증가하는 현상이다.

　쉽게 말해 A은행에 100만 원 규모의 예금이 들어왔고, 예금인출에 대비한 지급준비율이 10%라고 가정하자. A은행은 지급준비금인 10만 원만 남기고 나머지 90만 원을 B에게 대출해준다. B가 대출한 90만 원은 다시 예금되어 A은행은 81만 원을 대출해줄 수 있다. 여기까지 발생한 통화 효과는 총 271만 원(100만+90만+81만 원)이다. 이런 과정을 거듭하면 A은행은 100만 원의 일정 배수만큼 통화량을 증가시킬 수 있다. 이를 '신용승수'라 한다.

　신용승수는 '1/지급준비율'이다. 지급준비율이 10%라면 신용승수는 10이다. 100만 원의 화폐발행액이 신용창조를 거쳐 1000만 원이 되는 것이다.

　금융시장에서는 이보다 '통화승수'를 많이 쓴다. 통화승수란 통화량(총통화 M2)이 본원통화의 몇 배인가를 나타내는 지표다. 한국은행에 따르면 2008년 말 본원통화는 60조 원, 광의통화M2는 1425조 원이므로 통화승수는 24배이다.

화폐발행액 대비 75배의 광의유동성 창출

이 과정을 살펴보자. 2008년 말 우리나라 화폐발행액은 30조 원이다. 이것이 위에서 설명한 신용창조 과정의 지급준비금들과 합쳐져 '본원통화'는 60조 원이 된다. 이렇듯 본원통화란 화폐발행액에 은행의 지급준비금을 합한 것이다. 한국은행이 화폐를 발행하면 본원통화는 그 배만큼 증가한다.

이를 기초로 한 M1이라 불리는 '통화(협의통화)'는 330조 원이었다. 협의통화란 본원통화에 보통예금, 곧 요구불예금을 합한 것이다. M2라 불리는 '광의통화'는 1425조 원이었다. 광의통화는 협의통화에 저축성예금을 합한 것이다.

그렇다면 정기예금이나 적금 같은 저축성예금은 요구불예금과 어떤 점이 다른가? 저축성예금은 필요할 때 바로 현금으로 찾을 수 없다는 점에서 화폐의 기능이 약하다. 그러나 예금주가 이자 손해를 감수하고 해약하면 즉시 현금으로 찾을 수 있다. 다시 말해 저축성예금도 통화에 편입될 가능성을 가지고 있다. 따라서 '통화'에 저축성예금을 포함하여 '총통화'라고 부르며, 이를 M2로 표기한다.

우리가 정기예금이나 적금을 깨면 총통화를 늘리는 것이다. 곧 총통화는 저축성예금과 CD, 금전신탁과 같이 언제든지 돈으로 바꿀 수 있는 금융상품과 금융채권 등을 포함한다. 여기에 정부와 기업이 발행한 유동성 금융상품을 합한 '광의유동성'은 2268조 원으로 증가했다.

2008년 말의 경우, 협의통화(M1, 통화)는 화폐발행액의 11배, 광의통화(M2, 총통화)는 38배, 광의유동성(M3, 총유동성)은 75배나 증가했다.

이렇듯 화폐발행이 신용창조와 각종 금융상품 등으로 탈바꿈하면서 보통 화폐발행액 대비 수십 배의 유동성을 창출하게 된다. 광의의 유동성은 이런 이유로 화폐발행의 75배가 넘게 발생한 것이다.

이러한 신용창조가 급속히 진행되면 또다시 경기과열을 불러와 거품이 생기고, 거품이 커지면 시장이 파열하는 것이다. 경제사의 모든 신용위기는 모두 비이성적인 과열의 결과였다.

반대로 시장에 파열 징후가 보이거나 위험요인이 발생하면 신용수축을 불러와 신용창조 역순의 결과가 급속히 진행된다. 시중 돈줄이 단시간에 말라 버리는 것이다. 예를 들어 은행 부실이 10조 원 발생했다면 그만큼 충당금을 더 쌓아야 하므로 화폐통화량이 줄어들어 광의유동성은 그 75배인 750조 원이 줄어드는 압력을 받는다. 여기에 신용경색이 더해져 상대방을 믿지 못하기 때문에 돈이 있어도 빌려주지 못하는 사태까지 겹쳐 시중에 돈이 돌지 않게 된다.

질질 끄는 금융위기, 그 이유는

부시도 오바마도 유대 금융권력은 어쩌지 못했다

미국 정부는 2008년 늦가을 신용위기가 발생하자 부실을 따로 모아 '배드뱅크'를 만들어 여기에 공적자금을 집중 투입해 부실을 처리하려 했다. 그러한 목적으로 의회를 설득해 긴급 자금도 마련했다. 그렇게 했으면 조기에 신뢰를 회복할 수 있었다. 그러나 결국 실행과정에서 그렇게 하지 못했다.

그 뒤 미국 정부는 차선으로 은행의 임시 국유화를 추진했다. 그러나 그마저도 제대로 못 했다. 그 뒤 차차선으로 채권의 시가평가제를 추진했다. 그러나 못 했다. 왜 그랬을까?

이로써 금융위기가 조기에 수습되지 못하고 전 세계로 퍼지면서 질질 끌게 되었다. 결국 미국 정부는 부실에 집중적으로 공적자금을 투입해 처리하지 못하고 돈을 헬리콥터에서 무차별 살포하듯이 전방위로 뿌려 불을 끄려 했다. 그 때문에 죄 없는 다른 나라들이 오랫동안 고생했다. 아니, 아직도 고생 중이다.

아래 글은 필자가 2010년 1월 밀라노무역관에 근무하면서 〈중앙일보(중앙선데이)〉에 기고한 칼럼으로 금융위기가 질질 끌려온 이유를 이해하는 데 도움이 된다.

부시도 오바마도 유대 금융권력은 어쩌지 못했다

∴ 미국 경제를 좌지우지하는 유대계 핵심 인물들. 왼쪽부터 벤 버냉키 FRB 의장, 티모시 가이트너 재무장관, 앨런 그린스펀 전 FRB 의장

벤저민 샬롬 버냉키. 미국 연방준비제도이사회FRB 의장이다. 미국이 금융위기로부터 벗어나려면 통화관리를 잘해야 한다. 이러한 통화관리의 정점에 버냉키 의장이 있다. 달러의 돈줄을 쥐고 있는 곳간의 '우두머리'가 바로 FRB 의장이기 때문이다. 그는 요즘 세계 금융위기로 골치를 앓고 있다. 그런데 얄궂게도 그게 그의 전공이다. 그는 대학에서 1930년대 대공황, 1970년대 디플레이션, 1990년대 발생한 일본의 잃어버린 10년 등 경기불황에 대한 연구로 학문적 일생 전부를 바친 경제학자다. 1975년 하버드대학을 수석으로 졸업하는 등 1등을 놓치지 않았던 그는 1979년 MIT에서 경제학박사 학위를 받고 스탠퍼드대학과 프린스턴대학 교수를 23년간 역임했다.

티모시 가이트너. 미국의 나라 살림을 맡은 재무장관이다. 그는 금융위기가 발생했을 때 뉴욕연방은행 총재로 버냉키 의장과 호흡을 같이했다. 당시 베어스턴스나 AIG의 구제에 나서는 등 위기방지 대책을 주도했다. 아시아에 경제위기가 발생한 1997년에는 재무차관으로, 그리고 세계 금융위기 와중인 2009년에는 재무장관으로 일한 특이한 경력의 소유자다. 태국 방콕의 국제고등학교를 졸업한 그는 아이비리그의 하나인 다트머스대학에서 아시아학을 전공하고 존스홉킨스대학에서 국제경제학과 동아시아학 석사를 받은 '아시아통'이다. 일본어와 중국어도 구사한다. 1997년 재무차관 시절 한국의 외환위기 때 한국의 경제와 금융정책을 혹독하게 주무른 장본인이기도 하다.

이 둘은 금융위기 속에서 미국 경제를 좌지우지한다는 점 외에 공통점이 또 하나 있다. 바로 유대인이라는 점이다. 금융위기를 맞아 세계인의 이목은 이 두 유대인의 입에 쏠려 있다고 해도 과언이 아니다. 그들의 말 한 마디 한 마디가 세계 경제에 직결되기 때문이다. 이뿐만이 아니다. 가이트너와 함께 버락 오바마 경제팀의 또 다른 축을 이루고 있는 로런스 서머스 국가경제위원회 위원장도 유대인이다. 가이트너와 서머스는 '루비노믹스'의 선봉에 섰던 사령관이다. '루비노믹스'는 클린턴 행정부 시절 미국 경제를 이끌었던 로버트 루빈 재무장관의 이름을 딴 것이다. 금융자본주의가 이끄는 신자유주의를 일컫는다. 루빈 전 장관도 유대인이다.

금융위기의 원인과 해법을 찾는 과정에서 세계의 눈길이 유대인으로 향하고 있다. 유대인이 미국 경제를 들었다 놨다 하기 때문이다. 유대인은 금융위기의 불을 지른 장본인이기도 하고, 이를 수습하는 소방수일 뿐만 아니라 수습을 방해하는 훼방꾼이기도 하다.

보통 FRB 의장은 '경제 대통령'이라고 불린다. FRB 의장은 통화량과 금리를 조절함으로써 미국 경제, 더 나아가서는 세계 경제를 조정한다. 그 때문에 FRB 의장의 한마디에 세계 증시는 출렁인다. 미국 역사상 지금까지 있었던 14명의 FRB 의장 가운데 가장 훌륭하게 업무를 수행한 사람으로 경제학자들은 폴 볼커 의장을 꼽는다. 1970~1980년대 미국 경제가 최악의 국면에 빠져 있을 때 FRB를 맡아 인플레이션을 잡고 경쟁력을 확보하는 데 결정적인 공헌을 했기 때문이다. 폴 볼커 역시 아버지로부터 소신과 검약 등의 신조를 물려받은 전형적인 유대인이다. 앨런 그린스펀 의장이 폴 볼커의 뒤를 이어 FRB를 맡았다. 그는 1926년 유대인 주식 중개인의 외아들로 태어났다. 그는 1987년부터 2006년까지 20년간 연준을 이끌면서 미국 경제의 안정적 성장을 가져와 한때 '마에스트로'란 찬사까지 받았다. 하지만 지나치게 부시 대통령의 정책을 지지해 결국 부동산 버블로 이끌었다는 이유로 비판받고 있다. 또 급팽창하기 시작했던 금융파생상품의 폭발력을 미처 인지하지 못했다. 이제는 금융위기의 '주범' 가운데 한 명으로 꼽히는 신세가 됐다.

요즘 버냉키 의장과 가이트너 재무장관은 그리 편하지 못하다. 같은 유대인이 그들을 도와주지는 못할망정 사사건건 가로막고 있기 때문이다. 금융위기가 터졌으면 얼른 은행의 환부를 도려내야 새살이 돋고 정상 상태로 돌아올 수 있다. 배드뱅크를 만들어 공적자금을 투입해 신속히 부실채권을 떼어내면 은행은 건강한 모습으로 정상을 되찾을 수 있다. 오바마 미 대통령도 집권 후 처음에는 호기롭게 배드뱅크를 설립해 시장안정정책을 시행하겠다고 언론에 흘렸다.

그런데 그렇게 안 했다. 아니, 못 했다. 왜일까. 정답은 유대인 큰손들 때문이다. 배드뱅크가 설립되면 부실채권이 헐값에 정부에 넘어가기 때문에 유대계 큰손이 이를 극력 반대한 것이다. 그들은 이 고비를 넘기고 시장이 살아나면 2~3년 후에는 그들의 자산을 온전히 회복하리라 믿고 있는 것이다.

부시 정부는 말년에 유대인과 이 문제로 다투다 해결책이 안 보이자 의회에서 어렵게 승인받은 7000억 달러의 절반을 공중에 뿌리다시피 살포해버렸다. 이때 버냉키 의장이 얻은 별명이 '헬리콥터 버냉키'다. 원래 7000억 달러의 처음 취지는 이러한 부실채권 정리를 위한 정리신탁공사를 운용하기 위한 자금이었다. 하지만 계획이 바뀌어 2008년 말 3500억 달러나 되는 돈을 시중에 무차별로 지원했다. 정리신탁공사를 위해 승인된 자금을 엉뚱하게 쓸 수밖에 없었던 이유는 유대 금융자본과 부실채권의 인수 가격과 방법에 대해 흥정이 되지 않았기 때문이다.

은행의 신뢰를 다시 회복할 수 있는 차선책은 은행의 임시 국유화 정책이다. 금융자본은 임시 국유화도 반대했다. 국유화 과정에서 자신들의 주식이 휴짓조각이 돼 경영권을 잃거나 설사 경영권을 잃지 않더라도 그 과정에 지분이 훼손당할까봐 거절한 것이다.

배드뱅크 설립과 채권의 시가평가제 같은 현실적 방법은 금융자본의 이익과 배치되더라도 실행돼야 한다. 그래야 위기 극복의 실마리를 찾을 수 있다. 그런데 미국 정부는 유대인들의 반대에 부딪혀 급소와 맥을 비켜나 변방을 빙빙 돌며 엄청난 화폐발행량으로 상황을 반전시키려 하는 것이다. 미국 정부는 이번 금융위기를 극복하기 위해 전체 경제규모의 5.5%에 해당하는 7870억 달러를 2년에 걸쳐 풀기로 했다. 그리고 사상 처음으로 제로 금리를 운용하고 있다.

아직까지는 경기침체가 심해 당장은 인플레이션 압력이 없다. 하지만 시간이 지나 경기가 회복 조짐을 보이면 급격한 인플레이션이 발생할 소지가 크다. 경제가 정상으로 작동하는 경우, 화폐발행량을 늘리면 은행의 지급준비금을 포함하는 본원통화는 그 2배가 늘어난다. 그 뒤 신용창조와 통화승수에 의해 총통화는 30배, 광의의 유동성은 70배 이상 팽창한다. 훗날 인플레이션 후폭풍이 두려운 이유다. 그리고 그 근저에는 유대인이 있다.

왜 부실을 걷어내지 못했나

미국은 다른 나라들이 외환위기를 맞았을 때는 공적자금으로 절대 부실기관을 지원하지 말라고 했다. 하지만 그들 자신은 그렇게 하지 않았다. 그들은 1997년 우리나라가 IMF 사태, 곧 외환위기에 봉착했을 때도 그렇게 말했다. 부실기관을 정리하고 금리를 높이라고. 한국은 그러한 권고에 충실히 따랐다. 그리고 혹독한 구조조정을 겪은 후에야 제자리를 찾았다.

금융위기 초기 미국 재무부가 마련한 7000억 달러 구제금융기금 TARP(불량자산 구제 프로그램)의 사용을 두고 많은 논란이 있었다. 구제금융기금이 이처럼 매우 뜨거운 감자로 부상한 것은 해당 기금이 당초 목적과는 전혀 다르게 사용되었기 때문이다.

당초 구제금융기금은 금융위기를 야기시킨 주범인 부실 모기지 채권을 매입하기 위해 마련되었다. 그러나 금융계의 격렬한 반대에 직면하자 정부는 슬그머니 꼬리를 내렸다. 참으로 어처구니없는 일이었다. 시간이 지나면서 정작 부실채권 매입 대신 금융권에 대한 자본투입으로 전략이 바뀌었다.

∴ 헨리 폴슨

헨리 폴슨 재무장관은 낸시 펠로시 하원 의장 앞에 무릎을 꿇어가며 7000억 달러를 타냈다. 당시 재무부는 TARP를 세워 시중은행의 불량채권, 특히 서브프라임 모기지와 관련된 은행의 불량자산을 재무부가 역옥션 방식으로 구입하려고 했다. 일반 옥션은 사려는 사람이 더 높은 가격을 부름으로써 구매하게 되지만, 역옥션에서는 파는 사람이 더 낮은 가격을 부름으로써 구매자를 유인하는 방식이다.

그렇게 부실을 정리함으로써 금융기관의 신뢰를 회복시키고 금융 시스템을 안정시키려 했다. 역옥션 방식을 통한 자금유동성 회복, 이것이 에초 재무부 구제안의 핵심이자 의회의 승인을 받게 한 대목이다.

그러나 역옥션을 통해 불량자산을 매입한다는 애초의 계획안은 실제로 이뤄지지 않았다. 불량 모기지와 연관된 채권의 가격을 매기는 일이 현실적으로 불가능하다는 이유 때문이었다. 무엇보다 옥션을 통해 적나라하게 드러날 자산가치에 대해 은행들이 갖는 두려움이 너무 컸다. 실제 알려지거나 대충 예상되는 것보다 불량자산의 가치가 낮게 평가될 경우, 이 은행들은 시장에서 퇴출당할 게 뻔했다.

옥션을 통하게 된다면 은행의 '곳간 사정'이 적나라하게 드러난다. 이것은 어떠한 은행도 결코 원하는 상황이 아니었다. 따라서 역옥션에 참여할 은행이 어느 곳이 될지 매우 회의적인 상황이 도래하게 되었다.

폴슨이 방법을 잘못 선택한 것이다. 그렇더라도 부실채권은 다른 방법이라도 동원해 처리했어야 했다. 프랭클린 루스벨트 대통령이 미국을 대공황에서 구한 것도 은행 휴업령까지 내리면서 부실을 과감하게 정리했기 때문이었다.

또 다른 위기를 잉태하고 있는 유동성 살포

그래서 폴슨이 선택한 차선책은 '묻지 마' 방식의 현금투입, 곧 금융기관의 주식을 구입함으로써 구제금융을 직접 투입하는 것으로 바뀌어버렸다. 지원금을 원하는 금융 기관이 재무부에 TARP 신청서를 넣으면, 재무부는 그것을 검토한 후 돈을 내주는 방식이었다. 이를 통해 52개의 금융 기관들이 1500억 달러에 달하는 돈을 받아 갔다. 놀라운 것은 이 중 어떠한 금융기관도 재무부에 의해 거절을 당하지 않았다는 사실이다.

루이지애나 이베리아 은행은 모기지 관련 불량채권으로 곤란을 겪는 은행도 아닌 양호한 재무 상태의 은행인데 재무부에 9000만 달러의 구제금융을 신청해 받아냈다. 그리고 이 은행이 한 일은 자금난을 겪고 있는 다른 은행의 주식을 사들여 소유권을 확대한 일이었다. 정부 구제금을 받아 다른 은행을 사들이거나 소유권을 확대한 경우는 이베리아 은행뿐만이 아니다. 뱅크오브아메리카, PNC 파이낸셜 서비스 그룹, US 뱅크 등도 마찬가지였다.

은행들뿐 아니라 엉뚱한 회사들까지 돈을 퍼주어 도덕적 해이를 유발했다. 그 대표적인 경우가 아메리칸 익스프레스American Express와 렌터카 업체인 에이비스Avis에 대한 구제금융이었다.

아메리칸 익스프레스는 금융위기가 진행 중이던 때에 금융지주회사로의 전환을 신청하고 그에 필요한 자본금을 확충하기 위해 38억 달러 규모의 구제금융을 신청했다. 이후 57억 달러를 지원받았다. 그 결과 구제금융은 '먼저 먹는 사람이 임자'인 눈먼 돈이 되었다는 비난이 쏟아졌다.

렌터카 업체인 에이비스는 금융기관들을 대상으로 하던 TARP에 구제금융을 신청했다. 에이비스의 논리는 재무부가 에이비스에게 구제금융을 지원해주면 에이비스가 더 많은 렌터카를 구입해둘 것이며, 그러면 미국 자동차 업체가 살아날 수 있다는 억지 논리였다.

심지어 필라델피아와 피닉스, 애틀랜타의 시장들은 미 재무부에 대해 지자체의 사회기반시설 투자를 촉진하도록 TARP 재원 7000억 달러 중 500억 달러를 배정해달라고 요청한 바도 있었다.

이런 식으로 돈이 풀리자 모기지 부실화 문제는 해결되지 않은 채 더욱 확대되는 양상을 띠었다. 그러자 헨리 폴슨 재무장관에게 비난의 화살이 쏠렸다.

이렇게 미국은 부실 정리 대신 무제한 유동성 공급을 취했다. 하지만 혹독한 자기반성은 없었다. 모럴 헤저드를 연방정부의 돈으로 덮어줬다. 여기에 연이어 더해진 것이 3차에 걸친 양적완화정책이었다. 결국 이러한 유동성 조치는 또 다른 형태의 위기를 잉태하고 있다.

결론적으로 미국은 극소수 금융계 사람들에게만 득이 되는 정책을 추진했다. 다시 말해 이는 절대다수의 사람들에게는 치명적인 피해를 주었다. 주변국들에도 엄청난 피해를 주었다. 월스트리트를 살리기 위해 정말 많은 사람이 오랜 기간 고통 속에 피해를 많이 보았다.✧

✧ 이유경 기자, "미국 구제금융은 고양이에 맡긴 생선", 〈오마이뉴스〉, 2008년 12월 31일 등

월가의 배은망덕

이렇게 미국 정부는 월스트리트를 살려내기 위해 엄청난 돈을 뿌려댔다. 덕분에 미국의 주가지수는 금융위기 이전을 회복하고 그 이상으로 활황 중이다. 선진국들의 유동성 장세가 지속되어 오히려 오버슈팅이 염려되고 있는 실정이다.

그사이 미국 정부는 월스트리트에 대해 도덕적 해이에 대한 책임도 제대로 추궁하지 못했다. 다만 앞으로 이러한 금융위기가 다시 재연되지 않도록 몇 가지 규제를 서둘렀다. 그러나 월스트리트는 이 문제에 대단히 비협조적이었다.

대통령을 무시한 월스트리트

미국 대통령 선거에서 월스트리트가 지원한 후보가 대통령이 되는 경우가 많았다. 월스트리트가 선거자금을 몰아주는 쪽은 승리했다. 조지 W. 부시 텍사스 주지사는 2000년, 2004년 대선에서 월스트리트의 전폭적인 후원을 얻고 대통령에 당선됐다. 월스트리트는 전통적으로 공화당 지지자다. 그러나 2008년 대선은 예외였다. 민주당의 버락 오바마 후보는 2008년 월스트리트의 지지를 등에 업고 대통령에 당선됐다. 당시 월스트리트는 890만 달러를 오바마에게 몰아줬다. 공화당의 존 매케인 후보는 628만 달러를 모금하는 데 그쳤다.

오바마는 2009년 집권 후 자신을 지지했던 월스트리트를 가혹하게 몰아붙였다. 월스트리트의 대형 은행들은 2009년 6월 오바마 행정부가 발표한 '금융개혁법안Financial Regulatory Reform'에 포함된 파생상품 규제, 보너스 규제, 감독 강화 등 금융규제 강화에 정면으로 반발하기 시작했다.

월스트리트 뒤에는 유대인이 있다. 미국의 금융과 언론을 장악한 유대인들이 자기들을 몰아붙이는 오바마를 보는 시선은 따뜻하지 않았다.

❖ 2009년 9월 14일 월스트리트에서 연설하는 오바마

2009년 9월 14일 오바마는 월스트리트를 찾았다. 금융개혁을 요구하기 위해서였다. 그의 연설 주제 '월스트리트는 탐욕의 대가를 지불하라' 원고는 이미 방문 전에 월스트리트에 전달한 상태였다. 그는 월스트리트를 살리기 위해 큰돈을 풀었기 때문에 환대받을 줄 알았다. 아니었다. 그의 방문 장소에 월스트리트의 큰손들이 한 명도 참석하지 않은 것이다.

미국, 은행세 도입 좌초

노벨경제학상을 받은 예일대학의 제임스 토빈은 1978년에 단기성 외환거래에 세금을 부과하자고 주장했다. 외환·채권·파생상품·재정거래_{arbitrage} 등으로 막대한 수익을 올리고 있는 핫머니의 급격한 유출입으로 각국의 통화가 급등락하여 통화위기가 촉발되는 것을 막기 위한 규제방안이었다. 하지만 미국과 IMF는 국제 유동성을 규제하기 위한 토빈세 도입에는 부정적이다.

오바마 정부는 신용위기 재발 방지를 위해 은행세 시행을 검토했다. 미국은 자산규모 500억 달러 이상의 대형 금융회사의 비예금성 부채에 대해 0.15%의 세금을 물려 앞으로 10년 동안 900억 달러를 조성할 계획을 세웠다. 이 돈으로 부실채권 구제금융기금에 투입된 재정을 메운다는 복안이었다. 일명 '오바마 택스'를 도입하면 비예금성 부채에 속하는

♣ 제임스 토빈

과다한 단기 외화차입 문제를 상당 부분 해소할 수 있다.

IMF도 오바마 대통령 제안과 비슷한 '은행세' 방식을 제안했다. IMF는 은행세의 형태로 비예금성 부채에 세금을 부과하는 방안과 일정 수준을 넘어서는 이익과 보너스에 세금을 부과하는 방안 등 두 가지를 제시했다. 게다가 IMF도 이례적으로 보고서를 발표했다. '개발도상국들이 외국자본 유입으로 인한 자산거품과 금융 불안정을 막기 위해서는 외국자본을 통제하는 세금과 규제를 도입할 만하다'는 내용이었다.

이미 브라질은 2009년 10월부터 외국인의 채권과 주식투자에 2%의 세금을 부과했다. 대만도 외국인의 정기예금에 일부 제한을 두는 등의 자본통제를 실시했다. 인도나 터키 등 다른 나라들도 다양한 자본통제 조처를 고려하고 있다. 바야흐로 오랫동안 이단적인 아이디어였던 자본통제가 신흥시장 국가들을 중심으로 확산되고 있다. 이는 고삐 풀린 금융 세계화의 시대가 이제는 어느 정도 견제되고 있음을 뜻한다.

하지만 국제 금융위기의 주범이었던 거대 은행에 세금을 물리자는 국제적인 논의가 사실상 좌초했다. G20 정상회의에서 영국, 프랑스, 독일 등 유럽 진영이 은행세 도입을 주장했지만 여타 회원국들의 호응을 얻지 못했다. 은행세 논의가 좌초되면서 회원국들은 은행의 투자금 대비 자본을 확충하는 방안 등을 대안으로 모색하고 있다. 한편 영국, 프랑스, 독일, 네덜란드 등은 독자적으로 은행세를 도입하는 방안을 검토하고 있다.

볼커 룰 시행이 계속 연기되다

오바마가 전 연준 의장이자 백악관 경제회복자문위원회 의장인 폴 볼커를 시켜 호기롭게 시작했던 투자은행 규제안, 일명 '볼커 룰'도 시행이 불투명하다. 미국 금융권의 치열한 로비로 볼커 룰 시행마저 2년 연기되었다. 연방준비제도를 포함한 금융감독 당국은 2012년 7월 시행 예정이었던 볼커 룰을 2014년 7월 21일 이후로 늦춘다고 밝혔다.

볼커 룰은 오바마 정부가 은행을 포함한 금융권의 위험투자를 제한하고 대형화를 억제하기 위해 만든 규제책이다. 폴 볼커의 제안이 크게 반영돼 그의 이름을 따왔다. 볼커 룰은 은행이 자기자본으로 거래하는 '프랍 트레이딩'을 금지하는 것을 골자로 하며, 사모펀드나 헤지펀드 투자도 자기자본의 3% 이내로 제한하는 내용을 포함하고 있다. 연기 방침에 대해 월스트리트는 대환영의 뜻을 나타냈다.

∴ 폴 볼커 전 FRB 의장, 오스탄 굴스비 시카고대학 교수, 대통령 당선인 시절의 오바마(왼쪽부터 순서대로)

그 뒤 월스트리트는 투기 목적의 자기자본 거래를 하지 못하도록 한 볼커 룰을 무력화하는 데에 집요하게 로비를 했다. 폴 볼커가 제안한 볼커 룰은 원래 4쪽에 불과했다. 그러나 골드만삭스 등 월스트리트의 은행들은 전직 거물급 의원들과 고위관료들을 동원해 로비를 펼쳐 셀 수 없이 많은 면제조항과 예외조항이 추가되면서 볼커 룰은 298쪽으로 늘어났다.

볼커룰은 2013년 12월 채택되어 2015년 7월 발효 예정이었다. 그런데 연방준비제도가 은행들의 불만을 받아들여 볼커 룰 발효를 또 2년 늦추기로 했다. 이에 따라 볼커 룰은 오는 2017년 7월 21일 발효된다. 시간이 지연될수록 규제는 더 완화될 것으로 보인다.

지피지기론

금융산업의 변화 속도와 위험성을 감안하면 속 편히 문 닫고 살았으면 좋겠다는 생각도 들 수 있다. 그러나 그것은 세계화 시대에 있을 수 없는 일이다. 그것도 수출로 먹고사는 우리가 택할 수 있는 방법은 아니다. 그리고 우리가 언제까지나 제조업에 매달려 살 수는 없다. 금융산업이 강해지고 더 나아가 우리의 수출산업이 되어야 한다. 그렇다면 정면으로 부딪혀 돌파하는 수밖에 없다.

언제나 그렇듯 먼저 상대방을 알아야 한다. 세계 금융의 실체와 그들의 금융기법을 꿰뚫어 볼 수 있어야 한다. 그리고 우리의 실정과 좌표를 알아야 한다. 이를 통해 하루라도 빨리 거친 세계 금융파도에 대비해야 한다. 지피지기면 최소한 자기 몸에 닥치는 위험은 돌볼 수 있다. 더 나아가 아시아 시장에서 한판 승부를 준비해야 한다.

《자본주의의 종말과 새 세기》를 쓴 기 소르망은 책 서문에서 칼 포퍼의 이야기를 빌려 이렇게 적고 있다. "비록 위기가 닥치더라도 현재로서는 자본주의가 인간이 경험한 제도 가운데 가장 우수하다. 자본주의 윤리는 최대 다수의 국민에게 혜택을 주고자 한다. 자본주의 내부의 위기가 곧 자본주의 자체의 위기라고 믿는 사람들에게 나는 이런 말을 해주고 싶다. '위기를 극복하려면 자본주의를 배척해서는 안 되며, 더 적극적으로 자본주의를 활용하라고.'"

이제 자본주의의 효율성은 살리되 그로 인해 공동체에서 낙오되고 소외되는 자본주의 문제점을 직시하고 다 같이 그 해법을 같이 고민해야 할 때이다. 더욱 나은 미래를 위해.

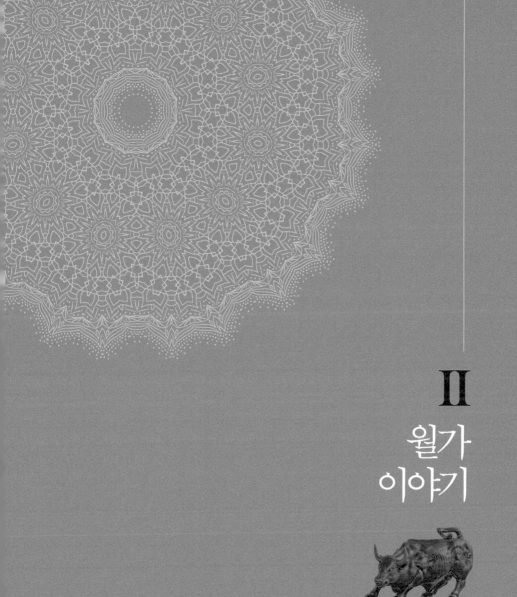

II

월가
이야기

JEWISH ECONOMIC HISTORY

골드만삭스 CEO 블랭크페인은 금융위기 직전인 2007년 골드만삭스로부터 개인 최고 연봉인 7030만 달러를 받았다. 그의 소득은 일반인보다 2000배 이상 높았다. 그런데 그의 수입은 헤지펀드 매니저들에 비하면 그야말로 조족지혈에 불과했다. 같은 해 조지 소로스는 혼자 29억 달러를 벌어들였다.

세상이 너무 불공평해 좌절감을 느끼는가? 문명사 전반에 금융업자에 대한 적대감 뒤에는 열심히 땀 흘려 일하는 사람보다 돈이 돈을 벌어주는 금융에 대한 원천적 반감이 있었다.

그럼에도 자본은 대부분 진보의 근원이었다. 화폐 덕에 인류는 교환하고 교류하며 살아왔다. 산업혁명이 세계로 뻗어나갈 수 있었던 힘의 원천도 자본 덕분이었다. 수많은 버블의 끝은 파멸이었지만 그로 인해 생겨난 철도 등 부산물은 인류를 풍요의 길로 이끌었다.

문제는 지피지기다. 과연 자본이 어떤 면에서 악의 근원인지 또 어떤 면에서 인류의 진보에 기여하는지를 알아야 한다. 또 금융산업과 금융기법의 발전 과정을 알아야 한다. 그래야 우리도 금융산업을 도약의 지렛대로 사용할 수 있으며 그 해악에 대한 대책을 세울 수 있다.

월가의 유대인들

씨티그룹: 미국 최초의 금융백화점

전통적으로 월스트리트의 대표선수는 씨티그룹이다. 1812년에 창업한 씨티뱅크 오브 뉴욕이 그 전신이다. 그 뒤 여러 번의 합병을 거쳐 1976년에 '씨티코프 은행'으로 개명했다. 1998년 초 워싱턴의 한 모임에서 트레블러스의 웨일 회장은 씨티코프 존 리드 회장에게 따로 한 번 만나고 싶다며 초청하였다. 이 자리에서 합병 이야기가 시작되었다. 그렇게 시작된 트레블러스와 씨티코프의 합병 논의는 예상을 깨고 신속하게 진행되었다.

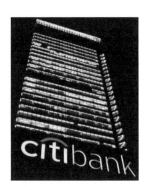

트레블러스는 보험사와 증권사, 투자은행 업무를 하는 이른바 제2금융권이었다. 반면 씨티코프는 세계에 막강한 지점망을 갖고 있던 대표적인 제1금융권이었다. 그러나 합병은 제2금융권인 트레블러스가 주도하여 2개월도 안 되어 합병이 성사됐다.

세계 100여 개국에 지점망을 갖고 있는 다국적 은행과 증권회사, 생명보험회사, 손해보험회사, 자산운용회사, 신용카드회사가 모두 씨티그룹을 상징하는 빨간색 우산 아래 한데 모였다. 이름은 인지도가 높은 '씨티'를 쓰되, 로고는 트레블러스의 것을 쓰기로 한 것이다. 1998년 이전까지만 해도 이 빨간색 우산은 트레블러스그룹의 상징이었다. 이 우산을 씨티그룹 전체를 아우르는 상징으로 만든 인물이 다름 아닌 샌디 웨일이다. 웨일은 은행과 증권, 보험 등 모든 금융 서비스를 하나의 우산 아래 두고자 하였다. 이렇게 탄생한 게 씨티그룹이었다.

여담 하나. 트레블러스의 우산은 보험사의 이미지에는 잘 맞는다. '비 오는 날(재해·사고)에 대비해 손님을 보호한다'는 뜻이다. 그럴듯하다. 그런데 그것이 씨티그룹으로 넘어간 뒤, 마크 트웨인의 말을 기억하는 사람들에게는 은행과 우산의 조합은 왠지 어색하다. 그는 "은행은 날씨가 맑을 때 우산을 빌려줬다가 비가 오면 뺏어간다"고 하였다. 얄궂게 바뀐 것이다.*

1998년 4월 씨티코프와 트레블러스 그룹의 합병은 세계 금융사에 한 획을 긋는 중요한 사건이었다. 전 세계 100여 개국에 27만 명의 직원과 2억 명의 고객을 확보한 초대형 금융종합그룹이 탄생한 것이다. 두 회사의 합

∴ 씨티코프와 합병 후 공동회장에 취임한 샌디 웨일(왼쪽)과 존 리드(오른쪽).

* 〈한겨레신문〉 정남구 기자 등

병으로 씨티그룹은 은행·증권·보험을 총괄하는 원스톱 서비스를 제공할 수 있게 되었다. 소비자금융·기업금융에서 증권·보험까지 '돈과 관련된 모든 것'을 다루는 미국 최초의 금융백화점이었다.

트레블러스의 상징인 빨간 우산을 쓴 씨티그룹 로고 탄생 이후 대형 합병이 줄을 이었다. 네이션스 뱅크와 뱅크오브아메리카는 일주일 뒤 합병은행인 '뱅크아메리카'를 서둘러 발표하였다. 그해 11월에는 독일의 도이체방크가 미국의 뱅커스트러스트와 합병하였고, 이름은 그대로 '도이체방크'를 썼다. 또 2000년 말에는 JP 모건과 체이스맨해튼 은행이 합병하여 'JP 모건체이스'로 새 출발했다.

유대계 금융인의 대부, 샌포드 웨일

샌포드 웨일 전 씨티그룹 회장은 '금융황제', '금융제국의 사냥꾼'으로 불린다. '샌디'라는 애칭으로 알려진 그는 밑바닥에서 출발해 정상까지 오른 입지전적인 인물이다. 폴란드 유대계인 그는 1933년 뉴욕 브루클린 빈민가에서 태어나 신문배달을 하며 군사학교를 다녔다. 그 뒤 명문 코넬대학을 졸업하고 메릴린치 등에 입사원서를 냈지만 번번이 퇴짜를 맞았다. 결국 그는 22세 되던 1955년에 유대계 투자은행인 베어스턴스에 주당 35달러의 메신저보이로 취직하였다. 월스트리트 고객에게 주식, 채권 등 증권 다발을 배달하는 것이 주 업무였다. 배달뿐 아니라 브로커들에게 투자 정보를 전달해주는 직업이었다. 그의 꿈은 브로커가 되는 것이었다. 얼마 뒤 그는 번햄으로 자리를 옮겼는데 이곳에서는 그에게 좀 더 많은 월급을 주었다.

하지만 그는 투자를 잘못해 부모님 친구들의 돈을 잃었다. 다음에

는 몇몇 가족의 돈을 날려버리기도
했다. 가족들에게조차 인정받지 못
한 그는 참담한 실패로부터 배웠다.
웨일은 5년을 일한 뒤 27세 되던 해
인 1960년 동갑내기 3명과 함께 증
권투자자문회사 셰어즈 로브로즈
를 차린다. 웨일은 그간 저축한 돈

⁂ 샌포드 웨일

과 어머니에게 빌린 3만 달러, 그리고 3명의 동업자들이 투자한 돈
등 총 20만 달러를 투자하였다. 당시 월세 아파트에 살고 있던 그로
서는 전 재산이었다.

설립 초기 그는 투자 실수를 줄이고 자문을 제대로 하려면 명석한
애널리스트(시장분석가)를 뽑아야 한다고 생각했다. 마침내 이 회사
에는 두 명의 걸출한 인물이 새로 들어왔다. 그 가운데 한 명이 미 증
권거래위원회SEC 위원장으로 있었던 아서 레빗 주니어였다. 또 한 명
은 하버드 경영학석사MBA 학위를 딴 마셜 코간이었다. 이러한 인재
들 덕분에 그의 회사가 내는 리서치 보고서는 월스트리트에서 평판
이 좋았다.

성장가도를 달니넌 웨일의 회사에 기회가 왔다. 주식시장이 폭락
한 것이다. 그는 1970년 눈여겨보던 하이든 스톤을 인수하면서 비약
적인 성장의 계기를 마련하였다. 하이든 스톤은 웨일의 회사보다 자
산규모에서 30배나 큰 전통 있는 회사였다. 하지만 1969년 주식시장
폭락으로 인수 당시에는 부도 직전에 몰려 있었다. 웨일은 하이든 스
톤을 인수한 뒤 기업공개를 통해 자본을 끌어들였다. 그 돈으로 부채
를 갚았다. 결과적으로 인수비용을 거의 들이지 않고 하이든 스톤을

인수한 셈이었다. 회사 이름도 하이든 스톤으로 바꾸었다.

웨일은 당시를 회고하면서 1967년 월스트리트의 기업사냥꾼으로 이름이 높았던 유대인 사울 스타인버그의 릴라이언스보험 인수를 주선한 것이 전환점이 됐다고 말한다. 스타인버그의 인수 건이 성사되어 웨일의 회사는 75만 달러를 수수료로 챙겼다. 큰돈이었다. 하지만 웨일은 이런 거래가 끝날 때마다 오히려 실망스러웠다. "거래를 마친 다음 날 스타인버그는 멋진 사업체를 얻었지만 우리는 모든 것을 다시 시작해야 했다. 그때 나는 다른 사람을 위한 인수가 아닌 우리 자신을 위한 인수를 하는 게 훨씬 낫다는 사실을 깨달았다."

웨일은 하이든 스톤의 경영권을 잡자 본격적인 회사 키우기에 나섰다. 그는 잠재 M&A 대상기업에 대한 기업의 내재가치 분석에 주력했다. 1974년에는 시어선 해밀을 사들이면서 회사는 2배로 커졌다. 1979년에는 로드 혼블로어를 사들이면서 다시 2배로 커졌다. 두 회사는 인수 당시 모두 웨일의 회사보다 크고 이름도 더 알려진 회사였다. 웨일은 '새우가 고래를 먹는 격'으로 이들 회사를 인수하였다. 웨일의 M&A 과정을 들여다보면 '잠재력이 있는 회사'가 커다란 어려움에 봉착했을 때 헐값으로 인수하여 회사를 살리는 것이었다.

그는 이렇게 잠재력은 있으나 부실한 금융사들을 찾아내 인수한 뒤 이를 탄탄한 회사로 성장시키는 일을 반복하였다. 그의 성공 비결은 다 쓰러져가는 부도 직전의 회사를 싼값에 인수해 다시 흑자회사로 전환시키는 뛰어난 경영 능력이었다. 하지만 그 이면에는 '대규모 인원 정리와 비용 감축'이라는 냉혹함과 냉정함이 숨어 있었다. 회사를 회생시킨 뒤 이를 다시 비싼 값에 팔았다. 전형적인 인수합병 수법으로, 한마디로 그는 '기업사냥꾼'이었다. 20년 동안에 15회 이상의 인수합병을 성사시켰다. 그 무렵 1970년대에는 부실 금융사들이 무더기로 쏟아질 때였다.

웨일은 부실 증권사를 잇달아 인수해 1979년에 '시어선 룁 로드'라는 증권사를 만드는 데 성공하였다. 시어선은 무섭게 성장해 세계적으로 280개의 지점을 보유한 대형 소매증권회사로 컸다. 메릴린치에 이어 마침내 미국 2위의 증권사가 되었다. 회사 시가총액은 거의 100배나 커졌다. 1970년대에 이렇게 급성장한 기업은 웨일의 회사 말고는 없었다. 대단한 경영수완이었다.

웨일은 그 뒤 메릴린치를 따라잡기 위해 또 한 번의 변신을 꾀한다. 1981년 아메리칸익스프레스(아멕스)와의 합병을 결정한 것이다. 웨일은 1981년 자신이 20년 동안 키워온 증권회사인 시어슨룁로드를 아멕스에 매각하고 이 회사 증권사업 부문을 맡았다. 웨일이 시어선을 아멕스에 매각한 이유는 돈보다도 증권회사 하나만으로는 한계가 있다고 보고 다른 금융 서비스 업종과의 결합을 통해 시너지 효과를 극대화해야 한다는 생각이었다. 아멕스는 당시 급부상하던 미국 최대의 신용카드 회사였다. 증권과 신용카드업을 결합하여 증권과 신용카드 양쪽의 고객에게 더 많은 서비스를 교차판매한다는 생각이었다.

웨일, 아멕스를 떠나 새로운 사업을 시작하다

그러나 아멕스는 교차판매에 소극적이었다. 시너지 효과도 적었다. 웨일은 아멕스의 2인자였으나, 유대인이었던 웨일은 앵글로색슨계 임원으로 가득 찬 이사회에서 이방인처럼 취급받았다. 그가 키워낸 시어선도 합병 뒤 아무런 시너지 효과도 거두지 못하였다. 그는 새로운 계획을 추진하였다. 워런 버핏의 지원 아래 아멕스의 펀드보험 사업부문을 인수하는 것이었다. 마침내 웨일은 아멕스 이사회에 펀드보험 사업부문을 자신에게 넘길 것을 제안하였다. 단, 미래의 손실 가운데 일부를 아멕스가 부담한다는 조건과 함께. 그의 제안을 접한 아멕스의 이사회는 웨일을 경계하여 제안을 한마디로 거절하였다. 웨일은 결국 아멕스를 떠나는 방법밖에 없었다.

웨일은 자신을 따라 아멕스를 함께 그만둔 제이미 디몬(제임스 다이먼)과 함께 새로운 사무실을 차렸다. 그들이 눈여겨보았던 인수 대상기업은 샌프란시스코에 본사를 둔 뱅크오브아메리카였다. 당시 뱅크오브아메리카는 캘리포니아 지역 부동산가격의 폭락으로 위기에 빠져 있었다. 웨일은 뱅크오브아메리카의 이사회에 "이 은행을 매입하고 싶으며, 다른 투자자들과 함께 10억 달러를 추가 출자해 악성부채를 정리하고, CEO를 맡겠다"고 제안했다. 그러나 이사회는 '해볼 테면 해보라'는 식으로 나왔다. 적대적 인수를 하고 싶지 않았던 웨일은 물러났다. 뱅크오브아메리카는 몇 년 뒤 월스트리트의 유명한 기업사냥꾼인 휴 맥콜의 적대적 인수에 넘어가고 만다.

웨일은 뱅크오브아메리카의 인수에도 실패하며 1년 이상을 사실상 실업자로 지내야 했다. 그가 새로운 사업의 기회를 잡은 것은 1986년 5월 별로 알려져 있지 않았던 볼티모어 지역의 대부업체인 커머셜크레디트를 인수한 것이다. 웨일은 인수 당시 2500만 달러에 불과하였던 커머셜크레디트의 순이익을 6년 만에 1억 9300만 달러로 8배 가까이 키웠다. 그사이 1988년에는 채권 분야 선두권 증권회사 스미스바니의 지주회사인 프라이메리카를 15억 달러에 인수하였다. 그 뒤 1992년에는 과도한 부동산투자로 어려움을 겪던 대형 생명

보험회사 트레블러스의 지분 27퍼센트를 사들였다. 1993년에는 자신이 아멕스에 팔았던 시어선을 12억 달러에 도로 사들이고 트레블러스 그룹의 대주주 지분도 인수하였다.

웨일은 1996년에는 애트나 손해보험을, 아시아 경제위기로 월스트리트의 금융기관들이 움츠러들던 1997년에는 90억 달러 규모의 살로먼브러더스를 인수하였다. 당시 워런 버핏이 살로먼브러더스의 대주주였는데, 합병에 적극 찬성하였다. "샌디는 지난 몇십 년간 주주들에게 엄청난 가치를 만들어주었다. 금융 서비스 기업의 성공적인 인수와 합병 후의 탁월한 경영을 통해 그는 천재적인 재능을 보여주었다. 내 생각으로는 살로먼 역시 예외가 되지 않을 것이다." 웨일에 대한 워런 버핏의 평가는 극찬에 가까운 것이었다.

트레블러스 그룹은 마침내 1997년 3월 다우존스 30개 종목 가운데 하나로 편입되었다. 미국 주식시장을 움직이는 30대 기업의 하나가 된 것이다. 그리고 1998년 미국 굴지의 은행인 씨티코프와의 합병을 이끌어내어 미국 금융계 정상에 올랐다. 커머셜 크레디트는 웨일이 인수한 직후 기업공개를 했고, 상장 당일의 최초가격은 주당 20.50달러였다. 1986년 당시 커머셜 크레디트 주식 1주는 주식분할을 거쳐 씨티그룹 주식 12주가 됐다. 당시 20.50달러에 산 주식 1주가 650달러에 이르렀다. 15년 만에 30배 이상의 투자수익을 올린 셈이다. 물론 가장 큰 투자수익을 올린 사람은 웨일이다. 그는 커머셜 크레디트를 인수할 당시 자신의 전 재산인 700만 달러를 투자했는데, 이 돈이 10억 달러 이상으로 불어났다.❖

❖ 〈머니투데이〉 박정태 편집위원

그는 합병의 귀재였다. 하지만 최근에는 합병이 좋은 것만은 아니라는 우려가 제기되고 있다. 원래 합병은 업종 간 통합으로 발생하는 시너지 효과와 위험자산을 담보할 덩치 키우기가 주된 테마였다. 그런데 업종 간 칸막이 제거로 오히려 부실과 위험의 전이가 빨라져 더 위험해졌다는 이야기다. 파생상품이 사고를 쳤기 때문이다. 씨티그룹의 탄생은 현 국제 금융위기의 단초를 제공하였다는 비난도 듣는다. 즉 대공황 당시 제정된 '글래스티걸법'에 의해 미국에서는 투자은행과 상업은행, 보험회사 간 합병이 금지되었는데, 씨티그룹이 합병되면서 이 법률의 폐지를 초래하였기 때문이다.

샌디 웨일도 유대인답게 기부에 충실했다. 1998년엔 모교인 코넬 대학에 1억 달러를 기부해 화제가 되었고 2006년에는 자기 생전에 14억 달러를 자선단체에 기부할 뜻을 밝혔다. 그 일환으로 2011년 말에는 뉴욕 센트럴 파크가 한눈에 내려다보이는 190평짜리 맨해튼 최고가 아파트 '15 센트럴 파크 웨스트'의 최상층 펜트하우스를 8800만 달러에 처분해 판매 수익금 전액을 자선단체에 기부하였다. 금번 매각은 맨해튼 소재 주택매매 거래 가운데 가장 비싼 건으

로 전해진다. 또 최근에는 기부할 목적으로 7000만 달러에 달하는 그의 호화 요트를 매물로 내놓았다. 하느님 앞에 가기 전에 세상의 짐을 줄여 기부하겠다는 화해의 표시다.

JP 모건체이스

투자은행 JP 모건은 미국에서 가장 오래된 은행의 하나다. 은행의
정식 명칭은 'JP 모건체이스'다. 2000년 말 JP 모건과 체이스맨해튼
이 합병되었기 때문이다. JP 모건체이스는 2011년 8월 총자산 기준
으로 뱅크오브아메리카를 능가했다. JP 모건체이스는 1838년 조지
피바디가 런던에 상업은행을 개점한 것을 시작으로 현재의 구조는
여러 은행의 인수합병으로 이뤄졌다.

JP 모건과 합병한 체이스맨해튼 은행은 원래 그 모체가 1799년 설
립된 맨해튼 상수도 회사의 부속기관이었다. 로스차일드가의 대리
인 쿤 롭의 후원 하에 상수도 회사 설립을 주도한 애런 버 뉴욕 주 상
원의원의 속셈은 따로 있었다. 주 의회가 '맨해튼 상수도 회사'를 인
가할 때 그는 '주식 발행이나 차용을 통해 조달한 자금을 자본 잉여
금으로 삼을 수 있다'는 조항 하나를 슬쩍 집어넣었다. 은행업 진출
을 위한 위장전술이었다. 그가 꼼수를 쓴 이유는 당시 은행 설립은
정적이자 금융을 장악하던 알렉산더 해밀턴 전 재무장관이 주도하
는 주 의회의 인가사항이었다. 우회 통로를 택한 셈이다. 미국의 1인
당 국민소득이 200달러 남짓하던 시절에 이
회사 자본금 200만 달러는 큰돈이었다. 맨
해튼 상수도 회사의 은행 영업은 막대한 수
익을 올렸다. 1808년 맨해튼 상수도 회사는
상수도 시설을 시에 매각하고 은행 업무로
전업하였다. '맨해튼 은행'은 이렇게 편법으
로 태어났다.

이보다 거의 1세기 뒤늦게 태어난 '체이스

내셔널 은행'은 1930년대부터 1950년대까지 회장을 역임한 윈슬럽 올드리치가 존 록펠러 주니어의 처남이었다. 한마디로 록펠러가의 금융기관이었다. 이 은행이 1955년 맨해튼 은행과 합병해 체이스맨해튼 은행이 되었다.

2000년 9월 체이스맨해튼 은행이 JP 모건을 360억 달러에 인수한 다고 전격 발표하였다. 그러나 인수 주체가 체이스맨해튼임에도 불구하고, 역사가 150년이 넘고 한 시대를 풍미하였던 점을 인정하여 새 이름을 'JP 모건체이스'로 정하였다. 그 뒤 JP 모건체이스는 2004년 1월 은행업계 5위인 뱅크원을 520억 달러에 인수함으로써 업계 1위인 씨티그룹을 맹추격하게 된다. 뱅크원은 당시 신용카드 사업으로 명성을 떨치고 있었다. 이 합병으로 투자은행과 소매금융에 치중해 온 JP 모건체이스가 종합금융그룹으로 거듭나게 된다.

21세기를 전후하여 미국 금융가에는 초대형 합병 바람이 거세게 불었다. 이 바람은 전 세계 은행권을 빅뱅으로 몰아갔다. 스위스 은행인 크레디스위스는 퍼스트보스턴 증권사를 합병하였다. 또 스위스 최대 은행인 유비에스_UBS 은행은 페인웨버 증권사를 인수하여 미국에서 유비에스페인웨버 증권사를 출범시켰다. 2003년 10월에는 뱅크오브아메리카가 7위 플릿보스턴을 인수하여 JP 모건체이스를 2위 자리에서 밀어냈다. 이에 질세라 JP 모건체이스는 이듬해 초 뱅크원 인수로 맞서며 2위 자리를 재탈환하였다. 그사이 두 회사는 몸집이 각각 1조 달러 내외로 불어났다. 자산규모 1위인 씨티그룹과의 차이가 근소하게 좁혀졌다. 그러자 이번에는 위협을 느낀 씨티그룹이 독일 최대 은행인 도이체방크 인수를 시도한 적도 있다.

뱅크원 인수, 다이먼의 복수가 시작되다

2004년 1월 JP 모건체이스와 뱅크원이 합병을 선언하면서 뱅크원의 최고경영자 제임스 다이먼은 4년 만에 다시 월스트리트로 돌아왔다. 그의 본명은 제임스이지만, 주변 사람들로부터 쌓아온 친밀감 때문에 제이미라는 애칭으로 불렸다. 뱅크원 인수에는 비하인드 스토리가 있다. 다이먼의 복수가 시작된 것이다. 샌포드 웨일 씨티그룹 회장과 다이먼은 20여 년 동안 스승과 제자 사이이자 전략적 동반자였다. 아버지와 아들 같은 사이였다. 다이먼이 1982년 하버드 비즈니스 스쿨을 마치고, 아버지 회사의 상사였던 샌디(샌포드)를 찾았다. 그의 진로를 의논하기 위해서다. 웨일은 다이먼의 아버지가 톱 브로커로 일하고 있던 증권회사 시어슨 해밀을 인수한 사람이었다. '아버지 회사 사장님'이었던 셈이다. 샌디는 그 자리에서 다이먼에게 자신을 도와달라고 하였다. 다이먼은 흔쾌히 샌디의 제안을 받아들였다.

20년 인연은 이렇게 시작되었다. 샌디는 다이먼에게 일 '재미'를 약속하고 그를 투자은행보다 낮은 보수에 개인비서로 채용했다. 25세의 다이먼은 골드만삭스, 모건스탠리, 리먼브러더스 등 유명 투자은행으로부터 취직 제의를 받았지만 "재밌게 살자"는 웨일을 따라갔다. 그 뒤 다이먼은 웨일이 그리는 인수합병 청사진을 수행하는 손발이 되었다. 웨일 밑에서 다이먼은 커머셜크레디트, 프라이메리카, 살로먼브러더스, 트레블러스 등의 인수 작업에 참여하였다.

오늘날 씨티그룹을 일군 샌포드 웨일 회장의 인생은 '현대 미국 금융사' 그 자체라고 해도 과언이 아니다. 샌디는 자신의 증권회사 시어슨을 1981년 아멕스에 10억 달러를 받고 매각하여 월스트리트를 놀라게 한다. 다이먼이 샌디의 개인비서로 채용되었을 때 샌디는 아멕스의 증권사업 부문 사장이었다. 1985년 샌디가 제안 거래에 실패해 아멕스를 떠날 때 다이먼도 아멕스를 쫓아 나왔다. 다이먼이 유일한 동반자였다.

다이먼, 샌디로부터 인수합병 노하우를 배우다

샌디는 월스트리트의 대형 금융기관들이 도매금융, 기업금융에 매달릴 때 소매금융으로 눈을 돌렸다. 제임스 다이먼과 함께 커머셜 크레디트를 인수하여 알짜 회사로 키워나가던 샌디는 스미스 바니라는 보석 같은 브로커 하우스를 자회사로 거느린 프라이메리카를 인수한다. 샌디는 이어 채권시장의 강자였던 살로먼브러더스를 합병하였다. 그리고 샌디는 다이먼과 함께 트레블러스는 물론 씨티코프와의 합병을 이끌어냈다. 다이먼은 샌디가 가진 인수합병 기술을 어깨너머로 배우면서 제2의 샌디를 꿈꿨다. 다이먼은 웨일과 16년 동안 한 팀으로 움직이며 많은 성과를 냈다.

1998년 4월 트레블러스 그룹과 씨티코프가 합병되었을 때 다이먼은 샌디의 틀림없는 후계자였다. 월스트리트도 그렇게 믿고 있었다.

∴ 웨일(왼쪽)과 다이먼(오른쪽)

다이먼은 씨티그룹 출범 뒤 계열 증권사인 살로먼스미스바니의 공동 최고경영자를 맡았다. 당시 42세였다. 다이먼이 최고경영자로 전격 발탁되자 그가 씨티그룹 후계자로 낙점되었다는 소문이 파다하였다. 씨티그룹 탄생에서 다이먼의 막후 역할을 무시할 수 없었다.

쫓겨난 다이먼, 재기하다

그러나 씨티그룹이 완성되자 샌디와 다이먼 사이에 균열이 나타났다. 세간에서는 샌디의 친딸이 씨티그룹 소속의 한 자산운용사 승진에서 문제가 된 이후 샌디가 다이먼을 홀대하기 시작하였다는 것이다. 샌디에게는 제시카라는 딸이 있었다. 그녀는 자산운용 부문에서 두각을 나타냈지만 다이먼은 그녀의 승진을 탐탁치 않게 생각했다. 이 일로 제시카는 회사를 떠났다.

샌디는 제시카가 떠난 이후 다이먼의 관리 아래 있던 자산운용 부문을 직접 챙기기 시작하였다. 샌디와 다이먼의 관계를 잘 알고 있는 월스트리트 관계자들은 수군거리기 시작하였다. 인생의 중요한 순간을 함께한 사업상의 아들과 친딸 중에서 친딸을 선택하였다기보다는, 샌디와 다이먼의 결별은 세계 최대의 금융기관 합병 이후 내부 권력다툼의 산물이라고 할 수 있다.

그 뒤 살로먼스미스바니가 투자손실로 고전하자 1998년 11월에 다이먼은 씨티그룹에서 쫓겨났다. 합병한 지 7개월 만이다. 스승이 그를 버린 것이다. 샌디는 가혹했다. 떠나는 그가 씨티그룹의 우수 직원들을 데려갈까 봐 3년 동안 스카우트를 하지 않겠다는 서약서를 요구하기도 했다. 다이먼을 이를 악물었다. 골프조차 치지 않는 그가 복싱을 배우기 시작하였다. 인고의 시간이었다.

그 뒤 수많은 기업이 다이먼에게 최고경영자 자리를 제의해 왔다. 다이먼은 시카고를 기반으로 하는 뱅크원을 택하였다. 다이먼이 뱅크원을 선택하였다는 뉴스에 뱅크원 주가가 20퍼센트나 올랐다. 그만큼 월스트리트는 다이먼의 능력에 주목하였다. 그는 기대를 저버리지 않고 진가를 보여주었다. 2000년 5월 5억 1100만 달러 손실을 내고 적자에 허덕이던 뱅크원의 최고경영자로 부임한 그는 2002년 22억 달러 흑자로 바꿨다. 그리고 4년 동안 7000명을 감원하는 극약처방을 단행하면서 주가를 60% 이상 끌어올렸다. 그 뒤 주특기인 인수합병에 나섰다. JP 모건과 뱅크원의 합병은 다이먼의 작품이었다.

월스트리트의 진화 법칙은 생존이다. 그 방법은 인수합병, 처절한 구조조정, 또 다른 인수합병이다. 그들이 벌인 일련의 합병은 지난 30여 년 동안 미국 금융시장이 어떻게 진화해왔는지를 보여주고 있다. 월스트리트는 다이먼을 '돌아온 탕아'라고 불렀다. 성경의 탕아는 아버지에게 돌아오지만 다이먼은 아버지에게 복수를 꿈꾼다. JP 모건과 뱅크원의 합병 조건을 보면 다이먼의 의도가 분명하다. 47세인 다이먼은 2년 뒤인 2006년도 합병은행의 최고경영자로 내정되어 있었다. 피흡수 은행의 최고경영자가 합병 후 최고경영자가 되는 유례없는 계약을 맺은 것이다. 대신 JP 모건은 뱅크원을 550억 달러, 프리미엄 14퍼센트라는 저렴한 가격에 사들였다.

JP 모건체이스 회장 다이먼의 활약

제임스 다이먼은 합병 당시의 합의대로 2006년에 JP 모건체이스의 최고경영자가 되었다. 연봉만 무려 3000만 달러로 미국 대통령 연봉 40만 달러의 75배다. 미국 재무부와 연방준비제도이사회_{FRB}가 파산 직전의 부실회사 베어스턴스를 2008년 3월 16일 JP 모건에 넘겼다. 다이먼의 JP 모건은 미국 5대 투자은행인 베어스턴스를 주당 10달러, 총 24억 달러라는 헐값에 인수하였다. 이는 당시 시가총액의 반값이었다.

정확히 1년 전인 3월 16일 베어스턴스 주가는 주당 145.48달러였고, 이틀 전 종가만 해도 30달러였다. 그러나 주말 동안 숨 가쁘게 진행된 매각 협상에서 베어스턴스는 파산을 면하기 위해 일부라도 건지는 쪽을 택할 수밖에 없었다. FRB와 미국 정부가 주말 사이에 초고속으로 JP 모건체이스의 베어스턴스 인수를 승인하고 재할인율 인하 등의 조치를 발표한 것은 세계 증시가 개장하기 전에 거래를 마무리해야 한다는 절박함 때문이었다. 베어스턴스가 파산할 경우 미국 금융회사들의 연쇄도산 공포로 먼저 아시아 증시가 폭락하고 유럽을 거쳐 미국 증시까지 그 여파가 미칠 것을 우려한 것이다. JP 모건체이스는 미국 금융위기의 '구원투수'라는 명분을 얻은 것은 물론 FRB의 자금까지 지원받으며 자사의 취약점인 브로커리지와 모기지 사업부문에서 높은 평가를 받는 베어스턴스를 '거저먹는' 횡재를 하게 됐다. 이후 다이먼 회장은 월스트리트의 풍운아로 떠올랐다.

이 협상을 막후에서 나룬 주인공이 바로 다이먼과 당시 뉴욕연방은행 총재였던 가이트너 재무장관이었다. 다이먼은 가이트너가 뉴욕 FRB 총재였을 때 이사로 호흡을 맞춘 바 있었다. JP 모건은 또 리먼브러더스가 파산신청을 한 직후 1380억 달러의 막대한 자금을 리먼 브로커-딜러 부문에 지원하기도 했다. 시장 붕괴를 막기 위해 뉴욕연방은행의 SOS에 따른 것이었다. JP 모건은 군소리 없이 지원했다. 그리고 다음 날 뉴욕연방은행은 이 돈을 갚아 리먼 파산에도 브

가이트너(왼쪽)와 다이먼(오른쪽)

로커-딜러 부문은 살아남을 수 있어 그만큼 월스트리트 충격을 줄일 수 있었다. 그 뒤 리먼브러더스 파산으로 AIG마저 휘청대자 미정부는 즉각 JP 모건에게 AIG 인수를 간청했으나 이번 위기는 그렇게 수습될 수 있는 게 아니라며 미 정부에 즉각 AIG를 국영화할 것을 조언했다. 미 정부는 JP 모건의 조언에 따랐다.

당시 언론은 "다이먼의 리더십 덕분에 모건하우스(JP 모건)의 위세가 다시 부활하는 듯하다"고 할 정도로 다이먼은 JP 모건의 부활을 진두지휘했다. JP 모건은 1900년 이후 70여 년 동안 월스트리트를 주도했으나 80년대 이후에는 골드만삭스에 밀렸다.

그는 구조조정의 귀재답게 1만 3000명에 이르는 베어스턴스 인력을 절반으로 줄이겠다고 선포하였다. 실제 그는 인수한 지 몇 달 안되어 베어스턴스 직원 절반이 넘는 7600명을 해고하였다. 또한 다이먼은 "베어스턴스 인수가 앞으로 금융기관 인수에 걸림돌이 되지 않을 것"이라고 공개적으로 밝혀 공격적인 인수합병에 또 나설 것임을 분명히 하였다. 제임스 다이먼 회장은 그의 스승이었던 샌디 웨일 씨티그룹 전 회장에 이어 '월스트리트의 황제'를 꿈꾸었다. 그의 목표는 JP 모건을 월스트리트 1위 은행으로 올려놓는 것이었다.

마침내 JP 모건체이스는 2009년 들어 뱅크오브아메리카를 제치고 시가총액 1354억 달러로 1위로 부상했다. 이어 신용위기를 틈타 2008년 9월에는 미국 최대 저축은행인 워싱턴뮤추얼도 19억 달러에 인수하였다. 특히 워싱턴뮤추얼 인수로 JP 모건은 23개 주,

5400개 지점을 확보하였다. JP 모건은 2008년 2/4분기에 베어스턴스 부실요인을 안고도 20억 달러의 흑자를 냈다.

영국의 〈더뱅커 The Banker〉지는 해마다 세계 1000대 은행 순위를 매긴다. 2009년 7월, 이 잡지는 세계 1위 은행은 JP 모건체이스라고 발표했다. 2위는 뱅크오브아메리카, 3위는 씨티그룹이었다. 2008년 발표 때 4위에 머물렀던 JP 모건체이스는 금융위기가 닥친 후 휘청이는 베어스턴스와 워싱턴뮤추얼을 인수하며 단숨에 1위를 차지했다. 반면 1998년부터 2005년까지 세계 1위였던 씨티그룹은 2006년 들어 홍콩상하이은행 HSBC에 자리를 내주며 2위로 물러앉았고 금융위기 후 4위로 내려갔다. 베어스턴스가 JP 모건에 전격 인수된 뒤 다이먼의 주가는 천정부지로 치솟았다. 그가 주변의 우려를 무릅쓰고 추진하였던 각종 경영정책들이 번번이 옳았다는 것이 입증되면서 그는 월스트리트 최고의 경영자라는 찬사를 받았다.

다이먼이 베어스턴스와 워싱턴뮤추얼 인수에 만족하지 않고 인수합병에 그토록 관심을 보이는 이유에 대해 월스트리트에서는 해석이 구구하다. JP 모건이 월스트리트의 위기를 구원해 온 역사적 전통도 배경이 있지만, 다이먼이 세계 최대 금융그룹 씨티그룹에서 겪은 수모와 좌절과 무관하지 않다는 분석이다. 재미있는 점은 웨일이 다이먼을 내치고 후계자로 삼은 찰스 프린스 전 씨티그룹 최고경영자는 씨티의 합병 역사를 '슬픈 이야기'로 만든 주역인 반면, 다이먼은 웨일에게 받은 인수합병 수업을 착실히 실천해, JP모건체이스를 다시 월스트리트 최고은행으로 부활시키는 주역이 되었다. 현재의 JP 모건체이스는 체이스맨해튼 은행, JP 모건, 뱅크원, 베어스턴스, 워싱턴뮤추얼 등 기존 미국의 여러 은행 간의 합병을 통해 덩치와 내실을 키웠다. 다이먼은 월스트리트의 기대를 저버리지 않고 드디어 월스트리트의 정상에 선 것이다.

최후의 승자, 다이먼

미국 경제위기 이후 현 월스트리트에서 가장 주목받고 있는 인물이 제임스 다이먼이다. 파산하는 금융기관을 잇달아 인수하여 월스트리트의 슈퍼스타로 등극한 그는 금융개혁을 주창하고 나선 오바마 대통령과도 긴밀하게 만나 금융정책을 논의할 수 있는 금융계의 실세 가운데 실세이기 때문이다. 현 재무장관 가이트너의 퇴출위기 때 가장 적합한 후임으로 거론되기도 했다. JP 모건은 금융붕괴 사태 이후 골드만삭스마저 부도 위험에 노출되었을 때, 미국 투자은행 가운데 유일하게 위기설이 없었던 은행이다. 다이먼은 '동물적인 인수합병 후각'을 가진 인물이라는 평을 듣는다. 원래 금융혁신은 양면의 날을 지닌 검과 같아서 지혜로운 자에게는 번영을, 어리석은 자에게는 멸망을 초래할 수 있다.

다이먼의 경영철학은 '견고한 대차대조표'로 요약된다. 이는 '단

♣ 제임스 다이먼

기적 실적에 연연하지 않고, 주주와 고객의 장기적 부를 증가시킨다'는 정도경영의 원칙으로 이어진다. 그는 '매혹적이지만 치명적일 수 있는 리스크'를 회피하고 전략적 기회를 포착하는 혜안을 지니고 있는 '최후의 승자'인 셈이다. 그가 이끄는 JP 모건체이스는 월스트리트 역사상 가장 어렵고 혼란스러운 시기에 살

아남아 번창하고 있다.

'골드만화'와 '모건화'

그 무렵 월스트리트에서 신조어 두 개가 유행하였다. 바로 골드만화Goldmanization와 모건화Morganization다. '골드만화'는 월스트리트에 골드만삭스의 영향력이 커진다는 의미이고, '모건화'는 월스트리트를 좌지우지해온 모건하우스가 부실 금융기관을 인수해 강력한 구조조정으로 재건한다는 뜻이다. 전자는 주로 미국 금융시장이 골드만삭스의 손아귀에 놀아난다는 비판적 시각을 드러낸 표현인 반면, 후자는 JP 모건이 혼란에 빠진 월스트리트를 구원한다는 긍정적 뉘앙스를 담고 있다.

비록 이번 신용위기로 망가지기는 하였지만 세계 금융시장을 쥐락펴락하는 미국 투자은행의 역사는 인수합병으로 점철된 역사다. 끊임없는 인수합병을 통해 미국 투자은행들은 덩치를 키워왔고, 대형화된 자본력과 인력으로 시장을 지배해왔다. 투자은행들은 각종 파생상품을 취급하는데, 그 위험을 분산하고 커버하려면 기본 체력은 갖추고 있어야 했다. 대형 은행들의 끊임없는 짝짓기가 계속되면서 월스트리트에는 '거대한 것이 아름답다Big is beautiful'는 유행어가 번졌다. 국경을 넘어선 인수합병도 많아 '글로벌한 것은 우아하다Global is glamorous'는 말도 생겼다. 세계 금융산업의 추세를 요약한 말이다. 2008년부터 진행된 신용위기 뒤에도 이러한 추세가 계속 유효할 것인지는 살펴보아야 할 대목이다.

골드만삭스의 로이드 블랭크페인

골드만삭스

골드만삭스는 월스트리트의 대표적인 투자은행이다. 유대계 자본의 상징이기도 하다. 골드만과 삭스라는 독일계 유대인들이 세웠을 뿐 아니라 시드니 와인버거, 거스 레비, 로버트 루빈 전 미 재무장관, 로이드 블랭크페인 현 최고경영자 등 전·현직 리더들이 모두 유대인들이다. 골드만삭스는 증권지주회사로 자기자본이익률$_{ROE}$이 40%에 이르는 세계 투자은행 시장의 절대강자다. 동시에 전 세계 금융인이 가장 선망하는 직장이기도 하다. 고객의 입장을 먼저 생각하는 마인드와, 나보다 우리를 내세우는 기업문화, 헌신적이면서도 창의적인 세계 최고의 인재들, 그리고 이들을 하나로 묶어 이끄는 우수한 경영진, 이것이 바로 대부분 국가의 금융회사들의 벤치마킹 대상이 된 골드만삭스의 성공 비결이다.

.∴ 골드만삭스 본사. 회사 상호명 없이 번지수만 표시되어 있다.

골드만삭스가 창립자 마르크스 골드만은 원래 펜실베이니아에서 의류점으로 사업을 하다가 금융업으로 영역을 넓혔다. 기독교인들이 저속하다며 발을 담그지 않는 증권시장에서 기업어음 할인과 중개 업무를 시작하였다. 그는 사업 초기에 챙이 큰 실크 모자를 쓰고 기업어음을 사기 위해 뉴욕 시내의 기업체를 일일이 찾아다녔다. 기업들로부터 산 약속어음을 모자 속에 숨겼다. 강도를 피하기 위한 방법이었다. 그는 이 어음들을 뉴욕의 상업은행에 팔아넘겼다. 장사가 잘되자 1882년에 사위를 파트너로 끌어들여 골드만삭스를 창건하였다. 마르크스 골드만과 사위 샘 삭스가 맨해튼에 세운 어음할인 가게의 이름을 장인과 사위의 성을 각각 따 '골드만삭스'라 지었다. 그 뒤 사업이 번창하자 아들과 다른 사위도 불러들여 가족 중심의 사업체를 이루었다. 이러한 가족 중심적인 경영은 향후 전통적으로 형성되는 골드만삭스의 가족적인 분위기에 결정적인 영향을 미친다. 상업어음 장사로 시작한 골드만삭스는 1970년대 월스트리트 최초로 기업 인수합병과 부동산 전문부서를 설치하였다.

유대인의 전형적인 가족경영 방식으로 다져진 회사답게 팀워크를 강조하며 세계 금융계의 거장 반열에 오른 기업이다. 골드만삭스는 뒤에 재무장관에 오른 로버트 루빈이 경영을 맡고부터 세계적인 투자은행으로 성장하였다. 특히 인수합병, 채권추심 업무 등에서 세계 선두가 되었다. 기업공개는 월스트리트 증권사 가운데에서 가장 늦은, 창사 130년 만인 1999년에야 이루어졌다.

전통직으로 기업의 인수합병을 관할하는 투자은행 및 증권 업무 중심이었던 골드만삭스는 지속적인 사업 개발에 박차를 가하며 트레이딩 및 직접투자 분야를 크게 확대해나갔다. 특히 채권Fixed Income, 통화Currency, 상품Commodities을 뜻하는 FICC 시장에 골드만삭스는 집중적으로 투자하였다.

로이드 블랭크페인의 탁월한 리스크 관리 능력

2012년 현재 골드만삭스의 수장은 로이드 블랭크페인이다. 전임 최고경영자인 헨리 폴슨이 부시 정부 시절 재무장관으로 임명되면서 후임으로 들어왔다. 그는 1954년 뉴욕 브롱스의 가난한 유대인 가정에서 태어났다. 가진 것이라곤 뛰어난 머리밖에 없었던 그는 장학금을 받고 하버드대학에 들어갔다. 연준 의장 벤 버냉키와 입학 동기이자 같은 기숙사 친구이기도 하다. 그는 하버드대학과 하버드 로스쿨을 졸업한 뒤 로펌에서 첫 직장을 잡고 그 뒤 골드만삭스와 모건스탠리에 지원하였지만 모두 낙방하였다. 화려한 학력과 유대인 혈통으로도 골드만삭스의 입사시험을 뚫지 못한 것이다. 대신 그는 금과 원유 등을 트레이딩하는 제이아론ⱼ Aron에 들어갔다. 1981년 골드만삭스가 상품 트레이딩을 강화하기 위해 제이아론을 인수하는 바람에 '뒷문'으로 골드만삭스 직원이 되었다.

골드만삭스는 미국 경영대학원ₘ₂ₐ 졸업생들이 가장 들어가고 싶어 하는 직장이다. 그러다 보니 입사 과정은 하늘의 별 따기다. 일단 지원서를 내면 줄잡아 20~30명과 인터뷰를 해야 한다. 경력사원의 경우에도 자기의 전공 분야 상급자, 그 위 상급자들을 차례로 만나야 하며, 일할 지역의 책임자들과도 인터뷰해야 한다. 이것은 골드만삭스의 우수인력 채용과 체계적인 인재양성 프로그램 때문인데, 수십 번의 면접뿐만 아니라 상황적응 능력, 팀워크 능력, 순발력, 창의력 등도 평가한

∴ 로이드 블랭크페인

다. 또한 면접을 진행한 상급자 가운데 단 한 명이라도 부정적인 의견을 제출하면 그 응시자에 대해서는 여러 번에 걸쳐 재고를 한다. 즉 골드만삭스는 철저하게 능력 중심의 인재 채용을 실시하여 최고로 우수한 사람만을 받아들인다.

원래 로이드 블랭크페인은 골드만삭스 안에서 최고경영자가 될 혈통은 아니었다. 헨리 폴슨의 대를 이를 인물로는 존 테인 전 메릴린치 회장과 존 손턴 중국 칭화대학 교수 등이 꼽혔다. 두 사람은 1999년 사내 쿠데타로 당시 대표인 존 코자인(뉴저지 주지사)을 몰아내고 폴슨을 옹립한 공신이기도 하였다. 블랭크페인은 입지가 단단한 테인이나 손턴과 직접 경쟁하기보다는 폴슨에 충성을 다하였다. 그런데 2003년 테인과 손턴이 차례로 골드만삭스를 떠났다. 테인은 뉴욕증권거래소 회장이 되어 나갔고, 손턴은 칭화대학 교수가 되어 나갔다. 기대하지 않은 행운이었다. 이후 2006년 부시 행정부의 재무장관이 된 폴슨이 현실 인식 능력이 뛰어나고 충성스럽기까지 한 블랭크페인을 후계자로 지명하였다. 게다가 그가 이끈 상품거래 부문이 골드만삭스의 매출에 상당한 기여를 하면서 능력을 인정받은 것이다.

골드만삭스는 서브프라임 사태 때에도 제대로 된 판단으로 투자 헤지와 석유, 원유, 선물 투자에서 견고한 수익을 달성하였다. 물론 2008년에는 1999년 이후 최초로 적자를 봤지만 파산한 다른 투자은행들과는 질적으로 달랐다. 이번 신용위기의 리스크 관리에 얽힌 유명한 일화가 있다. 메릴린치 리스크 관리 임원은 2007년 8월 오닐 회장에게 주택담보대출 관련 파생상품에 30억 달러나 투입하는 것은 위험하다고 경고하였다. 오닐 회장은 이 경고를 묵살하였다. 그 무럼 메릴린치는 주택담보대출 관련 지수 상품에 공격적으로 투자해 엄청난 수익을 거두고 있었다. 리스크 관리 임원은 3개월 뒤 회사를 떠났다. 그로부터 1년이 지나서 메릴린치는 파생상품 탓에 유동성 위기에 빠지고 결국 뱅크오브아메리카에 합병되었다.

당시 메릴린치는 리스크 평가를 컴퓨터 프로그램에 크게 의존하였다. 인간의 자의적 판단을 배제하고 객관적 지표만으로 리스크를 수치화함으로써 신뢰성이 높은 프로그램으로 평가받았다. 하지만 이 프로그램은 당시 주택담보대출 관련 파생상품이 안고 있는 리스크를 낮게 평가하였다. 지난 몇 년 동안 축적된 시장 정보에 기초해 리스크를 판단하다 보니 집값이 떨어질 것이라는 변수는 고려할 수 없었다.

이와 달리 골드만삭스에서는 최고경영자 블랭크페인이 컴퓨터 프로그램이나 산식에만 의존하지 않고 리스크를 직접 관리하였다. 리스크가 지나치게 커졌다고 판단해 회사 투자전략을 바꾸는 것은 최고경영자의 몫이었다. 또한 골드만삭스는 리스크 관리직과 매매 중개역을 수시로 보직 순환하였다. 자기 영역에만 몰두하다 보면 시장이 보내오는 위험신호를 알아채지 못할 수 있기 때문이다. 골드만삭스가 경쟁업체보다 담보대출 관련 파생상품 투자에서 빨리 빠져나올 수 있던 것도 이 덕분이다. 메릴린치는 합병되었지만 그 덕에 골드만삭스는 투자은행 업계에서 보기 드물게 독자 생존할 수 있었다. 그 뒤 골드만삭스는 투자은행들 가운데 신용위기를 가장 잘 견뎌냈고 덕분에 엄청난 수익을 일궈냈다. 그의 능력이 위기에서 빛났다. 그는 정치적인 운신도 뛰어났다. 가이트너 재무장관의 통화내역 공개에서도 2009년 7개월 동안 가이트너 장관이 오바마 대통령보다도 골드만삭스 최고경영자 로이드 블랭크페인과 더 많은 통화를 주고받았음이 확인되었다.

지도자 공급 사관학교, 골드만삭스

골드만삭스는 인재집단이다. 산업계의 제너럴일렉트릭GE이나 컨설팅 업계의 매킨지처럼 금융계에서 다른 기업이나 정부에 최고 지도자를 공급하는 사관학교 역할을 하고 있다. 특히 워싱턴 커넥션으로 유명하다. 최근 들어 부적 관계가 더욱 친밀해졌다. 골드만삭스가 워싱턴 정가 거물을 배출하는 산실로 유명해졌다. 골드만삭스 회장이었던 로버트 루빈은 클린턴에 의해 1995년 재무장관에 발탁되어 1999년까지 최장수 재무장관으로 미국 역사상 최장기 호황을 이끌어냈다. 그는 1966년 골드만삭스에 입사해 최고경영자까지 지낸 골수 골드만삭스맨으로, 1993년 백악관 국가경제회의NEC 보좌관으로 클린턴 정부에 참여하였다.

부시 대통령도 2002년 백악관 경제수석으로 스티븐 프리드먼 전 골드만삭스 공동회장을 기용하고, 2006년에는 헨리 폴슨 골드만삭스 회장을 재무장관에 임명하였다. 앞서 60년대의 헨리 파울러까지 포함하면 재무장관만 3명을 배출했다. 부시 시절 골드만삭스 출신 고위 공직자 면모는 화려하다. 조슈아 볼튼 백악관 비서실장, 국무부 부장관을 거쳐 세계은행 총재로 일하고 있는 로버트 죌릭, 루벤 제프리 3세 상품선물거래위원회 회장, 로버트 스틸 재무부 국내 재정담당 차관 등이 있다.

골드만삭스가 '거번먼트삭스'로 군림했다. 금융위기가 진행되는 과정에서 골드만삭스 출신 인사들이 급부상하면서 월스트리트 안

이름
• 현 직위
• 골드만삭스 경력

헨리 폴슨
• 재무장관
• 회장

조슈아 볼턴
• 대통령 비서실장
• 임원

스티븐 프리드먼
• 뉴욕연방준비은행 의장
• 회장

닐 캐시카리
• 재무부 국제담당 차관보
• 샌프란시스코지사 부사장

에드워드 리디
• AIG 최고경영자
• 이사

밖에서 나온 말이다. 골드만삭스 회장 출신인 헨리 폴슨 미 재무장관을 필두로 '골드만삭스 군단'이 백악관, 재무부, 연방준비제도이사회FRB 등에서 핵심 요직을 차지해 미국 경제정책과 금융정책을 좌지우지하고 있는 점을 꼬집은 말이다. '거번먼트삭스'의 특징을 단적으로 보여준 것은 폴슨 장관이 골드만삭스 출신인 닐 캐시카리 재무부 국제담당 차관보에게 7000억 달러의 공적자금 운용을 맡긴 것이었다. 캐시카리 차관보는 골드만삭스에서 근무하다 2006년 7월 폴슨

장관에 의해 재무차관보로 기용된 인물이다. 당시 그의 나이 35세에 불과했다. 재무부는 유동성 위기에 처한 AIG에 850억 달러의 구제 금융을 제공하면서 신임 최고경영자로 골드만삭스 이사 출신인 에드 워드 리디를 임명하기도 했다.

민주당 소속이지만 존 코진 뉴저지 주지사도 골드만삭스 최고경영자 출신이다. 서브프라임 사태로 위기에 빠진 메릴린치를 구할 신임 최고경영자로 선임된 존 테인 뉴욕증권거래소NYSE 유로넥스트 최고 경영자도 골드만삭스 사장 출신이다. 또 존 테인 후임으로 뉴욕증권 거래소 최고경영자로 임명된 던컨 니더라우어도 골드만삭스 출신이다. 이런 식이라면 위기에 빠진 금융회사 최고경영자 자리는 모두 골드만삭스 출신이 차지할 것이라는 전망도 나오고 있다.

게다가 미국뿐 아니라 다른 나라에서도 골드만삭스의 인맥이 광범위하게 형성되고 있다. 이탈리아 중앙은행 총재를 거쳐 유럽중앙은행ECB 총재가 된 마리오 드라기와 캐나다 중앙은행 총재에 이어 영란은행 총재를 맡은 마크 카니를 비롯해 세계 각지의 금융계 전반에도 골드만삭스 출신들이 포진해 있다. 13년 동안 골드만삭스에 몸담아 오다 중화권 담당 회장에서 물러난 후쭈류는 중국 인민은행 부행장으로 자리를 옮겼다. 세계 시가총액 1위 은행인 중국 공상은행 부행장 장훙리 역시 골드만삭스 출신이다.

❖ 마리오 드라기 유럽중앙은행 총재

강한 결속력을 가진 특유의 엘리트 문화

사실 골드만삭스가 미국 행정부의 인재 파이프라인으로 자리 잡은 데는 오랜 역사가 있다. 1930년대 골드만삭스의 토대를 쌓은 시드니 와인버그 회장은 2차 대전 때 프랭클린 루스벨트 대통령과 해리 트루먼 대통령에게 정책 조언을 가장 많이 하였던 인물 가운데 하나다. 1990년대 초에는 존 화이트헤드 전 회장이 조지 부시 전 대통령 아래서 국무부 부장관을 지냈다. 골드만삭스 출신이 공화·민주를 가리지 않고 행정부에 잘 팔리는 이유는 다소 독특하다. 파트너십을 바탕으로 개인주의보다는 실용적 팀플레이를 중시하기 때문에 타협이 필요한 행정부에 쉽게 적응한다는 분석이다.

골드만삭스가 이렇게 자리매김한 것은 강한 결속력을 가진 특유의 엘리트 문화 때문이다. 1999년에 상장기업으로 전환하였음에도 '파트너십' 구조를 유지하면서 구성원끼리 긴밀한 결속력을 유지하고 있는 것이 유능한 인재를 배출하는 원동력이라는 것이다. 골드만삭스는 다른 금융기관과 달리 입사 과정에서부터 10여 단계의 면접을 거쳐 될성부른 사람만 뽑을 뿐 아니라, 파트너가 되기 위해 9년에서 길게는 12년 동안에 걸쳐 이른바 '360도 다면평가'를 받으며 최고 학벌의 인재들 속에서 치열한 경쟁을 거치도록 하는 전통을 고수하고 있다.

엘리트주의의 정점은 파트너십 문화다. 전 세계 3만 2000여 명의 직원 가운데 300여 명만 파트너가 된다. 파트너라는 '별'을 달면 주인 대접을 받는다. 골드만삭스는 파트너들이 상대적으로 젊은 나이에 회사를 떠나도록 하는 전통이 있다. 이렇게 평생 먹고살 만큼 돈을 벌고 자신감이 충만한 젊은 인재들이 다른 회사로 옮기면 정상의 위치에 오르게 된다는 것이다. 이들을 예일대학의 비밀 엘리트 조직인 '해골단'처럼 비밀스런 동료애로 뭉친 집단으로 이윤과 권력을 추구하는 사람들로 보는 비판적인 시각도 존재한다. 하지만 골드만삭스가 이익을 창출해 내는 명석한 인재들의 집단이라는 점에는 이견이 없다.

골드만삭스에서는 '나'보다 '우리'가 우선이다. 이는 유대인의 정신과 일맥상통한다. '인화단결', '공동책임', '무한성실' 등 한국에서도 폐기 단계에 놓인 단어들이 여전히 회사 안에 살아 있다. 이런 풍토에서 훈련받다 보니 유대 의식이 강하다. 이는 회사를 떠나도 밀어주고 끌어주는 요인으로 작용한다. 월스트리트 금융가에는 제2, 제3의 루빈, 폴슨 등을 꿈꾸는 유대인들이 즐비하다. 대부분 유명 금융사의 직원 30% 안팎이 유대인이다. 유대인들은 아무리 세상이 바뀌어도 돈을 많이 버는 데는 돈장사가 최고라는 것을 잘 알고 있기 때문이다.

세계 금융을 주무르는 유대인 실세들

세계 금융계의 실세들은 골드만삭스 출신의 유대인뿐만이 아니다. 그린버그 AIG 회장은 물론이고, 퀀텀펀드의 조지 소로스, 르네상스 테크놀로지스의 제임스 사이먼스, 기업사냥꾼 칼 아이칸 등이 모두 유대인들이다. 전임 세계은행 총재인 폴 울포위츠, 로버트 졸릭도 유대인이다. 폴 울포위츠는 국방부 차관으로 있다가 세계은행 총재를 역임하였다. 그리고 2007년 7월부터 세계은행 총재직을 맡았던 로버트 졸릭은 2001년부터 2005년까지 미국 무역대표부 대표, 2005년부터 2006년까지 국무차관을 지낸 인물이다. 졸릭은 2006년 6월 사임하고 골드만삭스에 대표이사와 국제자문 그룹의 회장직에 있다가 세계은행 총재 자리에 올랐다.

이처럼 유대인들의 인사 배경을 보면 주로 유대계 투자은행 수장 출신이 행정부의 요직을 맡고 그 뒤 세계은행 총재 등 중요한 자리를 돌아가면서 수행하는 끈끈한 유대 관계를 볼 수 있다. 유대가 강하다고 해서 유대인인가 보다. 2007년 11월 국제통화기금 총재로 선출된 도미니크 스트로스 칸 전 프랑스 재무장관 역시 유대인이다. 역대 연준 총재와 이사들도 유대계가 대부분이다. 미국은 국립 중앙은행이 없다. 단지 민간 소유의 연방은행이 있을 뿐이다. 연방은행은 실질적으로 유대인과 유대 자본에 의해 주도되고 있다.

02

헤지펀드의 역사

헤지펀드의 역사

헤지펀드 창시자 알프레드 윈슬로 존스, 추세와 상관없이 돈 버는 방법을 모색하다

헤지펀드Hedge Fund라는 말은 "Risk Hedged Fund"에서 유래했다. 곧 위험이 회피된 펀드라는 뜻이다. 사실 헤지펀드를 처음 만든 알프레드 존스는 헤지펀드Hedge Fund란 용어를 쓰지 않았다. 존스는 '헤지드 펀드Hedged Fund'란 말을 썼다.

∴ 알프레드 존스

헤지펀드와 뮤추얼펀드의 가장 큰 차이점은 이름에서도 알 수 있듯이 헤지를 할 수 있느냐 여부이다. 헤지펀드는 공매도를 할 수 있지만 미국 뮤추얼펀드는 주식을 사고팔기만 한다. 또한 이들은 증권거래위원회 규정에 따라 자금을 차입할 수 없으므로 신용매수를 하지 못한다. 하지만 헤지펀드는 신용매수를 할 수 있다.

세계 최초의 헤지펀드 A.W. Jones & Co.는 1949년 미국 컬럼비아대학 사회학과 교수인 알프레드 윈슬로 존스가 네 명의 매니저와 함께 만들었다. 특이한 점은 그가 경제학이나 재무학 교수가 아니라 사회학과 교수였다는 점이다. 이 점만 봐도 혁신은 종종 다른 분야에서 이뤄진다는 것을 알 수 있다.

그는 하버드대학 영문과를 졸업했지만 사회학자였다. 독일 베를린 막시스트 노동자 스쿨에서 공부한 그는 그 뒤 한동안 막시스트였다. 그리고 선원 생활, 외교관 생활, 공산주의 비밀결사대 조직원 여성과의 비밀결혼 등 파란만장한 젊은 시절을 보낸 후 36세에 귀국하여 컬럼비아대학 사회학 박사과정에 입학해 박사 학위를 땄다.

그는 골드만삭스나 모건스탠리처럼 근사한 투자은행에 다닌 적이 없다. 투자에 관해 경험한 것이라곤 1948년 초부터 월간 경제지 〈포춘〉지에 주식시장 관련 칼럼을 시리즈물로 기고한 것이 전부였다. 이를 계기로 그는 과연 주식시장에 '추세'라는 것이 존재하는지에 대해 깊이 있게 연구할 기회를 얻었다. 1년간에 걸친 연구 결과, 그는 주식시장에서의 추세란 너무나 희미하여 실제로는 존재하지 않는 것과 마찬가지라는 나름의 성찰을 얻었다.

그가 보기에 주식시장에서 추세를 이용해 돈을 번다는 것은 실은 도박과 다름없었다. 그는 추세를 이용치 않고, 아니 추세와 상관없이 돈을 벌 수 있는 방법을 모색했다. 시장 급변동에도 안정적으로 수익을 내는 방법을 찾는 데 골몰했다. 이것이 그가 헤지펀드, 곧 'Risk Hedged Fund'라는 개념을 최초로 도출하는 계기였다. 마침내 그는 방법을 찾아냈고, 곧 위험이 헤지될 수 있는 한 가지 상품을 고안해냈다.

이른바 롱숏 전략이었다. '롱숏 전략long-short strategy'은 말 그대로 주가가 오를 것으로 보이는 주식을 사고(롱) 내릴 것으로 보이는 주식은 공매도를 통해 파는(숏) 전략이다.

언론인이자 사회학자로서의 알프레드 존스의 명성은 높아갔다. 하지만 그렇다고 해서 이것이 그에게 경제적 부를 창출시켜 준 것은 아니었다. 부정기적인 언론 기고와 대학의 시간강사 생활만으로는 뉴욕 인근의 비싼 생활비를 감당해낼 수 없었다. 여기에 더해 잡지를 하나 창간해보려고 시도했던 펀딩 유치가 실패했다.

그는 자기가 고안한 롱숏 전략을 시장에서 실험해보고 싶었다. 1949년, 친지들의 자금 6만 달러와 자기 돈 4만 달러를 더해 10만 달러로 사설 펀드를 만들었다. 이것이 바로 세계 최초 헤지펀드의 시작이었다. 자본주의의 상징처럼 여겨지는 헤지펀드가 대단한 수학자나 물리학자의 첨단 기법이 만들어낸 게 아니라 막스를 연구하는 사회학자 손에서 시작됐다는 것이 아이러니하다.

최초의 롱숏 전략

처음엔 형태가 단순했다. 저평가된 종목을 산 후 그와 비슷한 동종업종의 다른 주식을 공매도해 위험을 헤지하는 것이다. 이를테면 삼성전자를 사면 같은 전기전자 업종인 LG전자를 공매도해 시장 위험을 제거한다. 이 전략은 시장이 좋건 나쁘건 상관없이 수익을 올릴 수 있다는 점에서 이후 큰 각광을 받았다.

게다가 이 상품은 수수료가 저렴한 대신 수익이 나면 투자자로부터 그 수익의 20%를 받았다. 이익을 나눠 가지는 이 같은 형태는 일종의 파트너십과 같았다. 존스 이전의 모든 뮤추얼 펀드들은 운용자산에 2%가량의 운용보수를 물렸다. 그런데 존스는 이것이 잘못되었다고 보았다. 고객들의 돈을 맡아서 그냥 신탁해주는 것과 다름없는 이것은 의미가 없다고 본 것이다. 그래서 그는 고대 페니키아 상인들이 항해에서 얻은 수익의 5분의 1을 자기의 성과보수로 요구했었다는 역사적 유래를 찾아내어 운용보수는 뮤추얼펀드들보다 저렴한 1%만 물리는 대신, 시현된 성과에 대해 20%를 성과보수로 요구했다.

존스는 투자자들을 설득했다. "저는 똑똑한 사람입니다. 저는 이 펀드를 만들어서 돈을 벌 겁니다. 제가 좋은 성과를 올리면, 여러분은 저에게 많은 돈을 주어야 합니다. 저에게 투자를 맡기려면 대가를 지불해야 한다는 뜻입니다."

한 가지 문제는 이러한 펀드의 운용이 당시 미국에서 불법이었다는 점이다. 존스는 이와 관련한 면죄부를 받기 위해 몇 가지 조건을 걸었다. 첫째 돈이 아주 많은 부자들만 상대할 것, 둘째 투자자가 자신이 투자하는 것에 대해 충분히 알고 있는 사람들일 것, 셋째 일절 광고를 하지 않을 것, 마지막으로 투자 참여자를 99명으로 제한하는 것이었다. 법률 조항에 의하면 99명 이하일 때는 공모펀드로 분류되지 않았다.

존스의 투자방법론은 '130/30'으로 알려져 있다. 130% 롱 포지션과 30% 숏 포지션이 그것이다. 여기에 레버리지를 활용했다. 예컨대 펀드 돈 10억에 대출 10억을 조달해 판을 키웠다.

존스는 엄청난 성공을 거두고 많은 돈을 벌었다. 그러나 그의 이런 성공은 사람들에게 알려지지 않았다. 이런 형태의 펀드가 헤지펀드라는 이름으로 세상에 알려진 것은 1966년 〈포춘〉지에 이에 관한 기사가 실리면서부터였다.

존스가 당시 가장 높은 수익을 올린 주식 자산펀드보다 44%나 높은 수익률을 올렸다. 실적의 20%나 되는 수수료를 부과했음에도 헤지펀드에 대한 관심이 본격적으로 확산됐다.

그 뒤에 롱숏 전략은 동종업종 내 거래에서 벗어나 아예 산업군 롱숏 전략으로 다변화했다. 예를 들면 철강업종이 강해질 것으로 보이면 철강업종을 사고 조선업종이 떨어질 것으로 보이면 이를 공매도하는 것이다. 롱숏 전략은 현재 한국의 신생 헤지펀드들이 주로 쓰는 전략이다.

공매도의 순기능

도대체 알프레드 존스 이전의 수많은 주식 대가들이 왜 이런 방법론을 생각하지 못했을까? 이 답은 의외로 간단하다. 그 시대에는 공매도라는 것이 상당히 기피되고 금기시되는 방법론이었기 때문이다. 기실 공매도는 오래전부터 나쁜 것이라는 인식이 있어왔다. 특히 정치인들은 시장이 악화되면 이를 공매도의 탓으로 돌렸다. 심지어 나폴레옹은 공매도자들을 반역죄로 몰아 감옥에 처넣기도 했다. 게다가 1929년 대공황 시절에 공매도가 떨친 악명 때문에 뭔가 사악하고 나쁜 것이란 인식이 당시 미국인들 뇌리에 자리 잡아 이런 정서가 월스트리트를 지배하고 있었다.

그러나 존스의 생각은 달랐다. 성공하는 공매도자는 사회적으로도 유익한 역발상가 역할을 수행할 수 있다고 보았다. 역발상가는 타당해 보이는 수준을 넘어 과도하게 오른 종목을 공매도함으로써 버

블을 터뜨린다. 그 뒤 충분히 하락한 뒤에 이를 재매수함으로써 공매
도자는 거품 낀 주식의 연착륙을 가능하게 해준다.

공매도는 필요하다. 유동성을 높여주고 안전성을 되새겨 보기 때
문이다. 매도자가 없으면 주가는 치솟는다. 예를 들어 사람들이 모
두 닷컴 열풍에 휩쓸려 ○○사 주식을 사려고만 한다고 가정하자. 주
가가 30달러에서 90달러로 상승한다. 이때 공매도자들이 시장에
들어오면 매도 물량이 생겨 가격이 주춤한다. 110달러로 치솟을 게
100달러까지만 오른다. 그때 흥분에 들떠 있던 투자자들은 공매도
물량에 자기의 투자를 돌아보며, 버블 여부를 조사하고, 자세를 가
다듬게 된다. 이렇게 공매도자들은 거친 투기를 가속시키기보다 시
장의 등락을 완화하는 역할도 한다.

그리고 공매도자들은 판 주식을 꼭 되사야 한다. 그 때문에 설사
그 주식에 버블이 끼여 모든 사람이 팔기를 원해 폭락하더라도 이들
은 주식을 사서 빌렸던 곳에 돌려주어야 한다. 따라서 주가가 폭락하
더라도 낙폭이 공매도자들 때문에 감소한다. 이렇듯 공매도는 급격
한 폭등도 줄이지만 급격한 낙폭도 줄이는 효과가 있다.

20년 동안 누적 수익률, 무려 5000%

1949년에 시작한 알프레드 존스의 펀드는 기념비적인 수익률
을 기록하게 된다. 1968년까지 20년 동안의 누적 수익률은 무려
5000%에 달했다. 1949년도에 그에게 1만 달러를 투자했던 친지는
1968년에 50만 달러를 가져갔다. 특히 1961년부터 1965년까지 5년
간의 수익률은 무려 325%였다.

이런 수익률은 분야는 좀 다르지만 후세의 대가들인 벅셔 헤서웨

이의 워런 버핏이나 블랙스톤 그룹의 스티븐 스와즈맨도 달성해본 적이 없는 경이적인 수준이었다. 사실 1950년대와 1960년대를 통틀어서 헤지펀드의 개념과 알프레드 존스의 투자방법론을 이해하고 있었던 경쟁자는 거의 없었다고 해도 과언이 아니다. 알프레드 존스의 모든 기념비적인 수치는 결국 그의 후발 경쟁자들이 그의 기법을 따라 하기 시작한 1960년대 후반이 넘어서야 꺾이기 시작했다.

1980년대 초 은퇴할 때까지 34년간 활약하면서 존스가 손실을 기록한 해는 단지 3년으로, 이 기간 동안 S&P 500지수는 9년간의 마이너스 수익을 기록했다. 더욱 놀라운 것은 존스의 펀드가 1960년대 초 호황기에 시장보다 더욱 뛰어난 실적을 기록했으며, 1973~1974년에 나타난 급격한 침체기에도 방어가 가능했다는 점이다.

1960년대 초와 중반 사이 존스의 펀드가 뮤추얼펀드를 월등히 능가하는 실적을 보이자 헤지펀드에 대한 관심이 촉발됐다. 그 뒤 헤지펀드라는 이름이 알려지고, 롱숏 전략으로 많은 돈을 벌 수 있다고 생각한 사람들이 존스와 비슷한 시도를 하면서부터 헤지펀드 산업 규모는 점점 커지기 시작했다. 1968년이 되자 약 40개의 경쟁사가 생겨났고, 1969년 한 해에만 약 250개의 경쟁사가 생겨서, 모두다 존스의 방법론을 모방하게 되었다.[*]

블록매매 창시자, 마이클 스타인하트

알프레드 존스 이후에 3인방이 등장하여 헤지펀드 업계를 만개시킨다. 마이클 스타인하트, 조지 소로스, 줄리언 로버트슨이 그들이었

---

[*] 김지욱 삼성증권 이사. [김지욱의 헤지펀드 대가 열전] 등

∴ 마이클 스타인하트

다. 모두 유대인이다. 그중 가장 먼저 등장한 인물이 바로 역발상 투자의 효시이자 블록매매, 즉 시간외 대량 주식매매의 기법을 처음 개발한 마이클 스타인하트였다.

그가 기회를 포착하는 데 성공한 두 가지 요소는 예리한 '기본적 분석 능력'과 '타이밍'이었다. 그는 또한 절대적 공식이나 고정된 패턴 따위는 없다는 점을 강조했다. 시장은 항상 변화하고, 성공적인 트레이더는 이런 변화에 적용할 줄 아는 자들이라는 것이다. 그는 확고히 정착된 방법을 찾으려 하는 트레이더는 얼마 못 가 실패한다고 보았다.

"매매를 잘하기 위해서는 자신의 아이디어에 대한 신념을 기초로 그 신념이 항상 오류를 범할 수도 있다는 균형감각을 가지고 있어야 한다. 이에 더해 다른 사람의 매매전략도 주의 깊게 살필 수 있어야 한다. 훌륭한 트레이더는 결국 자신의 오류를 줄여가며 진실에 다가가는 사람들이기 때문이다." 그가 정의한 훌륭한 트레이더로서의 조건이다.

7년 경험 쌓고 독립하다

마이클 스타인하트는 1940년 뉴욕 시 브루클린 구의 유대인거리에서 태어났다. 부친은 1940년대와 1950년대를 거치면서 한 시대를 풍미했던 브루클린 조직폭력단의 깡패였다. 당시는 유대인 마피아의 전성시대였다. 브루클린의 유명한 나이트클럽의 지배인으로 일하면서 평생을 도박에 중독되어 살았던 인물이다. 마이클 스타인하트는 이런 부친에게서 방치된 채 모친의 편애 속에서 유년기를 보내게 된다. 그는 유대교 교리에 따른 13세 성인식 때 아버지로부터 뜻밖의 선물을 받았다. 바로 주식이었다. 그는 받은 주식 200주를 들고 증권사 객장을 들락날락하면서 주식에 눈을 떴다.

그의 부친은 외아들이 16세의 나이에 와튼 스쿨에 입학하여 19세에 졸업하기까지의 학비를 교도소에 복역하고 있으면서 대주었다. 대학을 무사히 졸업한 마이클 스타인하트는 뮤추얼펀드 회사 '캘빈 블록Calvin Bullock'에 들어갔다가 이듬해 20세의 나이에 나중에 메릴린치에 합병당하는 증권사 '뢥 로디스Loeb Rhoades'에 입사하게 된다.

뢥 로디스는 당시 월스트리트에서 가장 주식 관련 자문을 잘하는 훌륭한 브로커리지 회사였다. 이 회사에서 스타인하트는 빠른 속도로 커갔다. 보조연구원을 거쳐 애널리스트로 일하면서 좋은 주식을 발굴해내는 데 탁월했다. 그는 잠재력 있는 주식종목 선정가stock picker로 주목받기 시작했다.

월스트리트에서 대략 7년 정도 리서치 애널리스트로 자리를 잡아가던 그는 1967년 스물일곱 생일날 회사 동료인 제롤드 파인과 하워드 버코위츠와 함께 셋이서 'Steinhardt, Fine, Berkowitz & Company'라는 헤지펀드를 창립하였다. 세 명 모두 유대인들이어서 마치 유대인 델리 가게 이름 같았다.

남들과 다른 '역발상 투자'로 불황을 뚫다

그런데 그즈음 알프레드 존스를 모방하여 우후죽순처럼 생겨났던 수많은 헤지펀드가 서서히 붕괴하기 시작했다. 1950년대 초반부터 형성된 장기 주식시장 호황이 끝나가고 2%를 넘어본 적이 없던 인플레이션율이 1960년대 후반부터 가파른 상승세를 보여 연방준비은행은 공격적으로 금리를 인상하기 시작했다. 1969년 기준금리가 6%에 도달하자, 주식시장 자금들이 썰물처럼 빠져나갔다. 1968년 1월부터 2년 동안 28개 대형 헤지펀드 운용자금의 3분의 2가 사라졌다. 60년대에 활동했던 500여 개의 헤지펀드가 1970년대로 넘어오면서 150여 개로 줄었다.

하지만 스타인하트의 펀드는 이런 불황 속에서도 성공적인 스토리를 써나가게 된다. 태생적으로 남들과 생각하는 방식이 좀 달랐던 스타인하트는 실제로 고독한 역발상 투자가였다. 그는 청년층 시장에 주목하여 기술주들에 과감히 투자함으로써 펀드 창립 첫해에 99%의 수익을 올려 수수료 공제 후 84%라는 경이적인 수익률을 냈다.

그러나 곧 스타인하트는 시장의 성장주 숭배가 과도하며 맹목적이 되어가고 있음을 간파했다. 당시 대부분 헤지펀드가 이 점을 놓치고 있었다. 1969년에 들어서면서 스타인하트는 보유 주식 포지션에 균형을 잡기 위해 성장주들을 공매도하기 시작했다. 대다수의 '헤지펀드'가 실제로는 헤지를 하지 않고 성장주 추세추종을 한 데 비해 그들은 장이 아직 좋을 때 '헤지'를 해두었다. 덕분에 1969년에 S&P 500지수가 9% 하락하였을 때 그들 펀드는 1% 미만의 손해를 보았다.

1970년 들어와 주가가 더 떨어지자 스타인하트의 펀드는 오히려 돈을 벌기 시작했다. 1969년과 1970년의 약세장에서 성공적으로 살아남은 스타인하트는 1971년이 되자 이번에는 대부분의 헤지펀드와는 달리 낙관적으로 돌아서서 맹렬히 시장 반등에 올라타게 된다. 1971년 12월에 〈포춘〉지가 발표한 20대 헤지펀드 랭킹에서 스타인하트의 펀드는 1969~1971년의 그 이 어려운 시기에도 놀랍게도 수익을 창출한 유일한 헤지펀드가 되었다.

1967년부터 1971년 사이의 만 4년 기간 동안 스타인하트펀드는 361%라는 경이적인 수익률을 올렸다. 이는 동일 기간에 S&P 500지수가 겨우 10% 상승한 점을 보면, 시장을 무려 36배나 앞서는 놀라운 수익률을 시현한 것이다.

미국의 신뢰성 붕괴를 수익으로 만들다

1972년이 되자, 스타인하트는 다시 비관론으로 돌아섰다. 이번에는 원인이 성장주냐 아니냐 하는 미시적 차원의 문제가 아니었다. 이 시기 미국은 신뢰성에 큰 문제가 있었다. 당시 닉슨 정부는 베트남의 진실을 감추고 있었다. 게다가 정부는 임금과 가격을 통제하여 인플레이션율을 조작하고 있었다. 그러한 사이에 미국의 대다수 우량기업들은 회계부정으로 자사의 진실을 감추고 있었다.

스타인하트는 1969년도 장에서 자기 포지션을 보호하기 위해 '어쩔 수 없이 공매도'를 하였다. 하지만 미국의 문제를 눈치챈 스타인하트는 장이 곧 무너질 것으로 보았다. 그래서 1972년부터는 수익을 창출하기 위해 '일부러 공매도'를 해 놓고 장이 폭락하기를 기다리는 전략을 취했다.

처음에 이 전략은 실패할 것처럼 보였다. 그는 니프티 피프티Nifty-Fifty 현상이 절정에 달했던 1972년 많은 성장주가 실적의 60배에 달할 정도로 고공행진을 벌이는 것을 보면서 매도 포지션을 잡았으나 당시 성장주들이 실적의 70배까지 치솟았다. 1972년도 내내 주식시장은 잘 버티어 주었다. S&P 500지수가 같은 기간 9% 상승할 때 공매도 포지션이 많았던 스타인하트의 펀드는 2% 손실을 보았다.

그러나 1973년이 되자 스타인하트가 예견한 것처럼 주식시장이 폭락하기 시작했다. 1974년까지 S&P 지수가 무려 41%나 빠졌다. 스타인하트의 펀드는 1973년과 1974년 각각 수수료 공제 후에 12%와 28%의 수익률을 거두어 대부분 헤지펀드들이 무너질 때 오히려 돈을 벌었다. 1973년과 1974년 시기 스타인하트의 성공은 훗날 '역발상주의'라고 명명 받게 된 헤지펀드 특유의 성공전략이었다.

1978년 가을, 스타인하트가 돌연 건강상의 이유로 안식년을 선포하고 쉬겠다고 하면서 마켓을 떠날 때까지, 펀드의 11년 동안의 수익률은 동시대 그 어떤 헤지펀드보다도 우월하였다. 1967년에 스타인하트의 펀드에 투자된 1달러는 1978년에는 12달러가 되어 있었는데, 동일한 시기에 시장지수는 겨우 1.7달러에 불과했다. 이는 알프레드 존스의 전성기 때의 수익률과 맞먹는 엄청난 수익률이었다. 특히 존스의 수익률이 미국 경제가 좋은 시기에 나온 수익률인 데 반해 스타인하트의 수익률은 거시경제 환경이 급속도로 나빠져 가는 상황에서 나온 거라 더욱 가치가 있었다.

블록매매의 탄생

그러나 스타인하트의 진정한 천재성은 비단 그가 역발상주의에 입각한 투자로 시장을 앞서갔다는 부분에만 있지는 않았다. '투자자금의 운용위탁 패턴의 변화'가 업계를 어떻게 변화시킬지를 미리 간파한 부분이다. 여기서 블록매매, 곧 시간외 대량 주식매매가 탄생하게 된다.

1960년대 말까지 미국 주식시장은 순전히 개인투자가들, 곧 개미들에 의해 주도되었다. 연금, 보험, 뮤추얼펀드, 대학재단 등 기관투자가들은 아직 중요한 위치를 차지하지 못하고 있었다. 예로서 1959년에는 전 미국에서 대략적으로 1000만 명의 근로자들만이 기업연금의 혜택을 받고 있었다. 연금 플랜의 초기였기 때문에 연금자산이 비교적 적었다. 그러나 1971년이 되자, 기업연금의 수혜 인구가 3000만 명을 돌파했다. 연금자산은 1970년 12월 기준으로 1,300억 달러를 넘어섰다. 1970년대 전 기간을 걸쳐 매년 평균 140억 달러씩 지속적으로 늘어났다.

1970년대가 되자 개인들은 직접 투자하던 주식을 모두 팔고 그 매각대금으로 자산운용사가 운용하는 뮤추얼펀드를 사기 시작했다. 1959년에 겨우 20억 달러도 안 되던 뮤추얼펀드의 총 운용액이 1970년이 되자 무려 500억 달러로 25배나 늘어났다. 이러한 투자자금 운용위탁 패턴의 변화를 업계 최초로 감지한 사람 중의 하나가 바로 스타인하트였다.

대형 기관투자가들이 출현하기 전에는, 주식 트레이딩은 뉴욕증권거래소의 스페셜리스트, 다른 표현으로 마켓 메이커들에 의해 주도되었다. 어떤 개인투자자가 예를 들어 IBM 주식 50주를 매도하면, 그의 브로커가 뉴욕증권거래소의 당해 종목을 담당하는 마켓 메이커에게 전화를 걸어 팔아달라고 했다. 이 마켓 메이커는 종목에 대한 거래 흐름에 대해 대충 감각을 유지하고 있으므로, 당해 주식을 자사가 향후 매도할 수 있는 가격보다 약간 낮게 매입해서 차익을 챙기곤 했다. 그러나 이러한 주먹구구식 시스템은 기관투자가들, 특히 뮤추얼 펀드의 부상과 함께 몰락했다.

기관투자가들은 보통 IBM 주식을 1만 주나 5만 주 단위로 대량거래를 원했으나 당시만 해도 뉴욕증권거래소의 스페셜리스트들은 그러한 물량을 받아 줄 자본을 갖추고 있지 못했다. 이에 따라 시장에 지금껏 존재하지 않았던 새로운 기회가 생겨나게 된다. 오펜하이머나 골드만삭스와 같은 월스트리트의 진취적 브로커 회사들은 이런 기회를 포착하여 독자적인 시장을 만들기 시작했다. 예를 들어 자사 어떤 고객의 특정 주식 대규모 매매 주문을 받으면, 뉴욕증권거래소의 스페셜리스트에 전화하기보다는 자기들의 다른 고객 중에서 그 주식을 받아 줄 수 있는 고객을 찾아서 거래를 성사시켰다.

1965년에는 이런 '블록매매' 거래가 뉴욕증권거래소 스페셜리스트를 통한 거래의 5%에도 미치지 못했으나 1970년이 되자 3배가 급증하여 15%를 넘어섰다. 바로 이 시기에 마이클 스타인하트가 혜성처럼 등장하여 소위 말하는 '빅 스윙어big swinger(딜이 되게 만드는 인물)' 역할을 수행하게 된다.

이 새로운 블록매매의 거래는 대단한 것이었다. 대형 기관투자가들은 대규모 주식거래 시장이 반드시 필요해 그러한 서비스에 대한 대가를 기꺼이 지불할 용의를 가지고 있었다. 만약 그들이 IBM 주식 10만 주를 팔려고 할 경우, 장중에 시장에서 조금씩 팔아나간다고 하면 매도가 누적되면서 가격이 하락할 것이고, 그들이 매도하려 한다는 정보가 중간에 새어나가기라도 하면 보유 주식 전체의 가치가 급락할 것이 충분히 예견되었다. 따라서 대형 기관투자가의 입장에서 보면, 골드만삭스나 오펜하이머에게 이 IBM 주식 10만 주를 일정부분 할인된 가격으로 전부 한 번에 넘겨버리는 것이 훨씬 나은 대안이 되는 것이다.

반면 골드만삭스나 오펜하이머 등 브로커 입장에서 보면, 가격 할인을 받아서 다시 되팔아도 이익을 실현할 수 있었다. 브로커가 할인 매입했던 주식에 대해 매수 고객을 찾아낸다면, 거래 주선 수수료를 보통의 거래보다 더 받을 수도 있었다. 아니면 나중에 매도함으로써 이익을 남기고 팔 기회를 얻을 수 있었다.

당시 브로커들의 기량은 이런 거래를 주선함에 있어 용기 있게 대량으로 물량을 매수할 그 누군가를 찾아내는 데 있었다. 이 시기에 마이클 스타인하트가 등장한 것이다. 스타인하트는 할인을 충분히 받는다면 어떠한 거래도 기꺼이 응했다. 스타인하트가 거래를 하면 할수록 브로커들은 그를 더욱더 많이 찾았다. 곧 브로커들은 트레이딩 데스크에 직접 앉아서 자기의 의사결정으로 이러한 대규모 거래를 직접 응할 수 있는 어떤 거물을 필요로 했던 것인데, 마이클 스타인하트는 그 조건에 가장 완벽하게 부합하는 인물이었다.

스타인하트는 매매를 하면 할수록 큰돈을 벌 수밖에 없었다. 간단한 전화 한 통으로 특정 회사 주식 50만 주를 단번에 매수할 용기가 있는 트레이더는 월스트리트를 통틀어서 오직 스타인하트밖에는 없었다. 신속하게 특정 블록 물량을 팔아야 하는 브로커로서는 그에게 전화할 수밖에 없었다. 또한 스타인하트는 투자가 중에 유일하게 그렇게 해서 매집한 주식을 재매도할 수 있는 역량을 지니고 있었다. 스타인하트가 제3시장에서 얼마만큼의 할인가로 블록 물량을 매수하였는지 아는 시장참가자가 없었으므로 문자 그대로 '부르는 게 값'이었다.

스타인하트가 그토록 오랜 기간 동안 이 블록매매 시장을 장악할 수 있었던 비법은 블록매매 사업은 강력한 진입장벽이 형성되어서 보호를 받았기 때문이다. 쉽게 말하면, 스타인하트가 블록주식 물량 브로커들에게 큰 건을 모두 받아 준다는 시장 평판을 얻었기 때문이다.

블록매매의 진화

당시 이러한 시장외 거래는 불법이었다. 그러나 아직 '블록매매'의 개념조차 정립되어 있지 않았던 1970년대 중반까지는 이런 거래가 과연 규제할 대상인지조차 증권 감독당국은 인지하지 못했다.

스타인하트의 블록매매는 진화하면서 점점 더 '불법적인 모습'을 띠어가기 시작했다. 예를 들어 어떤 브로커가 스타인하트에게 전화를 걸어 모 기관투자가가 곧 특정 종목 50만 주를 매도할 것이며, 매물이 시장에 닿기 전에 공매도를 하라고 귀띔해준다. 그러면 스타인하트는 해당 종목을 공매도하고 기다린다. 그 뒤 그 종목의 대량매도 주문이 시장에 전달되어 주가가 본격적으로 떨어지기 시작하면, 스타인하트는 매도 압력을 받은 주가의 최저 매도호가에서 공매도를 커버하여 쉽게 차익을 실현하곤 했다.

브로커의 관점에서 보면, 스타인하트에게 사전 정보를 미리 흘림으로써 스타인하트의 펀드가 대규모 매물의 마지막 매수자로서의 역할을 수행하게 만든 것이다. 이로써 해당 블록물량 매도는 가격이 원래 응당 떨어져야 했던 만큼 하락하지 않으면서 거래 전부를 체결시킬 수 있다. 해당 브로커는 매도자에게 그만큼 더 유능하게 보였다.

그러나 여기서 주의해야 할 점은 블록매매가 시작되기 이전에 이

미 스타인하트의 공매도가 시장을 움직여버렸다는 것이다. 블록매도가 시장가격에 근접하여 체결된 이유는 이미 시장이 미리 하락해 버림으로써 준비를 했기 때문이다. 이러한 조작은 오늘날의 관점에서 보면 명명백백한 규정 위반이다. 쉽게 말하면 매도자는 자신의 주식에 대해 최선의 가격을 받고자 해당 브로커를 고용했으나, 해당 브로커는 이 고객을 더욱더 가치 있는 장기고객인 스타인하트에게 팔아넘겨 버린 것이다.

스타인하트의 기법에 대해 1970년대 중반 이후 미국 증권 감독당국도 인지하기 시작했다. 1976년에 스타인하트가 수행한 '시포드 Seaboard Corporation'란 회사의 대규모 블록 트레이딩 사건을 증권거래위원회SEC가 직접 조사한 일도 있었다. 그러나 스타인하트는 끝까지 자기의 혐의를 인정하지 않았다. 이 '통정매매 혐의'는 구체적 증거를 찾아내지 못하고 종료되었다. 그러나 그 뒤 지속적인 감독당국의 개입으로 1980년대 이후 스타인하트의 블록매매는 독점적 위치를 상실하게 된다.

경이적인 수익률

하지만 그가 설립한 스타인하트 파트너스는 21년 동안 경이적인 수익률을 기록한다. 연간 30%의 복리 수익률을 기록해 누적 수익률로 환산하면 무려 9300%에 달했다. 1억 원을 투자했다면 93억 원을 벌어들일 수 있었다는 얘기다. 같은 기간 S&P 500지수 상승률은 640%에 불과했다.

매년 달성한 수익률 또한 꾸준했다. 스타인하트 파트너스는 21년 동안 단 두 해만 마이너스 수익률을 기록했다. 하지만 이러한 마이너스 수익률은 글로벌 증시 폭락 시기에 나타났고, 두 해 모두 손실이 2% 이내였다.

마이클 스타인하트는 누구보다 투자와 관련한 모든 방법과 대상을 스펀지처럼 빨아들여 자신의 것으로 만든 트레이더로 유명하다. 전문가들은 3년 가까이 매도 포지션을 취하다가도 금세 매수 포지션을 취해 수익을 내는 그를 장기 투자자인 동시에 단기 트레이더이며 톱다운 투자의 귀재라고 평가한다. 투자 대상 역시 정부발행 채권에서 선물시장과 헤지펀드에 이르기까지 매우 다양하다.

다만 마이클 스타인하트는 모든 투자전략이 유리하다 해도 '타이밍'을 제대로 잡지 못한다면 이는 수익으로 연결될 수 없다고 조언한다. 투자 세계에 존재하는 수많은 투자전략은 타이밍에 대한 철저한 분석을 전제로 해야 한다는 것이다.*

헤지펀드 사관학교, 코모디티스 코퍼레이션

헤지펀드 업계에서 '주니어 3'

헤지펀드의 역사에 빠뜨릴 수 없는 회사가 코모디티스 코퍼레이션Commodities Corporation이다. 마이클 스타인하트, 조지 소로스와 줄리언 로버트슨 삼인방이 모두 주식 전문가로서의 정통 코스를 밟아 성장한 데 비해 상품 분야에서 성장한 매니저들의 시발점이 1969년에 설립된 코모디티스 코퍼레이션이다. 주식 전문가들이 판치던 헤지펀드

✤ 김지욱 삼성증권 이사, 〈아시아경제〉 임철영 기자 등

시장에서 원자재 분야의 투자 대가들을 배출해냈다.

위 삼인방에 필적할 만한 후발주자 삼인방인 튜더 인베스트먼트 Tudor Investment의 폴 투더 존스, 무어 캐피털Moore Capital의 루이스 베이컨, 캑스턴 어소시에이츠Caxton Associates의 브루스 코브너가 그들이다. 전부 이 회사 펀드매니저로 근무했거나 이 회사로부터 최초의 투자를 받아서 회사를 창립했다.

폴 사무엘슨의 전폭적 지원

코모디티스 코퍼레이션 설립에는 폴 사무엘슨 MIT 교수가 직간접적으로 크게 간여했다. 이미 나이 25세가 되던 때에 자기 나이보다도 많은 26편의 경제학 논문을 써냈던 이 천재 경제학자는 1970년 제2회 노벨경제학상을 받았다. 그는 60년대 초부터 언론 기고를 통해 "펀드매니저라고 해서 다 같은 펀드매니저가 아니다. 진짜 훌륭한 펀드매니저라면, 그의 가치를 무차별적으로 모든 투자가를 위해 불사르지는 않을 것이다. 그런 훌륭한 펀드매니저는 소수만을 위한 투자조합의 형태로 자신의 가치를 실현할 것이다. 그러니, 나라면 은행 신탁이나 뮤추얼펀드에 투자하느니, 차라리 이런 소수만을 위한 투자조합에 투자하는 길을 찾겠다"는 자신만의 투자관을 설파했다.

당대 최고 경제학자의 이런 투자관은 미국 내 상당수의 기관투자가들에게 많은 영향을 주었고 공감대를 불러일으켰다. 사무엘슨이 남달랐던 점은 이런 이론을 주장만 한 것이 아니라, 실제로 행동으로 옮겼다는 데 있다. 그는 자

∴ 폴 사무엘슨

신의 제자였던 헬무트 웨이마가 1969년에 설립한 코모디티스 코퍼레이션에 당시로선 적은 금액이 아닌 12만 5000달러의 개인 돈을 투자했다. 이 회사의 사외이사로도 참여했다. 한편 같은 해 사무엘슨은 네브라스카 주 오마하 출신 젊은 펀드매니저에게도 상당한 규모의 투자를 했는데, 이 사람이 훗날 '가치투자의 제왕'으로 군림하게 되는 워런 버핏이다.

헬무트 웨이마

코모디티스 코포레이션의 창립자 헬무트 웨이마는 히틀러의 유대인 박해를 피해 이민 온 부모 슬하에서 태어났다. 어릴 때부터 외판원이었던 부모를 따라 이 도시 저 도시를 이사 다니면서 학창 시절을 보낸 결과, 매우 독립심이 강한 성격이 형성되었다. 웨이마는 MIT에 진학하여 경제학을 전공하면서 폴 사무엘슨 교수와 '효율적 시장이론'의 대가인 폴 쿠트너 교수에게 사사를 받았다. 두 교수 모두 나중에 코모디티스 코퍼레이션에 개인 돈을 투자하게 되며, 그중 쿠트너 교수는 최초 2년간 직접 돈육$_{pork}$ 트레이더로 이 회사에 참여하였다.

그는 코코아 시장 연구로 박사 학위를 받은 뒤 당시 세계 최대 식품회사였던 나비스코 사에 입사하였다. 자신의 상사를 설득하여 자기가 개발한 프로그램에 따라 코코아에 대규모 선물투자를 하도록 하는 데 성공하였다. 투자 초기에는 웨이마의 프로그램이 예상한 가격보다도 코코아 가격이 더 떨어져서 한때 웨이마의 선물 포지션이 나비스코 사가 필요한 2년치 원료 물량을 웃돌 정도였고 일시적이긴 하지만 회사를 파산시킬 수 있을 정도의 엄청난 규모의 평가손을 일으키기도 하였다. 그러나 웨이마의 프로그램이 예측한 대로 결국 아프리카 지방의 가뭄으로 인해 수확이 크게 감소하여 나비스코는 대박을 터뜨리게 된다. 이 성공에 고무된 웨이마는 자기 회사를 설립하기로 마음먹고 회사를 퇴사하였다.

웨이마가 창업을 위해 끌어들인 첫 번째 인물 역시 나비스코에서 밀 가격을 추적하던 프랑크 배너슨이었다. 이 둘의 우정은 나중에 이 회사가 골드만삭스에 1997년에 피인수될 때까지 28년간 줄곧 지속된다. 배너슨 외에도, 돈육 시장을 담당할 MIT대학의 폴 쿠트너 교수, 그리고 당대의 저명한 계량경제학자였던 뉴저지 롯거스Rutgers주립대학의 케네스 마인켄 교수가 콩과 사료 두 시장을 담당하기로 하여 회사 창립발기인으로 참여하였다.

이 회사는 월스트리트의 분주함을 피해 대학도시 프린스턴의 농장 하나를 사서 개조한 후 거기에 사무실을 열었다. 이 회사는 창립 때부터 일반 헤지펀드들의 추구 목표와는 다르게, 오직 컴퓨터 프로그램 모델, 수학적 트레이딩 기법, 그리고 정보의 우위에만 집중하였다. 이들은 칠판 앞에 모여 분필로 온갖 난해한 수학 공식을 잔뜩 써놓고 서로 간의 트레이딩 전략을 세미나 식으로 교환하면서 아침부터 밤까지 시간을 보내곤 했다.

회사 창립 이후, 코코아와 밀 등의 선물 포지션에서 어느 정도의 안정적 수익을 기록하면서 회사가 안정을 찾아가던 1971년에 회사의 뿌리가 흔들리는 사태가 벌어졌다. 그해 옥수수 가격이 내릴 것으로 보고 자기자본의 3분의 2가 넘는 포지션을 옥수수 선물에 공매도 베팅을 했는데, 그만 옥수수시장이 '옥수수마름병'이란 곡물병에 의해 초토화되는 사태가 벌어진 것이다. 코모디티스 코퍼레이션은 옥수수 가격이 정점에 올라 있을 때 공매도 포지션 청산을 강요당해 초기 자본금 250만 달러 중 160만 달러가 사라지고 90만 달러만 남았다. 이로 인해 폴 쿠트너 교수 등 4명의 창립 발기인이 자기 투자분을 회수하여 회사를 떠나고 남은 사람은 웨이마와 배너슨을 포함하여 셋이었다.

웨이마와 배너슨은 두 가지 측면에서 근본적인 변화를 시도했다. 하나가 옥수수 공매도 사건 이후 새롭게 도입된 내부 리스크 관리 시스템이었고, 다른 하나는 배너슨이 연구해낸 소위 '추세추종 모델'이다. 그리고 시스템이 추세에 반하는 베팅에 트레이더가 자기 가용자본의 10% 이상을 걸지 못하게 막아놓았다. 회사 자본금을 거의 날릴 뻔했던 코모디티스 코퍼레이션은 이 시스템으로 회생의 반전을 만들어 회사를 끌어갔다.

마이클 마커스

코모디티스 코퍼레이션이 진정한 중흥기를 맞게 된 것은 1974년 마이클 마커스의 입사 후부터이다. 마커스는 수학이나 경제학을 공부한 사람이 아닌 데다 더구나 컴맹이었다. 입사 당시에는 회사의 트레이딩 시스템조차 이해하지 못했다. 대신 그는 '심리학'을 공부하였다. 1948년생인 그는 존스홉킨스대학에서 최우등생으로 심리학을 전공하고 보스턴 소재 클라크Clark대학에서 박사과정을 밟고 있었다. 돈이 필요해진 그는 박사과정을 중단하고 1974년에 지인의 소개로 코모디티스 코퍼레이션의 문을 두드리게 된 것이다. 그는 이 회사에 입사한 최초의 박사 학위 없는, 수학에 무지한 트레이더였다. 그럼에도 마커스는 입사 첫 주에 벌써 자기한테 배정된 자본에 대해 100%의 수익률을 올렸다. 마커스는 코모디티스 코퍼레이션에 근무한 10년(1974~1984년) 동안 무려 2500%라는 천문학적 수익률을 거두었다.

그는 시장 데이터의 추세를 연구한 것이 아니라 시장 참여자들의 심리 상태를 집중적으로 연구했다. 새로운 정보가 시장에서 실시간으로 처리된다는 것은 학계의 기본 가정 중 하나이나, 마커스는 투자가들이 정보를 '점진적으로' 흡수한다는 사실에 주목하였다. 즉 새로운 진전사항이 즉각적이 아니라 점진적으로 소화되면서 시장이 '추세' 안에서 움직이는 것이다. 마커스는 사람들이 시장에 대해서 단순히 '미래지향적'인 판단만 내리는 것이 아니라, '최근의 경험'에 반응함을 인식하였다. 예를 들면 어떤 투자가가 최근 손실을 겪었다면 한바탕의 불안한 매도를 발동시킬 수 있으며, 한편 이익이 쌓여 있다면 즐거운 매수의 파도를 일으킬 수도 있다.

이러한 인식을 통해 가격이 박스권을 이탈하기 전에 등락하는 좁은 범위인 '정체 지점'에 대한 통찰력이 형성된다. 어떤 특정 원자재가 일상적인 가격 범위를 벗어나면 잘못 베팅을 해놓았던 투자가는 큰 손실을 보게 된다. 이들은 패닉에 빠져서 황급하게 모든 포지션을 정리하며 시장으로 하여금 과거의 가격대로부터 이탈을 심화시킨다. 트레이더들은 이러한 패턴을 연구함으로써 추세를 파악하고 베팅 타이밍을 잡아낼 수 있게 된다는 것이 마커스의 기본 가정이었던 것이다.

이는 가르쳐서 얻어질 수 있는 것이 아니라 순전한 경험의 산물이었다. 코모디티스 코퍼레이션에 입사하기 전 1년 동안 마커스는 뉴욕 면화거래소에서 견습 트레이더로서 근무했었는데, 그때 동료 트레이더들의 행동양태에 대해 심리학도의 눈으로 관찰할 기회가 있었다. 그들은 항상 함께 점점 크게 소리 지르는 데 동참했다가 때로는 지쳐서 다 함께 뒤로 물러난다. 어떤 원자재 가격이 전일 고점을 지나 상승하면 흥분의 파도를 타고 상승을 지속할 상당한 개연성이 발생한다. 따라서 마커스는 전환점에 임박해서 대규모 포지션을 취하되, 만일 거래가 자신에게 불리하게 진전되면 시장에서 순식간에 빠져나올 수 있는 손절매 주문을 걸어서 자신을 보호하는 기법을 이 시기의 개인적 경험에서 체득하였다.

마커스에 의하면, 모든 종류의 트레이딩은 결국 서프보드를 타고 파도에 대비하는 것과 같다고 한다. 만일 서퍼의 타이밍이 맞지 않으면 바닷속으로 빠져들어 간다. 나중에 그의 방식을 따랐던 수많은 전설적 트레이더들처럼 마커스도 훗날 자신이 파도를 제대로 탄 것이 실패한 횟수의 절반에도 미치지 못했다고 술회한다. 그러나 그는 성공한 파도타기에서 실패한 파도타기보다 무려 20배가 넘는 경이적인 수익률을 올렸던 것이다.

마커스의 '심리적 추세추종 기법'이 성공을 거두자, 웨이마가 당초 고집하던 계량경제학 모델링에 의한 트레이딩이 별로 의미가 없게 되었다. 웨이마의 계량경제학 모델링은 변수가 너무나 많아서 실제로 변수를 다 제대로 반영하는 것이 기술적으로 불가능했을 뿐 아니라, 설령 그 시스템이 맞았다 하더라도 시장이 따라오는 속도가 예상보다 더디면 시기를 기다리다가 중도에 파산해버릴 수 있는 위험을 가지고 있었다.

한편 마커스의 성공은 원자재 트레이딩 게임의 룰 자체를 바꾸어 놓았다. 즉 추세의 서핑보드에 올라타 돈을 벌 수 있는 한, 개별 원자재 종목의 데이터를 분석하여 매수 및 공매도 타이밍을 연구할 일이 아니라, 현재 시점에서 더 강한 파도를 일으키는 원자재가 도대체 무엇인가를 찾아내는 게임으로 바뀌어버린 것이다. 이 점이 바로 원자재 분야 헤지펀드 트레이딩의 역사에서 중대한 전환점이다. 오늘날 '매크로 트레이딩'이라는 용어로 설명되어 수많은 국가의 중앙은행 및 감독당국을 괴롭히게 될 새로운 부류의 헤지펀드 매니저들의 출범을 알리는 신호탄이었다.

마커스의 천재성은 특정 종목에 집중하지 않는다는 그의 원칙에 따라 통화 트레이딩을 시작한 것에서도 나타난다. 1972년 초 닉슨 대통령이 달러의 금태환 포기를 선언함에 따라, 시카고상품거래소~CBOT~ 가 1972년 5월부터 5개 통화에 대해 선물거래를 개시했다. 마커스는 본능적으로 통화 트레이딩 시장이 원자재 시장과 마찬가지로 심리적 추세의 파도타기를 일으킬 수 있는 종목으로 판단하였다.

1976년에는 코모디티스 코퍼레이션 트레이딩의 3분의 1이 통화 트레이딩이었다. 1979년에는 한 때 3분의 2에 도달한 적도 있었다. 1977년에 등장한 카터 행정부가 경기를 진작시키려고 할 때, 심각한 인플레 요인이 발생하여 미국 달러화가 독일 마르크화 및 일본 엔화 대비 약 3분의 1이 하락하였고, 이러한 심각한 변동성은 통화선물시장에서 새로운 '파도타기'의 기회를 제공하였다.

아모스 호스테터의 손절매 룰

코모디티스 코퍼레이션의 아모스 호스테터는 손실이 25%가 되면 무조건 투자 포지션을 청산한다. "치즈를 못 먹었다고 안타까워하지 않는다. 덫에서 벗어나야 한다고 생각할 뿐이다."

손실은 문제가 되지 않는다. 다만 손실에 어떻게 대응하는가가 중요하다. 아무런 계획도 없이 손실을 방치하거나 혹은 손실이 회복되기만을 바라면서 물타기 해서는 안 된다. 그랬다가는 손실이 쌓이고 쌓여 마치 거대한 트럭처럼 투자 계좌를 짓밟아버릴 것이다.

사람들은 손실을 싫어한다. 그래서 손실에서 오는 고통을 피하려고 계속 비이성적인 결정을 내리는 경향이 있다. 트레이더들이 돈이 되는 투자를 너무 빨리 정리하고, 손실을 너무 오래 방치하는 것도 같은 이유 때문이다. 인간은 본성적으로 수익이 나면 조급한 마음에 빨리 청산하고, 손실이 나면 언젠가 회복될 거라는 생각으로 너무 오랫동안 집착한다.

주니어 3인방을 배출하다

1980년대 들어와서 코모디티스 코퍼레이션은 1971년의 자기자본 100만 달러의 30배인 3000만 달러의 자기자본을 가지게 되었고, 운용자산의 총액이 4억 달러를 넘어서게 되었다. 1980년도 한 해에만 이 회사는 4200만 달러의 순이익을 기록하였다. 13명의 직원으로 시작했던 회사가 이제는 창립 당시의 10배가 넘는 140명의 직원을 거느리게 되었고, 프린스턴의 농장을 떠나서 인근 도심에 자체 건물을 신축하여 옮기게 되었다.

회사가 기록적인 수익률로 주목받으면서 월스트리트의 투자자들이 펀드매니저들에게 접근하여 시드seed 자금을 대줄 테니 자기 회사를 차리라고 유혹하기 시작하였다. 위대한 트레이더였던 브루스 코브너가 1983년 캑스턴 어소시에이츠를 설립하여 독립하였다.

이 회사로부터 시드 자금을 출자받아서 동일한 방향성의 트레이딩을 하고 있던 루이스 베이컨과 폴 튜더 존스가 각각 무어 캐피털과 튜더 인베스트먼트를 설립했다. 그들은 코모디티스 코퍼레이션의 우산 속에서 벗어나면서, 코모디티스 코퍼레이션의 우수한 트레이더들을 데리고 떠났다.

골드만삭스의 품으로

이로써 코모디티스 코퍼레이션은 1983년 이후에는 평범한 헤지펀드로 전락하여 1989년에 일본의 오릭스에 지분 30%를 8000만 달러에 팔았다. 1997년에는 골드만삭스에 1억 달러에 통째로 인수되었다. 이후 현재는 골드만삭스자산운용 펀드 중 하나인 '골드만삭스 헤지펀드 스트레트지Goldman Sachs Hedge Fund Strategies'라는 이름으로 존속하고 있다.

그 뒤 헤지펀드가 본격적으로 성장하기 시작한 것은 1990년대였다. 당시 주식시장의 장기 강세장으로 새로운 부가 형성된 덕분이었다. 하지만 1995년까지만 해도 헤지펀드의 수는 전 세계적으로 2800개 정도에 불과했고 운용 자산규모도 28억 달러에 불과하였으나, 1995년에 관련법이 완화되고 2000년 이후 연금펀드가 주식시장으로 몰리면서 헤지펀드 업계의 자산은 급격히 승가하였다. 지금은 그 수가 1만 개가 넘는 데다 운용자산 규모는 무려 3조 달러에 달한다.❖

❖ 김지욱 삼성증권 이사 등

과학적 투자기법의 원조, 클로드 섀넌

디지털의 아버지

클로드 섀넌은 미국의 수학자이자 컴퓨터 과학자다. 전자통신 시대의 서막을 연 인물이기도 해 '디지털의 아버지'라고 일컬어진다. 섀넌은 MIT 대학원 재학 시절 초기 아날로그 컴퓨터인 미분해석기를 연구하였다. 미분해석기의 논리 회로를 연구하면서 정보를 '0'과 '1'이라는 2진법 수체계로 표시하는 방법을 개발하여 모든 정보의 전자적 전달을 가능하게 했다. 이로써 최초로 0과 1의 2진법, 곧 비트$_{bit}$를 통해 문자는 물론 소리·이미지 등의 정보를 전달하는 방법을 고안했다.

이때가 만 21세였다. 이 논문은 역사상 최고의 석사논문 중 하나로 평가받고 있다. 우리가 전자식 디지털 컴퓨터를 사용하고, 이진법을 사용하는 것은 이 논문 덕분이다. 그의 이론은 전화, 텔레비전, 컴퓨터 네트워크 등 오늘날 광범위하게 이용되는 정보통신의 핵심 원리를 제공했다. 그뿐만 아니라 이는 유전자 분석 등 다양한 분야의 토대가 되었다. 클로드 섀넌은 현재의 디지털 산업, 무선통신과 컴퓨터가 있게 한 주인공이다.

정보이론의 아버지

벨연구소에 근무하던 클로드 섀넌과 랠프 하틀리는 핵심적인 질문을 하게 된다. 전화선을 통해 얼마나 많은 정보가 전달되는지 측정할 수 있을까? 우선 '정보량'을 나타낼 수 있는 기준이 필요하다. 무게를 나타내기 위해 저울과 kg(킬로그램)이란 단위가 필요하듯 말이다.

섀넌은 이에 대한 해답을 연구하여 정보공학이라는 새 학문을 창시했다. 그래서 '정보이론의 아버지'라고도 불린다. 그가 쓴 논문 〈커뮤니케이션의 수학적 이론〉은 정보를 수량적으로 다루는 방법을 고찰하였다. '정보량'의 개념을 만들고 이 개념을 사용하여 통신의 효율화와 정보 전달에 대해 이론적인 해결책을 제시하였다. 이것이 정보이론의 효시가 되었다.

∴ 디지털 회로설계 이론을 창시한 섀넌

이 논문에서 섀넌은 이제는 일상어가 된 '비트'라는 단어를 처음 사용하면서, 통신 과정의 왜곡을 어떻게 해결할 것인가 하는 문제를 다루었다. 당시 벨 전화회사에 근무하던 섀넌은 정보를 경제재로 환산하는 방법을 고민했는데, 1948년 섀넌이 '정보량'을 정의하면서 비트가 탄생했다. 이를 통해 정보를 측정 가능한 물리적 단위로 제시하였으며 그것이 정보이론의 토대가 되었다. 그는 이를 활용해 디지털 회로설계 이론을 실제적으로 창시하였다. 그의 정보이론 덕분에 우리는 정보를 입력하고 저장하며 분석할 수 있다.

20세기 3대 천재

섀넌은 학부에서 전기공학을 전공했고, 석사논문에서 현대의 디지털 논리 회로를 전기적 회로로 구현할 수 있다는 것을 처음으로 밝혔다. 실제 디지털 컴퓨터를 처음 만든 사람이기도 하다. 박사논문은 생물학 쪽으로 알버트 아인슈타인, 존 폰 노이만 등과 함께 20세기 3대 천재로 불리는 과학자다.

1916년 미시간 주에서 태어난 섀넌은 어릴 적부터 기계와 전자장치에 관심이 많아 1km가량 떨어진 친구 집에 무선 전신을 설치하기도 했다. 토머스 에디슨이 그의 어린 시절 우상이었다. 그는 미시간주립대학과 매사추세츠공과대학에서 각각 수학 학사와 전자공학 박사 학위를 받았다. 이후 벨연구소 연구원과 매사추세츠공과대학 교수를 지냈다. 그는 제2차 세계대전 때 암호해독가로 일하였으며, 대항공기 조준기를 발명해 독일의 폭격기로부터 런던을 구했다.

매사추세츠공과대학 교수로 있을 때는 수학, 컴퓨터, 암호 분야에서 많은 공헌을 남겼다. 독특한 성격의 소유자로 알려졌던 섀넌은 벨연구소 재직 당시 연구소 복도에서 공중으로 물건을 던지는 놀이인 저글링을 하며 외발자전거를 탔던 것으로 유명하다.

섀넌은 수학, 통신뿐 아니라 인공지능, 로봇 등 다양한 분야에서 천재적인 소질을 발휘했다. 투자에서도 그랬다. 발명가 토머스 에디슨의 먼 친척이기도 한 그는 매사추세츠공과대학에서 은퇴한 뒤 저글링 로봇, 로켓 엔진을 장착한 프리스비, 체스를 두는 로봇, 미로를 스스로 해결하는 쥐 로봇 등을 발명했다.

워런 버핏보다도 뛰어난 수익률

실제 그는 주식투자에서도 천재였다. 1965년 워런 버핏이 버크셔 헤더웨이를 매입한 이후 그 펀드는 30년 이상 연 27%의 수익을 올린 것으로 유명하다. 그런데 이보다 한술 더 뜬 사람이 바로 클로드 섀넌이다. 1950년대 말부터 1986년에 이르기까지 섀넌의 연평균 수익률은 약 28%였다.

섀넌의 방법은 차익거래와는 관련이 없었다. 섀넌은 기본에 충실한 매입과 보유하는 가치투자자였다. 기업의 장기 기대수익에 주가가 회귀한다는 명제에 근거해서 엄선한 기업의 주식을 매입한 뒤 보유하였다. 그걸로 장기간 누적수익이 대단했다. 워런 버핏의 스승이었다. 실제 그는 젊은 시절의 워런 버핏을 만나 그에게 가치투자를 가르친 적이 있다.

클로드 섀넌은 다음과 같이 말했다. "우리는 35년간 주식거래를 해왔다. 첫 몇 년은 일종의 학습기간이었다. 처음에는 상당히 많은 거래를 했고, 그저 그런 정도의 수익을 올렸다. 장기 보유로 전환하면서 전반적인 성장률은 약 28%가 되었다." 세기의 천재 역시 초기 몇 년은 원금손실이라는 학습과정을 거쳐 가치투자로 돌아섰다.

섀넌은 "어떤 면에서 이 일은 잡음으로부터의 신호 추출과 통신에 관한 나의 연구와 가깝다"고 말했다. 그의 정보이론의 핵심은 '정보의 양'을 측정하고, 통신로의 용량을 정하고, 통신 시 잡음을 없애거나 줄이고, 잡음 가운데에서 원래 정보를 추출하는 것이었다.

중요한 것은 이 '정보이론'이 없었다면 텔레비전은 물론 휴대폰과 인터넷, 국제전화, 위성통신 같은 것은 상상도 할 수 없다는 점이다. 그가 기업의 미래 가치를 알아보는 과정이 그의 정보이론과 유사함을 이야기한 것이다.

섀넌은 훌륭한 투자자가 되려면 자신이 어디에 우위가 있는지를 이해하고 그러한 기회에만 투자해야 한다고 했다. 섀넌은 이렇게 강조했다. "회사 경영진을 평가해보고, 그 회사 제품에 대한 미래의 수요를 예상해보면 다음 몇 년 동안 수익이 얼마나 늘어날지 미루어 추정할 수 있다. 주가는 장기적으로 수익 성장을 따른다." "핵심적 데이터는 지난 며칠 또는 몇 달 동안 주가가 얼마나 많이 변화했는가가 아니라 과거 몇 년 동안 수익이 얼마나 변했는가 하는 것이다."

섀넌의 포트폴리오는 모든 금융 자문가를 놀라게 했다. 가장 비중이 큰 세 종목의 주식이 포트폴리오의 98%를 차지했다. 실질적으로 모든 수익은 텔레다인, 모토로라, 휴렛팩커드 3개 주식에서 나왔다. 대단한 안목이었다. 아니 이들 기업이 자신의 정보이론을 현실에 가장 잘 접목시켜 가는 기업들로 이를 지켜보는 즐거움이 더 컸으리라.

섀넌은 주식 분할을 반영한 가격으로 주당 0.88달러에 텔레다인을 매입했다. 25년 뒤 각 주식은 약 300달러가 되어 25%의 연수익을 실현했다. 섀넌은 코넥스를 주당 50센트에 매입했는데, 1986년에 이 회사의 1주는 모토로라의 40달러짜리 1주가 되었다. 연 20%의 수익률인 셈이다. 이 수익에는 배당금이 포함되지 않았는데, 그것을 고려한다면 수익률 수치는 더 높아질 것이다.

섀넌의 가장 훌륭한 장기투자는 해리슨연구소, 휴렛팩커드였다. 이 주식은 32년에 걸쳐 연 29%의 수익을 달성했다. 해리슨연구소 주식을 처음 매입할 때 섀넌은 주당 1.28센트를 지불했는데, 이 주식은 1986년도에 휴렛팩커드의 45달러짜리 1주가 되었다. 3500배의 증가였다. 최초의 투자금이 11번 이상 2배씩 불어났다.

섀넌, 일반인도 돈 버는 방법을 제시하다

클로드 섀넌은 일반인들도 돈을 벌 수 있는 한 가지 방법을 제시했다. 일명 '클로드 섀넌의 도깨비'라 불리는 '평균복원 포트폴리오'라는 것이었다.

섀넌은 가격이 전반적으로 상승하거나 전반적으로 하강하는 추세 없이 멋대로 널뛰기하는 주식을 생각해보라고 했다. 자본의 절반은 주식을 사고 절반은 현금계정에 넣어둔다. 매일 주가가 변한다. 매일 정오에 포트폴리오의 균형을 다시 맞춘다. 균형을 맞춘다는 것은 전체 포트폴리오(주식과 현금계정)의 현재 가치를 확인한 다음 주식계정에서 현금계정으로, 또는 현금계정에서 주식계정으로 자산을 이동해 50 대 50이라는 애초의 비율을 다시 회복한다는 뜻이다.

이 전략이 어떻게 작동하는지 예를 들어보자. 여러분이 지금 1000만 원을 가지고 있다. 이 1000만 원을 주식 500만 원과 현금 500만 원으로 나누어 시작한다. 첫날 주가가 반 토막이 되었다고 가정하자. 그럼 이제 여러분의 포트폴리오는 주식 250만 원과 현금 500만 원으로 이루어져 있다. 이 포트폴리오는 이제 현금 쪽으로 치우쳐 있다. 그래서 현금계정에서 125만 원을 꺼내 주식을 매입함으로써 다시 균형을 맞춘다. 그러면 다시 주식 375만 원과 현금 375만 원이라는 50 대 50의 포트폴리오가 만들어진다.

이런 행위를 매일 되풀이한다. 이번에는 그 이튿날 주가가 2배로 뛰었다고 하자. 주식계정에 남아 있는 375만 원은 750만 원으로 뛴다. 현금계정에 375만 원이 남아 있으므로 총자산은 1125만 원이 된다. 이번에는 주식 일부를 팔아서 다시 포트폴리오의 균형을 맞춘다. 그 결과 주식과 현금이 각각 562만 5000원이 된다.

현재까지 섀넌의 전략이 달성한 것을 보자. 주가는 급격한 추락 이후 원래 시작하였던 자리로 되돌아왔다. 그사이에 현금만 갖고 있었거나 주식을 매입해 그냥 보유하였던 투자자는 아무런 수익이 없다. 그러나 섀넌 방식의 투자자는 125만 원을 벌었다.

간단한 것처럼 보이는 이 이론의 바탕에는 물리학의 엔트로피 2법칙과 기하평균이 산술평균보다 크거나 같다는 수학 원리가 작용한다. 장기적 투자가는 복리 수익을 최대로 하기 위해 산술평균보다 기하평균이 최대가 되는 포트폴리오를 짜야 한다. 기하평균이 최대가 되는 지점이 바로 50 대 50 투자라고 섀넌은 밝히고 있다. 적게 잃고 많이 버는 '황금 공식'이 탄생한 것이다.

섀넌은 시장의 단기적 움직임은 랜덤워크로 움직이므로 장기적으로는 시장 평균수익률 이상을 낼 수 없다는 '효율적 시장가설' 이론 신봉자들에게 따끔한 일침을 주기 위해 이 개념을 생각해냈다고 한다. 아주 간단한 내용이지만 지금까지 주식투자의 타이밍에만 골몰하던 투자가들에게 자산배분이 얼마나 중요한지를 가르쳐주는 내용이다.

존 켈리, '켈리의 법칙'을 만들다

우리 생활에 너무나 중요함에도 그간 주목받지 못한 이론이 있으니, 바로 '켈리의 법칙'이다. 켈리는 세계 최초로 파산의 위험 없이 최대의 이익을 가져다주는 투자액수 결정 알고리즘인 '켈리의 공식'을 만들어낸 인물이다. 이를 살펴보자.

존 래리 켈리 주니어는 1923년 텍사스에서 태어나 자랐으며, 제2차 세계대전 때에는 해군 조종사로 복무했다. 물리학을 전공한 켈리는 서른 살에 벨연구소에 입사했다. 여기서부터 인생의 전환점을 맞았다. 켈리가 속한 벨연구소는 클로드 섀넌이라는 천재를 중심으로 한 '정보이론학파'의 본산지였다.

⚡ 존 래리 켈리 주니어

당시 벨연구소에 모인 3명의 천재, 클러드 섀넌과 존 켈리 그리고 에드워드 소프는 도박에 대해 연구했다. 컴퓨터를 동원한 그들의 작업과 그들이 고안해낸 수학 공식은 카지노 업계를 발칵 뒤집어놓았다. 그들이 룰렛과 블랙잭을 위시한 도박판을 점령해 큰돈을 벌었기 때문이다. 결국 그들에게 카지노 출입은 금지되었다.

주식시장에서 2차전

그들은 도박장 다음에 주식시장에서 2차전을 벌였다. 수많은 모형을 만들어 주식시장을 공략했다. 섀넌이 실험 도중에 만난 젊은이가 바로 오늘날의 워런 버핏이다.

버핏은 수학적인 비상함을 보이지는 않았다. 그러나 돈에 관한 본능은 초지구적으로 똑똑한 사람으로 섀넌은 기억했다. 두 사람의 공통점은 가치투자 신봉자였다는 점이다. 섀넌의 가치투자를 버핏이 배웠을 것이다. "10년 이상 보유하지 않으려면 단 10분도 보유하지 마라"가 워런 버핏의 신조가 되었다. 1960년대쯤 섀넌은 "버핏은 언젠가 지구상에서 가장 큰 부자가 될 것"이라고 예언했다.

∴ 젊은 시절의 워런 버핏과 그의 가족들

그러나 그들은 주식시장에서 황금의 법칙을 발견하지 못했다. 켈리는 머니게임에서 이기려면 반드시 정보의 양이 절대적으로 필요하다고 보았다. 섀넌은 공개된 신문에서는 그런 정보를 찾아낼 수 없다는 결론을 내렸다.

가치투자 신봉자 워런 버핏

세계 최고의 부자 워런 버핏은 벤저민 그레이엄의 제자인데, 벤저민 그레이엄은 증권 분석에 사용되는 기본개념(PER, PBR 등)들을 처음 적용한 사람이었다. 1934년 데이비드 도드와 공동집필한《증권분석》과 1949년《현명한 투자자》가 발간되면서 증권 분석이 본격적으로 시작되었다.

∴ 벤저민 그레이엄

그는 두 저서를 통해 "철저하게 분석한다면 기업의 상태를 파악할 수 있고, 이를 주가와 비교해 싼 가격에 산다면 미래의 변수에 대한 리스크를 낮추면서 주가가 제자리를 찾아가는 동안 만족할 만한 수익을 올릴 수 있다"고 주장했다. 실제 그는 1925년 '그레이엄-뉴먼 펀드'를 출범해 1956년 은퇴할 때까지 연평균 17%의 수익을 올렸다.

워런 버핏은 19세 때 주식평가에 대한 독창

적 저작자인 벤저민 그레이엄의 《현명한 투
자자》를 읽고 감명을 받은 나머지 벤저민 그
레이엄 교수에게 직접 배우기 위해 컬럼비
아 경영대학원에 입학했다. 워런 버핏은 그
전까지는 차트를 연구하거나 기술적 분석이
담긴 서적을 읽고 소문에 귀를 기울이는 보
통 투자자였다. 투자수익도 그저 그랬다. 하
지만 벤저민 그레이엄과의 만남 이후 워런
버핏은 그와 자신 사이에 깊은 교감이 이루
어졌다고 한다.

⁂ 워런 버핏

　1951년 졸업 후에 오마하로 돌아온 워런 버핏은 부친이 세운 주식
중개 회사인 버핏 포크에 들어가서 잠깐 일한 후 뉴욕으로 돌아와
벤저민 그레이엄이 세운 투자조합인 그레이엄-뉴먼에 입사해 벤저
민 그레이엄과 함께 본격적으로 일하기 시작했다. 벤저민 그레이엄이
증권 분석의 이론화를 세웠다면, 그 이론으로 거부가 된 사람이 바
로 워런 버핏이다.

켈리 공식의 탄생, '정보가 돈이다': Gmax=R

　20세기 최고의 수학자이자 정보이론의 아버지 클로드 섀넌이 아
이디어를 내고, 천재 물리학자 존 켈리가 1950년대 공식으로 만든
것이 이른바 '켈리 공식'이다. 그리고 매사추세츠공과대학 수학교수
출신 헤지펀드 매니저로 20년 동안 월스트리트 최고의 수익률과 가
장 낮은 수익변동률을 기록했던 에드워드 소프에 의해 그 효과가 입
증되었다.

켈리의 공식이라고 이름 붙은 이 마법 같은 공식구조는 'Gmax=R' 이다. 여기서 G는 투자자 또는 도박가의 부의 성장 속도를, 소문자로 쓰인 max는 최댓값을 뜻한다. R은 정보의 순도이다. 이 공식은 정보의 순도가 높을수록 부의 성장 속도가 빨라진다는 것을 의미한다.

'내가 아는 정보량만큼 돈을 벌 수 있다'는 이야기이기도 하다. 뒤집어 말하면 부가 축적되는 속도와 규모는 고高 순도의 정보에 철저히 의존한다는 이야기다. 정보의 순도에 따라 밑천을 적절하게 배분해 투자하기만 하면 수익은 안전하게 늘어난다는 게 켈리의 주장이다. 이 켈리 공식은 세상에서 가장 빨리, 가장 많은 돈을, 파산 위험 없이, 합법적으로 벌 수 있는 법으로, 주식시장과 카지노와 경마장에서 실제로 증명되었다.

그런데 이렇게 설명되는 켈리의 공식은 이것이 끝이 아니다. 켈리의 공식은 단순히 수학적인 확률이 아니라, 유리한 '정보'를 획득할수 있느냐 하는 일종의 정보수집 경쟁이자 궁극적으로 커뮤니케이션 게임이다.

켈리 공식은 흔히 '우위배당률'로 설명된다. '우위'는 같은 확률로 게임을 계속할 때 이길 수 있다고 생각되는 기댓값이다. 우리가 게임에 참여할 때 '내부정보'를 전혀 모르는 상태라면 '우위'가 없다. 우위는 0이므로 우위 나누기 배당률은 0이며, 우리가 걸어야 할 돈도 0이다. 걸지 말아야 한다는 뜻이다.

반대로 조작된 경마를 생각해보자. 1973년 제작되어 아카데미상을 휩쓴 영화 〈스팅〉의 내용이 꼭 이렇다. 이미 승부가 끝난 경마 게임을 시간차를 두고 사설 경마장에서 중계한다. 주인공은 이미 이긴 말의 이름을 알고 있다. 이러한 조작 게임에서 우위와 배당률은 같다. 분자와 분모가 같으므로 값은 1이며, 비례값이므로 확률은 100%다. 이러한 100% 게임에 우리는 가진 모든 돈을 베팅해야 한다. 도박에서 중요한 것은 유리한 '확률'이 아니라 유리한 '정보'임을 강조하는 이론이 켈리의 법칙이다. 이 공식은 돈이 정보와 등가라고 말한다.

켈리의 법칙에서 우리가 얻을 수 있는 함의는 무엇일까? 확장된 해석을 시도한다면 우리가 기대할 수 있는 부의 최대성장률은 '관계 $R_{Relation}$'과 같다는 것이다. 인간관계는 오직 의사소통, 곧 커뮤니케이션을 통해서만 강화되고 유지될 수 있다. 커뮤니케이션은 주고받는 정보의 양과 소통의 빈도 모두 중요하지만, 질적으로 정확하고 유익한 정보를 주고받는 것이 가장 중요하다.

앞으로 정보의 정확한 가치가 가격으로 측정될 수 있다면 본격적인 콘텐츠 경제가 작동할 것이다. 따라서 고도 지식정보사회를 살아가는 우리는 켈리의 법칙 'Gmax=R'을 생활 속에서 운용할 수 있어야 한다. 이제 부, 가치, 정보, 커뮤니케이션, 관계는 같은 말의 다른 표현이다. 모두 돈을 뜻한다.

켈리 공식과 자금관리

켈리 공식은 도박할 때 이길 확률과 상금 비율을 아는 경우, 자신이 가진 돈에서 얼마를 도박에 걸어야 가장 빠르게 돈을 증가시킬 수 있는가에 관한 것이다. 곧 최적의 투자 비율을 구하는 공식이다. 공식을 좀 더 정리하면 다음과 같다.

F=P-(1-P)/B

F는 한 번의 도박 시 걸어야 하는 자산의 비율
P는 이길 확률
B는 이길 때 받는 돈의 비율

예를 들어 이길 확률이 40%이고 이길 때 건 돈의 2배를 받는 경우, F=0.4-(1-0.4)/2=0.1이므로 10%의 자산만 한 번의 도박에 걸어야 한다. 여기서 B는 아래 공식으로 대체되기도 한다.

B: 수익거래에서 발생하는 수익 금액과 손실 거래에서 발생하는 손실 금액의 비율

예를 하나 들어보자. 수익거래 시 1만 원을 벌고, 손익거래 시 5000원을 잃는다고 해보자. 그리고 승률은 60% 정도가 된다고 가정해보자. 그러면 최적의 투자 비율은 다음과 같이 계산된다.

B=10,000원/5,000원=2
F={(2+1)×0.6-1}/2=40%

최적 투자 비율이란 연속된 투자 시 남은 돈의 몇 %를 투자할 것인가에 대한 비율이다. 승률만 높으면 무조건 많은 돈을 투입하는 것이 유리하다고 생각하기 쉬운데 그렇지 않다. 승률이 100%가 아니라면 손실이 발생한다는 것이다. 그러한 위험을 고려한 것이 바로 켈

리 공식이다.

우리가 베팅하고자 하는 현상이 일어날 수 있는 확률을 얼마나 정확하게 예측하느냐에 따라 우리가 벌 수 있는 돈의 액수가 결정된다는 것은 너무 당연한 이야기 같다. 하지만 그것을 숫자로 정량화할 수 있다는 점이 이 공식의 매력이다. 세상은 불확실하지만, 얼마나 불확실한가를 아는 것은 매우 유용한 일이니까.

파스칼은 "도박을 즐기는 모든 인간은 불확실한 것을 얻기 위해 확실한 것을 걸고 내기를 하는 사람들"이라고 비꼬았다. 하지만 수학자들은 불확실하지만 큰돈을 벌기 위해 내 주머니에 있는 확실한 돈을 걸 줄 아는 무모함과 그것을 수학적으로 치밀하게 접근하는 열정을 가진 과학자들이다.

켈리 공식의 가치

켈리 공식에 대한 설명을 듣고 나면 그다지 대단해 보이지 않는다. '정보만 있으면 대박은 떼놓은 당상'이라는 단순한 상식을 그저 숫자와 기호로 표현한 것에 지나지 않는다. 공식이 좀 싱겁게 느껴질 수도 있다. 그러나 이 공식이 시사하는 바가 중요하다.

첫째, 어떤 경우에도 올인하지 말라는 것이다. 그래야 파산의 위험이 없다. 딴에는 정보력이 있다는 보통 사람이 흔히 저지르는 실수다. 그러나 세상에 자신만 완전한 우위를 누리는 정보란 없다. 둘째, 정보의 우위를 고려한 비율대로 투자하거나, 안전하게 그보다 좀 적게 투자하라는 것이다. 이런 비례적 투자방식은 느릴지는 몰라도 장기적으로 가장 확실하게 원금을 불리는 방법이다. 워런 버핏 역시 이런 방식으로 장기투자를 하였다.

이 공식에 대한 응용 과정과 공식의 타당성을 둘러싼 논란은 꽤 떠들썩하였다. 폴 사무엘슨과 로버트 머턴 등 노벨경제학상 수상자들이 이 공식을 '탐욕의 공식'이라며 맹비난하였지만, 10년 이상 지속된 격렬한 논쟁에서 그들 역시 이 공식이 가장 빨리, 가장 많이, 가장 안전하게 돈 버는 공식이라는 점에 대해서만큼은 인정할 수밖에 없었다.❖

사상 최강의 투자 공식, 어떤 경우도 올인하지 마라

에드워드 소프가 금과옥조로 여기는 투자의 기준이 바로 켈리 공식이다. 이 공식은 정보가 확실할수록 더 빨리 돈을 벌 수 있다는 뜻으로, 돈이 정보와 등가라고 말한다. 곧 '정보가 돈'이라는 이야기다. 이 공식은 투자수익률을 극대화하는 방법은 오로지 정보 전달률을 높이는 길밖에 없다고 설명한다. 남이 모르는 내부정보야말로 수익의 원천이라는 것이다.

따라서 남보다 정보에서 얼마나 우위에 있느냐에 따라 투자금액을 결정해야 한다. 예를 들어 어떤 주식에 대해 당신이 알고 있는 지식이 남들도 다 아는 정도라고 한다면? 우위는 0이기 때문에 한 푼도 투자하지 말아야 한다. 반면 경영진 외에는 아무도 모를 정보를 안다면? 거의 모든 돈을 걸어야 한다. 자신의 정보 우위가 애매한 상황이라면? 그 우위를 객관적으로 파악한 후 벌 수 있는 돈으로 나눈 비율만큼만 투자하라.

❖ 윌리엄 파운드스톤 지음, 김현구 옮김, 《머니 사이언스》, 동녘사이언스, 2006;
KBS 1라디오 〈시사 플러스〉

이 공식이 좀 싱겁게 느껴질 수도 있다. 그런데 이 공식이 시사하는 바는 중요하다. 첫째, 어떤 경우에도 올인하지 말라는 것이다. 그래야 파산의 위험이 없다. 딴에는 정보력이 있다는 보통 사람이 흔히 저지르는 실수다. 그러나 세상에 자신만 완전한 우위를 누리는 정보란 없다. 둘째, 정보의 우위를 고려한 비율대로 투자하라. 자신이 잘 아는 투자 대상에 원금의 5분의 2를 투자하기로 했다고 치자. 원금 100만 원이 50만 원으로 준 경우라면 투자액이 20만 원이 된다. 반면 500만 원으로 원금을 불린 경우라면 200만 원이 된다. 이런 비례적 투자방식은 느릴지는 몰라도 장기적으로 가장 확실하게 원금을 불리는 방법이다. 워런 버핏 역시 이런 방식으로 장기투자를 했다. 마지막으로, 켈리 공식은 현대 재무이론이 시사하는 투자전략과도 다르다. 현대 재무이론은 사람은 합리적이며, 시장은 효율적이라고 간주한다. 시장은 워낙 술 취한 사람의 갈지자걸음처럼 예측 불가능하게 움직인다. 이런 전제하에 위험을 최소화하기 위해 가능한 한 분산투자를 하라고 권한다.

그러나 그렇다 하더라도 장기적으로 시장평균 수익률 이상을 올리기란 사실상 불가능하다고 본다. 사족 한 가지. 에드워드 소프는 파트너가 내부 거래 혐의로 기소되자 이 모든 일을 그만뒀다. 그 후 찾아온 헤지펀드의 전성시대를 경험하지도 못한 채. 이 갑작스러운 종말이 의미하는 바는 분명하다. 가장 세련된 형태의 투자조차 교도소 담장 위를 걷는 것처럼 위험할 수 있다는 것이다. 그러니 언젠가는 멈춰야만 한다.*

❖ 김방희 KBS 1라디오 〈시사 플러스〉 진행자

내부자거래 심한 우리나라 권력층

특히 우리나라 권력층은 켈리 공식에 익숙하다. 어디 땅값이 오를지, 어느 기업이 인수합병을 통해 주식가치를 높일지 등을 미리 파악해 일반인과의 부의 격차를 벌려나가고 있다. 고위 공무원 인사청문회 때마다 불거지는 각종 부동산투기 의혹은 대부분 켈리 공식이 적용된 사례다.

애초 내부정보는 이에 접근하기 어려운 약자들을 소외시킨다. 그래서 강자일수록 부의 축적 속도를 더욱 높일 수 있다. 이 점을 고려하면 우리 사회 학벌과 인맥 또한 내부정보의 하나라고 볼 수 있다. 켈리 공식에 대입하면 '투자 대비 최대수익률은 학벌과 인맥의 질과 등가'쯤 되겠다. 실제 내부정보를 공유하는 자들은 주로 학벌과 인맥으로 엮인 권력층이다.

최초의 퀀트, 에드워드 소프

에드워드 소프, 착용식 컴퓨터를 만들다

천재들이 한 번쯤 극복해보고 싶은 게 도박이다. 클러드 섀넌과 에드워드 소프 그리고 존 켈리도 예외가 아니었다. 그들은 도박과 게임에 대해 연구하였다. 이들이 꿰뚫어 본 것은 세상의 모든 도박이 공정하지 않다는 점이었다. 켈리는 수학에 기반한 도박 시스템을 고안하여 유명해졌다. 당시 켈리는 클로드 섀넌, 에드워드 소프와 함께 룰렛 정복을 위해 컴퓨터로 작업을 같이 하였다. 에드워드 소프Edward Thorp는 한 번 본 장면은 아무리 복잡해도 사진기처럼 재현해내는 괴짜 천재였다.

그들은 도박에서 유리한 확률을 얻기 위해
서는 게임의 설계상 약점을 공략하는 방법을
썼다. 매사추세츠공과대학 수학과 교수로 있던
섀넌과 소프는 룰렛 도박에서 이기는 방법을
공동 연구했다. 창고에 나란히 앉아 룰렛 판을
돌리면서 룰렛 공이 안착할 가능성이 가장 큰
부분을 예측하는 컴퓨터를 만들

∴ 에드워드 소프

었다. 레이저를 장착한 컴퓨터를
이용해 공이 떨어지는 위치를 어
느 정도 계산하면서 게임하는 방
법을 연구했다. 그들은 원판에 돌
아가는 룰렛 게임에서 원판의 회전 속도, 주사위를 던졌을 때 마찰계
수 등 상상을 초월한 복잡한 계산으로 어느 숫자에 멈춰 설지를 확
률적으로 알아냈다.

소프는 이를 카지노 현장에서 어떻게 써먹을 것인지를 고민했다.
그는 룰렛휠의 움직임을 추적해서 볼이 어디로 들어가는지를 제대
로 예측하기 위해 착용식 컴퓨터wearable computer를 만들었다. 그리고
헤드폰을 낀 플레이어에게 정보를 무선으로 알려주는 실험을 했다.
실제로 1961년 그가 선보인 이 착용식 컴퓨터는 세계 최초의 착용식
컴퓨터로 인정받았다.

블랙잭 베팅기법, 카드 카운팅

카지노에서 가장 인기가 많은 게임이 블랙잭이다. '21'이라 불리는

블랙잭은 두 장 이상의 카드 숫자 합이 21을 넘지 않는 한도 내에서 플레이어가 딜러와 겨루어 숫자가 더 높으면 이기는 게임이다. 그들은 바로 이 게임을 분석하기 시작했다. 블랙잭에서 도출한 자료들을 컴퓨터로 처리하면서 마침내 딜러를 이길 수 있는 요소를 찾아냈다. 소프가 발견한 것이 바로 '대수의 법칙The Law df Large Numbers'이었다. 동전을 던져서 앞면과 뒷면이 나오는 확률을 보면, 던지는 횟수가 적을 때는 50 대 50이 아니지만 횟수가 많아질수록 점차 50 대 50에 가까워지는데 이것이 바로 '대수의 법칙'이다.

곧 대수의 법칙에 의하면 블랙잭 게임에서 베팅을 하면 할수록 성공 확률이 높아지는 것이다. 여기에 켈리의 최적 베팅 시스템을 결합했다. 이로써 일명 카드 카운팅이라는 블랙잭 베팅 기법을 개발한 것이다. 카드 카운팅 기법이란, 블랙잭 게임 때 아직 사용되지 않고 남아 있는 카드의 분포에 따라 이길 확률이 달라지는 특징을 이용하여 베팅을 조절하는 기법이다.

이길 확률과 질 확률을 카드 카운팅으로 계산한 다음, 이길 확률이 30%인 판에는 30%의 돈만 걸고, 70%인 판에는 남은 70%의 돈

을 거는 것이 바로 켈리 공식이다. 져봐야 30%를 잃을 뿐이고, 이기면 70%나 딸 수 있다. 나를 제외한 다른 모든 사람은 이 확률이 계속해서 50%라고 알고 있을 테니, 나는 리스크는 줄이고 예상 수익은 높이게 되는

셈이다. 카드 카운팅을 사용하면 블랙잭은
플레이어에게 유리한 게임이 된다.

블랙잭 게임에서는 모든 숫자의 중심 카
드는 5이며, 이를 중심으로 어느 정도 카드
가 빠졌는지 카메라만큼 정확성을 가진 소
프의 기억력은 카지노의 최고수 베테랑 딜
러들을 몇 명씩 바꿔도 소용이 없었다. 대
부분의 카지노가 소프에게 털렸다.

♣ 에드워드 소프의 《딜러를 이겨라》

소프는 카지노를 공포에 떨게 만들었다.
나중에는 조직폭력배를 동원해 그들을 쫓아냈다. 한 번만 더 눈에
띄면 변사체로 발견될 줄 알라고 으르렁거린 바람에 도박판 싸움은
천재들의 판정승으로 그쯤에서 끝났다.

소프는 이 연구 결과를 '행운의 공식: 블랙잭 필승전략'이라는 제
목으로 미국수학협회에 기고했다. 그리고 자신의 이론과 실전 경험
을 토대로 1962년에는 《딜러를 이겨라》라는 책을 출간했다. 이 책은
곧 50만 부 이상이 팔리며 〈뉴욕타임스〉 베스트셀러가 되었다. 이후
카지노 업계는 룰을 바꿀 수밖에 없었다.

확률로 풀어낸 경마와 축구

그 뒤 한 사람은 증권시장에서 수십억 달러를 손에 쥐었으며, 한 사
람은 불과 몇 년 만에 경마장에서 수억 달러를 벌었다. 그는 경마에
필요한 데이터를 최대한 끌어모았고, 경마 베팅 시 발생하는 여러 비
효율성을 감안해서 경마의 배당률이 예상하는 것보다 정확한 우승
확률을 구할 수 있었다. 그리고 이 확률을 직접 제작한 컴퓨터 프로그

램에 입력하고 정교하게 계산된 베팅을 하여 이 같은 성과를 얻었다.

이 방법은 도박시장의 비효율성을 이용하는 방법이다. 주로 특정 이벤트에 돈을 걸고 배당을 받는 경마나 축구 도박 등에서 사용되는 방법인데, 시장의 비효율성을 이용하는 헤지펀드의 통계적 차익거래 기법과 원리 측면에서 다를 것이 전혀 없다.

예를 들면 다음과 같다. 유럽에서는 축구가 가장 인기 있는 스포츠이고 축구 도박시장도 상당히 크다. 유럽 축구 도박시장에서 매년 몇십만 파운드를 벌어들이며 부자가 되고 책까지 쓴 도박사가 있다. 그가 사용한 전략은 기본적으로 인기 팀에 덜 베팅하고 비인기 팀에 많이 베팅하는 전략이었다. 유럽 축구에서는 관중이 자기가 응원하는 팀에 베팅하는 경우가 많아 상대적으로 인기 팀의 우승 확률이 고평가되고 비인기 팀의 우승 확률이 저평가되는 현상이 생긴다. 이를 이용해 확률적 우위를 점한 것이다. 그는 이런 확률적 우위와 더

불어 계획적인 베팅 전략을 가지고 있어 결과적으로 크게 성공했다.

　이러한 사례에서 얻을 수 있는 교훈은 도박이든 투자든 항상 유리한 확률을 갖고 계획적인 자금관리를 해야 장기적으로 성공할 수 있다는 것이다.[*]

주식거래에 최초로 컴퓨터를 동원한 소프, 차익거래 창안

　인류 역사상 돈 벌기에 가장 진지하게 접근한 인물로 에드워드 소프만 한 이도 없을 것이다. 그는 뉴멕시코주립대학 교수를 거쳐 캘리포니아 어바인 캠퍼스 교수로 재직하면서 주식시장을 체계적으로 연구하기 시작했다. 그는 당시에 널리 거래되던 유일한 주식인수 옵션인 '워런트'에 주목했다. 워런트란 특정한 회사의 주식을 구입할 수 있도록 발행하는 일종의 권리증서다.

　그는 '주식 워런트'의 가격결정 방법에 대해 고민하기 시작했다. '워런트'는 보통주를 일정 가격에 구입할 수 있는 권리로 주식과 마찬가지로 가격이 언제 얼마나 오를 수 있는지 예측할 수만 있으면 수익을 내는 구조이다. 다만 주식과 다른 점은 만기일이 있다는 점이다.

　소프는 신 카수프 교수와 함께 워런트 가치를 계산할 수 있는 '과학직 주식시장 시스템'이라는 계량석 투자전략을 최초로 만들어냈다. 여기서 소프의 혁신적인 아이디어는 워런트의 숏매각에 따른 위험을 상쇄하기 위해 정확히 얼마만큼의 주식을 매입해야 하는지를 계산해낸 것이다. 이 기법을 '델타헤징'이라고 부른다.

　그리고 그들은 이를 이용해 실제로 워런트의 차익거래로 수익을

---

[*] 김형식, [김형식의 과학적 투자], 〈머니투데이〉

냈다. 차익거래는 관련 있는 두 종류의 유가증권이 가격이 서로 다르면 결국 이들 가격이 하나로 수렴할 수밖에 없음을 이용해 가격이 싼 곳에서 사 가격이 비싼 곳에 파는 것을 말한다. 사실 이런 거래는 새로운 형태가 아니었다. 다만 그들은 누구도 알기 어려웠던 워런트 가격을 계산해 그 차이를 알아보았을 뿐이다.

두 사람은 자신들의 노하우를 풀어《시장을 이겨라: 과학적인 주식시장 시스템》이라는 책을 출간했다. 탁월한 투자 시스템을 탄생시킨 소프는 자금을 조달받아 1969년 컨버터블 헤지 어소시에이츠라는 헤지펀드를 설립했다. 후에 프린스턴 뉴포트 파트너스로 이름을 바꾼 이 회사는 금융시장이 대혼란을 겪는 시기에도 꾸준하게 고수익을 올렸다.

그는 최초로 투자에 컴퓨터를 동원했다. 그리고 사람이나 시장이 간과하고 있는, 사소하지만 잘못된 금융상품의 가격에 주목했다. 오늘날 모든 증권사가 하고 있는 금융공학과 차익거래의 창안자인 셈이다.

이러한 지식을 이용해서 투자법칙을 찾아내어 컴퓨터로 적합한 프로그램을 만들어 시장에서 활용하는 계량분석가Quantitative Analyst를 짧게 줄여 퀀트Quant라 부른다. 이러한 퀀트의 대부가 에드워드 소프이다.

에드워드 소프의 이런 선구적인 투자시스템에 자극받아 세계 금융업계는 금융공학 트렌드에 휩싸이게 된다. 수학자들이 단지 학계에만 머무르지 않고 금융계에 초빙되어 금융투자 모델을 만들며 높은 연봉을 받는 '퀀트'로 변모하게 된다. 에드워드 소프에 이어 제임스 시몬스, 피터 멀러, 켄 그리핀, 클리프 애스네스, 보아즈 웨인스타

인 등이 월스트리트의 대표적인 퀀트로 부상한다.[*]

20여 년 동안 펀드를 운영하면서 그는 두 가지 기록을 세웠다. 하나는 연평균 28%라는 최고의 수익률이다. 세계 최고의 투자가라는 워런 버핏을 27% 앞서는 수치다. 수익변동 폭이 최저였다는 기록 또한 버핏을 앞선다.

안전하게 돈 버는 델타헤징 기법

1964년 소프가 처음으로 추적한 워런트는 최초로 디지털 컴퓨터를 대량생산하는 데 성공한 스페리랜드였다. 1958년 3월 스페리랜드는 회사 주식을 '행사가' 25달러에 매입할 수 있는 워런트를 발행하였다. 이 워런트의 만기는 1963년 9월 16일이었다. 이것은 그날 영업시간 마감 이후에는 그 워런트가 휴짓조각이 된다는 뜻이다.

이 회사의 주식이 25달러 이상, 예를 들어 29달러로 매매된다면 워런트는 4달러의 가치가 있다. 왜냐하면 그 워런트로 이 회사의 주식을 현행 가격보다 4달러 할인된 가격으로 살 수 있기 때문이다. 한편 이 회사의 주식이 25달러 이하의 가격으로 매매될 경우에도 그 워런트가 전혀 무가치한 것은 아니다. 왜냐하면 그 워런트는 만기일 이전에 이 회사의 주식이 행사가 이상으로 오를 것이라고 생각하는 사람들에게 팔릴 수 있기 때문이다.

비용이 큰 워런트 경우 위험을 줄일 수 있는 방법으로 '숏매각(공매도)'이 있다. 숏매각 하는 거래자는 갖고 있지 않은 증권을 제3자로부터 빌려서 판다. 이 제3자에게는 미래의 지정된 시점에 똑같은 증

❖ 스캇 패터슨 지음, 구본혁 옮김, 《세계 금융시장을 장악한 수학천재들 이야기》, 다산북스, 2011

권을 갚기로 약속한다. 거래자는 그사이에 그 증권의 가격이 내리기를 바란다. 실제로 그 증권의 가격이 내리면 팔 때 받았던 것보다 적은 돈으로 그 증권을 사서 제3자에게 갚고 차액을 챙길 수 있다.

그러나 숏매각에도 위험이 있다. 어떤 회사의 주가가 오를 경우 그 워런트의 가격도 덩달아 오른다. 이론적으로 어떤 주식(또는 워런트)의 가격이 얼마나 오를지 한계가 없다. 따라서 숏매각 하는 사람이 입을 수 있는 손실에도 한계가 없다. 이 위험을 줄일 수 있는 방법이 있다. 워런트를 숏매각 함과 동시에 거기에 상응하는 원본 주식을 사는 것이다.

이것은 경마에 적용된 켈리 시스템과 비슷하다. 단 두 마리의 말이 달리는 경마에서 한 마리는 반드시 이기고, 다른 한 마리는 반드시 진다. 이 상황에서 두 말에 모두 베팅하면 위험을 제거할 수 있다. 즉 전혀 잃을 수가 없다. 마찬가지로 옵션이나 워런트의 가치는 원본 주식 가격과 더불어 상승한다. 주식을 사고 옵션을 매각하면 거래의 한쪽은 반드시 이기고, 다른 한쪽은 반드시 지기 마련인 '경마' 상황을 연출할 수 있다.

여기서 소프의 혁신적인 아이디어는 워런트의 숏매각에 따른 위험을 상쇄하기 위해 정확히 얼마만큼의 주식을 매입해야 하는지를 계산해낸 것이다. 이 기법을 '델타헤징'이라고 부른다. 만약 당신이 '진짜' 승률을 다른 누구보다 정확히 알고, 거기에 따라 자신이 믿는 만큼 베팅 금액을 조정할 수 있다면, 당신을 이익을 기대할 수 있다.[◆]

◆ 윌리엄 파운드스톤 지음, 김현구 옮김, 《머니 사이언스》, 동녘사이언스, 2006

수정된 켈리 시스템, 변동성을 줄이다

그러나 켈리 시스템의 치명적인 약점은 당신이 아무리 부자가 되더라도 중대한 하락의 위험이 항상 존재한다는 것이다. 결코 파산은 하지 않더라도, 고통스러울 정도로 큰 투자금의 감소가 가끔 발생한다는 것이다. 소프는 펀드매니지먼트 회사인 프린스턴 뉴포트 파트너스라는 회사를 시작하면서 켈리 시스템의 이러한 무시무시한 변동성을 길들일 방법을 개발하였다.

전략은 켈리 공식에 따른 최적투자금보다 적은 금액을 거는 것이다. 즉 이전처럼 당신은 어떤 포트폴리오가 장기수익을 극대화하는지 켈리 공식에 따라 판단한다. 그런 다음 총 켈리 베팅 규모보다 적은 금액을 건다. 이 방법은 안정성과 수익을 맞교환하는 것이지만, 수익을 감소시키는 비율에 비해 변동성을 훨씬 더 크게 줄여준다.

예를 들어 켈리 베팅 규모대로 베팅하여 시간당 10% 비율로 부가 증가하는 투자에서 켈리 베팅 규모를 절반으로 줄일 경우 그 부는 7.5% 비율로 늘어난다. 전전긍긍하는 일은 이보다 훨씬 더 줄어든다. 켈리 전액 투자가(베터)가 투자금을 2배로 늘리기 전에 반 토막 낼 확률은 3분의 1이다. 이에 비해 켈리 베팅 규모의 절반을 거는 투자가가 투자금을 2배로 늘리기 전에 반 토막 낼 확률은 9분의 1에 지나지 않는다.

결국 소프는 적은 변동성에 대한 선호와 불확실성을 감안해 켈리 베팅 규모보다 적은 규모를 겨냥하였다. 이 수정된 켈리 시스템을 이용해 소프는 프린스턴 뉴포트 파트너스를 수익과 수익의 변동률에서 최고의 성과를 낼 수 있었다.

1969년 켈리 시스템을 적용한 소프에 의해 출범된 펀드매니지먼트인 프린스턴 뉴포트 파트너스가 1988년 해체될 때까지 거둔 성적은 초대형 홈런이었다. 사업을 시작할 때 투자된 1달러가 1988년 해체될 때는 약 14.78달러로 늘어났다. 19년에 걸쳐 보수공제 후 투자자들에게 돌아간 복리수익이 연평균 15.1%였다. 같은 기간 동안 S&P 500의 연평균 수익률은 8.8%였다.

프린스턴 뉴포트 파트너스가 올린 수익의 표준편차는 불과 4%였다. 이 수치로 볼 때 소프의 펀드는 시장 자체보다 훨씬 더 안정적이었다. 반면 S&P 500은 1974년에 시가총액의 약 4분의 1을 잃었고, 1987년 검은 월요일에는 상상하기 어려운 폭락을 겪었다. 그러나 프린스턴 뉴포트 파트너스는 1969년에서 1988년까지 단 한 해도 손실을 본 적이 없었다. 그는 켈리 공식을 바탕으로 이러한 위험을 회피하고 안전하게 돈을 벌 수 있는 헤징 기법을 고안하여 주식시장에서 큰 성공을 거두었다.

무리한 베팅은 반드시 파산한다

이런 수학적 결과는 상당히 많은 시사점을 준다. 이를 뒤집어 생각하면 아무리 유리한 게임이라도 자본의 특정 비율(이 비율은 배당률과 확률에 의해 계산된다) 이상을 계속해서 베팅하게 되면 장기적으로 반드시 파산하게 된다는 결론이다.

이를 주식시장에 적용해보면, 주가의 오르내림을 아무리 잘 맞춘다고 해도 자신의 자본에 비해 너무 큰돈을 걸게 되면 장기적으로는 파산할 수밖에 없다는 말이 된다. 설령 유리한 확률일지라도 과다한 베팅은 금물이다. 자본이 적은 개인투자자들이 특히 신경 써야 할 부분이다.

증권시장으로 진출한 대표적인 물리학 법칙

멱급수 법칙, 주가의 큰 등락이 자주 일어난다는 의미

고전경제학자들은 주가 변화의 분포가 정규분포의 모양, 곧 종 모양을 띤다고 생각했다. 즉 주가가 큰 폭으로 내리거나 큰 폭으로 오르는 경우는 정규분포의 가장자리에 해당하기 때문에 일어날 확률이 낮다고 생각한 것이다. 그런데 주가의 급격한 등락은 예상보다 자주 일어났다. 고전경제학자들의 생각이 틀린 것이다.

지난 1995년 미국 보스턴대학 물리학자들이 모여 '통계물리적 해석'이라는 새로운 방법을 만들어냈다. 그리고 증시에 상장된 1000개의 기업을 분석해 주가 변화의 분포는 정규분포가 아니라 '멱급수의 법칙Power Law'을 따른다는 사실을 밝혀냈다.

멱급수는 'y=a/xk'의 방정식으로 표현된다. 시스템을 이루는 요소들의 상호 의존이 높아서 가장자리가 더 두터운 모양으로 나타난다. 즉 주가가 폭등하거나 폭락하는 현상이 실제 증권시장에서는 자주 나타난다는 것이다. 이를 통해 물리학의 시각으로 경제를 보는 경제물리학이 탄생하였다.

'멱급수 법칙'이란 주식 가격변동의 빈도가 그 값의 몇 곱에 반비례하는 관계이다. 이 멱급수 법칙은 이탈리아 경제학자의 이름을 딴 파레토의 법칙 또는 지프의 법칙이라고도 불린다. 예를 들어 부의 분배에서 파레토 원리는 80 대 20 법칙으로, 전체 인구의 상위 20%인 소수가 80%의 부를 소유하는 것으로 나타난다.

멱급수 법칙의 경우 가장자리가 더 두터운 이런 모양은 주가의 큰 등락이나 시장의 위기 등 희귀한 사건이 우리가 예상하는 것보다 더 자주 일어난다는 것을 의미한다. 이 멱급수 법칙은 물리뿐 아니라 생물, 지질학, 사회학, 경제학 등 다양한 곳에서 나타난다.

현대 과학계의 활발한 연구 대상이 되고 있는 멱급수 법칙의 생성 원리는 현상적으로 나타나는 증거가 확실해 기존의 '효율적 시장가설'에 거세게 도전하고 있다. 이러한 멱급수 법칙이 적용되는 시장에서는 기존의 많은 기업이 하고 있는 전통적인 금융 위험의 측정과 운용이 큰 위기를 맞을 수 있다.

그 단적인 예로 1998년 러시아의 채무유예 선언으로 세계 최고의 헤지펀드 회사인 롱텀캐피털LCTM이 파산위기에 몰리고 헤지펀드 전체가 위기에 빠진 사례를 들 수 있다.

LCTM에는 두 명의 노벨경제학상 수상자와 하버드와 MIT 최고의 금융공학자들이 참여하고 있었다. 이들은 '효율적 시장가설'을 주로 이용하다가 금융 위험을 제대로 막지 못해 큰 위기를 맞게 된 것이다. 현대 자본주의 시장이 더욱 변화무쌍해지고 예측 불허의 위험에 둘러싸임에 따라 실제 시장의 위험을 관리하는 데 물리학이 접목된 멱급수 법칙이 더욱 현실적인 이론으로 받아들여지고 있는 셈이다.✢

주식시장에 양자역학 등 물리학 적용

물리학과 경제의 관계는 여기에서 그치지 않는다. 주식시장에 양자역학을 적용할 수 있다는 것이다. 멱급수의 법칙, 양자역학, 그리고 열역학은 물론 단순한 구조가 반복되어 복잡한 구조를 만드는 플랙탈, 피보나치수열, 기상예보에 사용되는 복잡계 물리학도 증권시장

✢ 김승환 포항공대 물리학 교수, "'경제물리학'이 뜬다", 〈세계일보〉

에서 사용되고 있다.

양자역학에서 관찰하고자 하는 대상은 관찰수단에 따라 변한다. 즉 전자를 관찰하려고 해도 전자를 관찰하는 현미경 같은 도구가 전자의 위치, 속도에 영향을 준다는 것이다. 이같이 주식시장에서는 참여하는 사람 각각은 시장을 관찰할 뿐 아니라 적극 영향을 미친다. 그 때문에 주식시장에서 미래를 예측하는 좋은 도구가 개발되었다고 해도 그것을 사용하는 사람이 많아지는 순간 그 도구는 효용성을 잃는다.

어떤 펀드의 수익률이 좋다고 소문이 나 그곳에 돈이 몰리는 순간 수익률은 떨어지기 일쑤다. 입자의 정확한 상태를 알 수 없으므로 양자역학이 입자 하나하나에 대해서는 설명하지 못하지만, 전체의 방향성과 확률은 낼 수 있는 것처럼 주식시장도 전체적인 방향성은 양자역학으로 계산할 수 있다 한다.

미래 가치를 사고파는 파생상품은 열역학 법칙으로 설명할 수 있다. 파생상품이란 미래 가격을 기준으로 현재에 사고파는 것으로 선물과 옵션이 있다. 선물은 주식의 미래 가격을 예측해 현재 거래하는 것이다. 주식을 산 사람은 거래한 가격보다 주식의 가치가 오르면 돈을 벌지만 반대 경우에는 손해를 본다.

옵션은 미래에 주식을 사고팔 수 있는 권리만 현재 거래하는 것이다. 옵션은 주가가 많이 오르면 큰 수익을 얻을 수 있어 복권과 비슷한 성격이다. 파생상품은 보통 경제활동에서 발생하는 위험을 최소화하기 위해 만들어진 것이다.[*]

❖ 김상연, 과학칼럼니스트

노벨상을 수상한 블랙-숄스 모형

금융상품 가운데에서 가장 복잡하기로 유명한 파생상품은 미국 항공우주국NASA의 과학자들이 금융가로 진출하면서 크게 발전하였다. 파생상품에서 가장 골치 아픈 문제는 파생상품의 가격을 결정하는 것이다. 이 문제를 해결한 것이 앞서도 언급한 피셔 블랙과 마이런 숄스가 개발한 '블랙-숄스 모형'이다. 이 모형을 쓰면 몇 가지 가정 아래 주식 옵션의 이론적 가격을 결정할 수 있어 옵션 판매에 따르는 위험을 95%까지 없앨 수 있다고 한다. 블랙-숄스 모형은 주식가격이 기하학적 브라운운동을 나타낸다는 관찰에서 시작한다.

브라운운동은 가루가 액체 분자에 부딪혀 복잡하게 움직이는 현상으로, 수리물리를 쓰면 숫자와 수식으로 표현할 수 있다. 이 가운데 하나가 아인슈타인의 열전도 방정식으로, 공기에서 입자의 확산을 잘 설명한다. 블랙 숄스 모형은 이 열전도 방정식을 이용해 옵션의 가격을 푸는 데 성공하였고, 결국 노벨경제학상을 받았다.✤

오늘날까지 최고 10대 혁신기술을 열거해보라면 '블랙-숄스 옵션 가격 결정 모형'을 언급하는 전문가도 있다. 현대 위기관리 전략의 지평을 연 이 방식은 휴대폰과 컴퓨터, 인터넷과 같은 기술과 동급으로 대접받아야 한다는 주장이다.

증시에 활용되는 과학은 물리학뿐만이 아니다. 생물학도 있다. 최근에는 인공지능을 접목한 투자기법이 등장하였다. 여기에는 신경망 프로그래밍 기법과 유전자 프로그래밍 기법 등이 증시에 도입되어 활용되고 있다. 신경망 프로그래밍 기법이란 시장의 상황이 계속 변

✤ 〈한경닷컴〉 김상현

하더라도 시스템이 환경에 어느 정도 적응해 시대에 뒤떨어지지 않도록 설계한 것이다. 그리고 유전자 프로그래밍 기법은 진화론에서 아이디어를 얻은 것으로, 컴퓨터 프로그램도 원하는 해답에 가까운 것을 선택하고 그렇지 않은 것을 도태시킴으로써 이를 반복하면 결국 원하는 해답을 찾을 수 있다는 것이다. 이러한 방식은 방대한 경우의 수를 가진 문제의 해결에 아주 유용하다는 것이 입증되었다. 현재는 여러 분야에서 활발히 사용되고 있다. 증시도 진화에 진화를 거듭하고 있는 중이다.

헤지펀드 대부들

헤지펀드 자본주의

헤지펀드의 약진

최근 10여 년 사이 세계 금융산업의 변화 가운데 가장 두드러지게 나타나는 현상이 헤지펀드의 약진이다. 이제는 헤지펀드가 금융산업의 한 섹터가 아니라 전체 금융산업의 중핵으로 떠오르고 있다. 한마디로 일반 금융기관들이 벌어들이는 수익보다 헤지펀드가 버는 수익이 더 많은 경우도 발생하고 있다. 급격한 증가 추세를 보이는 그들의 상상을 초월하는 연봉이 이를 잘 나타내주고 있다.

헤지펀드들은 금융위기에 상처가 컸다. 파생상품에 크게 물린 것이다. 특히 2008년은 최악이었다. 리먼 사태가 발생했던 2008년 글로벌 헤지펀드는 평균 23% 손실이 났다. 당시 37%나 떨어졌던 S&P 500지수나 반 토막 났던 주식시장에 비하면 나아 보였다. 하지만 이는 충격적인 사건이었다. 2008년 이전 10년간 글로벌 헤지펀드의 평

∴ 헤지펀드 매니저들. 왼쪽 위부터 데이비드 테퍼, 조지 소로스, 제임스 시몬스, 존 폴슨, 스티브 코헨.
왼쪽 아래부터 칼 아이칸, 에드워드 램퍼트, 케네스 그리핀, 존 아놀드, 필립 팰콘.

균 수익률은 연간 13~15%였다. 업계 전체로 보면 단 한 해도 손실을 기록한 적이 없었다.

그럼에도 이듬해부터 기력을 찾은 건 기적이었다. 2009년과 2010년 각각 평균 20%와 10.3%의 수익률을 올렸다. 이는 같은 기간 스탠더드앤드푸어스s&p 500지수 상승률인 26.5%와 15.1%에는 못 미치는 수치였지만 그 많은 파생상품의 폭락 속에서 그만큼 견딘 것만 해도 대단한 실적이었다. 그 뒤 헤지펀드들의 부침이 심한 편이며 헤지펀드 간의 간극도 커지고 있다.

글로벌 헤지펀드 성과 추이

글로벌 주가 조정과   글로벌 금융위기와
헤지펀드의 선전   상대적 선전

헤지펀드

채권

주식

1998 2000 2002 2004 2006 2008 2010 2012

* 참고: HFRX Glober Hedge Fund, MCSI ACWI,
  JPMGBI Global Index 성과 추이

자료: HFR, 블룸버그

상위 25개 헤지펀드 매니저 평균 연봉 매년 높아지다

2002년 헤지펀드 펀드매니저 연봉이 첫 집계되어 발표되었다. 당시 소로스가 7억 달러 연봉으로 1위를 차지했다. 일반인들은 한 사람이 일 년 만에 그만한 돈을 벌 수 있다는데 경악했다. 세계 10억 명의 사람들은 하루에 고작 1달러, 1년에 300여 달러를 벌려고 몸부림치는데 말이다.

조지 소로스의 연봉은 웬만한 대기업의 일 년 이익을 웃도는 수입이었다. 일반인에게 헤지펀드의 위력을 알리는 신호탄이었다. 이듬해에도 소로스는 7억 5000만 달러를 벌어 연속 1위였다.

이러한 조지 소로스의 연봉이 늘어나더니 10년 사이에 수직상승하여 2013년에는 55억 달러를 벌어 헤지펀드 제왕 자리를 되찾았다.

상위 25개 헤지펀드 CEO의 평균소득 추이

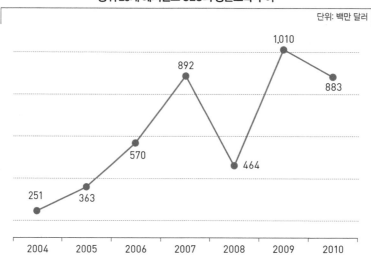

자료: AR Magazine annual Rich List reports

한 개인이 일 년에 우리 돈 약 6조 원에 가까운 돈을 번 것이다. 이게 바로 헤지펀드의 위력이다. 그만큼 상위 헤지펀드들의 수익 증가가 놀랍도록 크다는 의미다.

상위 3%의 재산을 늘려주는 헤지펀드

우리는 상위 25개 헤지펀드들의 활약을 눈여겨볼 필요가 있다. 그들이 전체 1만여 개 헤지펀드 수익의 절반 가까이를 차지하고 있기 때문이다. 헤지펀드 간의 편차가 큰 편이다.

이러한 현상이 중요한 의미를 갖는 것은 헤지펀드 업계의 부익부 빈익빈 현상은 그대로 사회적인 소득 불평등과 부의 집중 현상으로

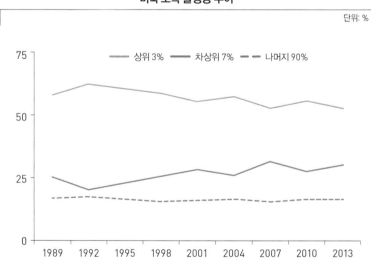

미국 소득 불평등 추이

단위: %

상위 3% — 차상위 7% — 나머지 90%

* 미국은 상위 3%만 소득이 늘어나고 있으며 전체 소득의 30% 이상을 그들이 가져가고 있다.

자료: 연준

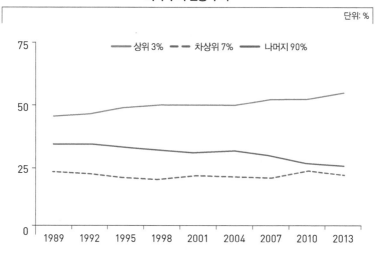

미국 부의 편중 추이

단위: %

상위 3% ━━ 차상위 7% ━ ━ 나머지 90% ━━━

자료: 연준

전이되어 가기 때문이다. 미국인 상위 3%의 소득이 점점 더 불어나고 그들의 자산이 증가하는 현상의 중심에 이들 헤지펀드가 있다.

2013년 미국 상위 25개 헤지펀드 최고경영자들의 성공보수가 모두 합쳐 212억 달러에 달했다. 1인당 연간 세후 평균보수가 8.5억 달러였다. 이는 2012년보다 50% 늘어난 수준으로 2010년 이후 가장 높았다. 상위 25개 헤지펀드가 얼마만큼 돈을 잘 버는지를 알 수 있는 증표다.

이들 유명 헤지펀드 매니저들은 보통 기본수수료 2%에 20~30%의 성공보수를 받는다. 심지어 40%의 성공보수를 받는 곳도 있다. 곧 이들이 받는 보수를 보면 해당 헤지펀드가 그해 얼마를 벌었는지를 가늠해볼 수 있는 것이다.

미국 6대 은행들보다 많은 10대 헤지펀드 수익

2010년 하반기의 경우, 미국 10대 헤지펀드의 수익이 미국 6대 은행들보다 더 많았다. 존 폴슨의 '폴슨앤코'와 조지 소로스의 '퀀텀펀드' 등 상위 10개 헤지펀드가 2010년 하반기 고객들에게 280억 달러 수익을 배정했다. 펀드매니저의 수수료를 제한 순수익으로 이를 더할 경우 수익은 30% 이상 늘어난다. 10개 헤지펀드가 360억 달러 이상 벌었다는 이야기다.

같은 기간 중 골드만삭스, JP 모건, 씨티그룹, 모건스탠리, 바클레이즈, HSBC 등 6개 주요 은행은 260억 달러의 순수익을 올리는데 그쳤다. 이는 이제 헤지펀드가 금융의 한 섹터가 아니라 주류로 떠올랐음을 단적으로 보여주는 수치다.

2010년 하반기 순이익 비교

헤지펀드

상위 10개 헤지펀드	280억 달러	퀀텀펀드	30억 달러
		폴슨앤코	58억 달러

은행

JP 모건	92억 달러	골드만삭스, JP 모건, 씨티그룹, 모건스탠리, 바클레이스, HSBC 등 6개 대형은행	260억 달러
골드만삭스	43억 달러		

자료: 〈파이낸셜타임스〉

120명 폴슨앤코, 3만 2500명 골드만삭스 수익 능가

2010년 하반기 1~2위인 폴슨앤코와 퀀텀펀드가 수수료를 떼고 순수하게 고객들에게 돌려준 수익은 각각 58억 달러와 30억 달러였

∴ 존 폴슨(왼쪽)과 조지 소로스(오른쪽)

다. 특히 120명을 고용하고 있는 폴슨앤코가 3만 2500명이 일하는 골드만삭스의 순수익 43억 달러를 능가한 점이 눈에 띈다. 100여 명의 인력으로 운영되는 헤지펀드 수익이 수만 명의 인력을 고용하고 있는 투자은행보다 많았다.

2013년 헤지펀드, 40억 달러 이상 수익 5곳

글로벌 금융시장 불확실성 확대와 초유의 저금리 시대를 맞아 헤지펀드로 글로벌 자금이 몰리고 있다. 2013년 헤지펀드 자산규모는 저금리 시대에 고수익을 좇는 투자자들 덕분에 전년보다 3760억 달러(17%) 증가한 사상 최고치인 2조 6300억 달러를 기록했다.

2013년 헤지펀드들은 총 1920억 달러의 순이익을 창출해냈다. 이 가운데 상위 20개 헤지펀드 매니저는 미국 내 7000개 펀드에서 발생한 전체 수익 가운데 43%를 차지해 수수료 수입만 554억 달러를 벌었다. 퀀텀펀드를 포함해 2013년 한 해 40억 달러 이상의 이익을 낸 헤지펀드는 론파인, 바이킹, 아팔루사, 바우포스트 등 5곳이다.

2013년 기준, 운용자산 286억 달러의 소로스의 퀀텀펀드는 1973년 투자를 시작한 이래 총이익이 396억 달러로 업계 최고를 기록했다. 레이 달리오가 운영하는 운용자산 790억 달러의 세계 최대 규모 헤지펀드 브리지워터퓨어알파는 총이익이 392억 달러로 2위였고, 존 폴슨의 폴슨앤코(운용자산 203억 달러)가 254억 달러로 뒤를 이었다.

우리가 눈여겨보아야 할 점은 헤지펀드가 세계 금융산업의 변화를 주도하고 있다는 점이다. 불과 100여 명의 직원을 고용하고 있는 헤지펀드가 수십만 명을 고용하고 있는 은행보다 돈을 더 잘 버는 것이다. 국내 금융업계는 이들의 투자행태를 면밀히 분석할 필요가 있다. 우리가 헤지펀드들의 활약을 주목해야 하는 이유는 그들이 이미 세계 금융시장과 외환시장의 핵폭풍으로 성장했기 때문이다. 또 그들의 컴퓨터 프로그램 투자 금융기법이 세계 주식시장을 석권하는 조짐을 보이고 있기 때문이다.

대영제국을 굴복시킨 조지 소로스

김대중 전 대통령은 1998년 새해 첫 공식행사로 조지 소로스를 만났다. 아무리 화급한 IMF 수습 국면이라지만 새해를 여는 첫 공식행사에 동남아시아 외환위기를 촉발시킨 투기꾼 소로스를 만난 것이다. 말레이시아 마하티르 총리는 그를 겨냥해 '자본주의의 악마', '국제적 환투기꾼'이라며 공공연하게 비난했다. 소로스는 퀀텀펀드라는 헤지펀드를 통해 국제 핫머니를 주도하는 인물로 일찍이 대영제국의 중앙은행을 굴복시킨 장본인이다. 한 나라의 대통령이 월스트리트의 대형 금융기관 총수도 아닌 그런 투기꾼을 만나야 하였던

∴ 김대중 대통령 당선인과 조지 소로스

까닭은 국제 금융시장에 대한 그의 영향력 때문이었다.

당시 우리나라는 1997년 말에 발발한 외환위기 사태로 국제통화기금IMF으로부터 급히 돈(구제금융)을 빌려야 하는 어려운 처지였다. 그래서 김대중 전 대통령은 미국 금융계의 큰 손들을 초청해 한국에 대한 투자를 부탁했는데 바로 그 첫 번째 인물이 조지 소로스였다. 소로스의 한국에 대한 투자는 외환위기로 외자유치에 목말라 있던 한국 기업들에 긍정적인 역할을 하게 된다. 그 뒤 소로스는 300억 원 정도의 이익을 남기고 2005년 서울증권을 매각했다.

투기판의 살아 있는 전설, 소로스

일일 세계 외환거래액은 4조 달러가 넘는다. 그 가운데 수출입 대금결제와 실수요에 쓰이는 돈은 1% 미만이다. 나머지 99% 이상이 핫머니다. 핫머니의 대부분이 글로벌 자본시장과 자산시장을 대상으로 하는 거래로 태반이 단기차익을 노린 투기거래다. 이러한 투기

거래에서 살아 있는 전설적 인물은 단연 조지 소로스다.

그가 운용한 헤지펀드의 실적은 30년 동안에 원금을 5351배로 불렸다. 시작 당시 100만 원을 투자하였다면 그 돈을 무려 53억 원으로 불린 것이다. 이것은 42년 동안 4100배를 기록한 20세기 최고의 투자가 워런 버핏을 웃도는 성적이다.

전 세계가 서브프라임 위기로 흔들리던 2007년과 2008년조차도 그는 개인적으로 27억 달러와 11억 달러가 넘는 돈을 벌어들였다. 2009년, 2010년에도 각각 33억 달러를 벌어 노익장을 과시하였다. 80억 달러가 넘는 기부활동을 했음에도 외환과 금 투자 등으로 재산을 증식해 2011년 기준 220억 달러로 미국 7위 갑부에 올랐다. 펀드매니저 중에서는 가장 부자다.

대영제국이 유대인 한 명을 못 당하다

원래의 헤지펀드는 금융감독기관이나 증권거래소에 등록할 필요가 없는 사적 투자 파트너십으로서, 여러 시장과 상품에 투자하는 펀드다. 펀드의 구성은 보통 100만 달러 이상의 투자자 100명 이내로 구성된다. 등록할 필요가 없으니 공시의무도 없으며, 기존 투자에 대한 투명성 세공의무도 없다.

'소로스'라는 이름이 세계적으로 유명해진 계기는 1992년 9월 16일 파운드화 폭락 사태이다. 이른바 '검은 수요일'이라 불리는 이날, 파운드화의 가치는 순식간에 20%나 떨어졌다. 당시 소로스의 퀀텀펀드가 파운드화를 집중적으로 투매하면서 영국 정부의 환율하락 방어정책을 무력화시켰다. 이때 소로스가 2주 만에 얻은 이익은 10억 달러에 이른다. 그리고 그는 하루 만에 '영란은행을 초토화시킨 사나이'로 세계에 이름을 알렸다. 최단시간에 가장 많은 돈을 번 것으로 기록을 세웠다. 유대인 한 명이 세계에서 제일 큰 외환시장인 런던 금융시장의 수장 영란은행을 굴복시킨 것이다. 세계는 경악했다.

소로스는 확신이 있었다. 떨어져야 할 파운드화를 무리하게 떠받치고 있는 영국 정부가 그의 먹잇감이었다. 그래서 총자산의 150%에 해당하는 돈을 더 빌려서 투자했다. 방법은 파운드화 공매였다. 예상대로 상하 6%에 묶여있던 환율 조정장치가 무너졌다. 투자금액은 약 100억 달러였다. 모든 일이 예상보다 너무 빨리 진행되는 바람에 계획대로 다 실행하진 못했다. 결국 예상했던 10억 파운드에 못 미치는 10억 달러의 수익을 올리는 것으로 만족해야 했다.

그의 눈에는 이후에 진행될 그림도 보였다. 검은 수요일 이후 그는 영국, 독일, 프랑스의 금리 선물을 대량 매수했다. 영국의 현물 주식도 매입했다. 그리고 프랑스 정부가 프랑화를 살릴 수 있도록 도와줬다. 이를 통해 소로스의 퀀텀펀드와 자회사 세 곳이 그해 가을 유럽에서 벌어들인 돈이 20억 달러에 달했다.

이는 '철저한 연구와 분석, 과감한 투자, 발 빠른 후속조치'의 세 가지로 요약되는 '소로스 투자기법'의 전형을 잘 보여줬다. 파운드화의 가치 하락을 확신한 뒤 자본금의 150%를 더 빌려 과감하게 투자했고, 파운드화 폭락 이후 금리가 인상될 것을 예견해 금리 선물을 매수했으며, 현물 주식을 매입해 위험을 분산시키고, 벌어들인 자금을 프랑스 정부에 투자함으로써 환율을 안정시키도록 하는 '선투자 구조'를 구축한 것이다.※

※ 〈주간조선〉 이범진 기자

숨겨진 축복의 또 다른 이름, 고난

소로스는 젊어서부터 국경을 넘나들며 주식·채권·외환은 물론, 부동산·원자재·곡물 등에 투자하여 천문학적 투자수익을 올리면서 '세계 금융계의 큰손'으로 컸다. 실질적인 글로벌 투자의 원조인 셈이다.

소로스가 글로벌 투자라는 새로운 영역을 개척할 수 있었던 것은 극적인 삶 덕분이었다. 소로스는 1930년 헝가리 부다페스트에서 태어났다. 그의 본명은 조지 슈와르츠였다. 나중에 나치 박해를 비해 전 가족이 영국 등으로 이주함에 따라, 유대인 냄새가 나는 슈와르츠라는 성을 소로스로 바꾸었다. 부친은 소로스Soros란 성을 매우 좋아했는데, 그 이유는 앞에서부터 쓰나 뒤에서부터 쓰나 철자가 같았고, 또한 에스페란토어로 '훗날 번창하리라'란 의미였기 때문이다.

부유한 유대인 변호사였던 아버지 슬하에서 자랐지만, 나치가 유럽을 장악하면서는 죽음의 위험 속에 살았다. 그는 나치의 색출을 피해 다른 사람의 출생증명서와 졸업증명서를 위조하여 신분을 위장했다. 조지 슈와르츠라는 이름이 조지 소로스로 바뀐 것도 이때였다. 아예 성을 바꾼 것이다. 조지 소로스의 아버지는 가족이 함께 있는 것은 위험하다고 판단하여 아들 둘을 친척 집에 맡겼다. 그 뒤 그의 아버지 티바다르 소로스는 제1차 세계대전 당시 헝가리 포로로 소련군에 체포되어 집안이 뿔뿔이 흩어졌다.

티바다르 소로스는 러시아 차르의 폭압 아래서 힘든 유배생활을 하다가 다행히 볼셰비키 혁명 때 탈출하였다. 그 뒤에도 볼셰비키 혁명 후 벌어진 백군과 적군 사이의 3년 내전 동안에도 그는 여러 차례 목숨을 잃을 뻔했다. 티바다르 소로스는 이런 경험을 통해 남보다 먼저 위기를 직감하는 능력을 갖게 됐고, 이 능력은 교육을 통해 소로스에게도 이어지게 된다. 이렇게 조지 소로스의 밑바탕에는 아버지에게서부터 이어받은 생존의 본능이 있었다. 그럼에도 그의 부친은 꽤 지성적이었다. 소로스에게 철학과 문학을 강조했다. 무엇보다 유대인으로서의 혈통과 유대교의 뿌리를 잊지 않도록 교육하였다.

제2차 세계대전 때 독일이 헝가리를 점령하고 유대인에 대한 탄압이 시작되자 그는 아들 조지 소로스를 헝가리 농업장관의 양자로 입적시켜 수용소행을 피하게 하였다. 이때 소로스는 1945년에 일어난 그 유명한 독일군과 소련군 사이 15일간의 부다페스트 시가전을 현장에서 생생하게 체험하였다. 나중에 그는 15세 때의 그 경험이 인생을 보는 시각 자체를 완전히 바꾸었다고 술회하게 된다. 어려서부터 배워온 여러 가치가 전쟁의 와중에서 생존이라는 절대 명제 앞에서 무력하게 무너져 내리는 과정을 겪었다. 이를 극복하고 마음속에 굳은 심지를 키워가게 된다. 이 모든 것이 소로스가 다시는 전쟁이 일어나지 않도록 동구의 민주화에 일생을 걸게 만드는 계기가 된다.

이러한 고난을 겪는 과정에서 그는 자신의 감정을 숨기는 법을 익히게 되었다. 대형 투기판에서도 끝까지 포커페이스를 유지하는 까닭에 소로스가 훗날 주변으로부터 냉정한 승부사, 미스터리맨으로 불리게 된 토대가 되었다. 소로스의 돈에 대한 집착과 철학은 이때 생긴 것으로 보인다. 아버지 티바다르의 노력으로 소로스 가족은 생명을 건질 수 있었다. 하지만 생활은 궁핍했다. 어린 조지 소로스는 아버지를 도와 암시장에서 일했고, 삼촌을 도와 담배사업에 손댔다. 생활고에 쫓기던 소로스는 고향 헝가리를 떠나기로 결심한다. 1947년 헝가리가 공산화되자 야반도주를 감행해 런던으로 탈출하는 데 성공하였다.

고학으로 점철된 런던 생활

런던 생활도 쉽지는 않았다. 단돈 200파운드로 결행한 그의 정치적 망명 겸 유학생활은 순탄치 않았다. 특히 아는 사람 하나 없는 런던에서의 생활은 너무도 외롭고 궁핍하였다. 후에 그의 회고에 의하면, 소로스는 유대계 학생들에게 나오는 단체 보조금을 더 받아내기 위해 괴롭게 양심을 팔면서 이중으로 보조금 신청도 했다. 그리고 철도역에서 짐 나르는 일을 하다가 화차 사이에 다리가 끼어 뼈가 부러지는 바람에 두 달간 병상 신세를 지기도 했다.

학창 시절 소로스는 생활이 어려워 빈민가를 전전하며 여러 아르바이트와 직업을 찾아 헤매야 했다. 접시 닦기, 식당 웨이터, 페인트공, 철도역 짐꾼, 여행사 세일즈맨, 마네킹 조립공장 직공, 은행 수습사원 등을 하면서 고학으로 힘겹게 살았다. 일을 잘하지 못해 일하던 곳에서 쫓겨나기 일쑤였고 하는 일마다 실패했다. 생활고에도 불구하고 소로스는 고학으로 켄티시타운 폴리테크닉이란 전문학교를 다니며 대학입시를 준비했다. 영국에서의 생활은 훗날 그가 "내 생애에서 가장 어려웠던 시절이었다"고 회상할 정도로 배고픔과 고난의 나날이었다.

그런데 주목할 점은 그가 거듭된 실패를 겪는 중에도 온 힘을 다해 철학 고전을 읽었다는 것이다. 아리스토텔레스, 에라스뮈스, 마키아벨리, 홉스 같은 천재 철학자의 저작을 온 마음으로 공부했다. 1949년 수영장 안내원으로 일하면서 꿈에 그리던 영국 사회과학 분야의 최고 명문 런던정경대학LSE: London School of Economics and Political Science

합격자 발표를 기다리는 동안에 읽은 책 중의 하나가 칼 포퍼의《열린사회와 그 적들》이었다. 이 책은 그를 충격에 빠뜨릴 만큼 날카로운 통찰로 가득했다. 그 뒤 그는 고학을 계속하면서 런던정경대학에서 철학을, 대학원에서는 경제학을 공부하고 1952년에 조기 졸업하였다. 그는 기억력과 집중력이 뛰어났다. 천재의 면모를 엿볼 수 있는 대목이다.

소로스, 칼 포퍼의 열린사회와 만나다

당시 소로스가 다니던 런던정경대학에는 세계적 석학 칼 포퍼 교수가 있었다. 유명한 유대인 철학교수 칼 포퍼가 소로스의 논문 지도교수였다. 포퍼 교수는 반 전체주의, 반 마르크스 성향의 우익 사상가이자 양자역학 등 물리학을 철학적 분석 틀로 즐겨 사용하던 당대의 과학철학자였다. 칼 포퍼를 통해 소로스는 논리적 사고를 철저히 전수받는다. 이는 세계 최고 펀드매니저의 토양이 된다. 훗날 "펀드매니저가 되지 않았다면 철학자가 되었을 것"이라고 고백하는 데서 알 수 있듯이, 스승 칼 포퍼의 사상은 조지 소로스에게 절대적인 영향을 미쳤다.

.⋮. 칼 포퍼

칼 포퍼는 "영원히 올바른 것은 없다"고 말한다. 모든 기존 관념을 거부한 그에게 진리란 이성에 의해 비판될 수 있는 것이다. 그의 사상은 '모든 사상은 불확실하고 인간은 반드시 잘못을 저지른다. 그러므로 잘못을 인정하고 그것을 끊임없이 수정해가는 열린사회Open Society야말로 이상적인 사회다'로 요약된다. 포퍼에 따르면 열린사회와 반대편 대극 관계에 있는 것이 전제주의 사회와 공산주의 사회다. 칼 포퍼에 따르면 인간의 삶도 결국 마찬가지로 '모든 삶은 근본적으로 문제해결'이다.

소로스의 핵심 투자이론, 재귀성이론

이러한 사상에 공감한 소로스는 그 뒤 포퍼의 사상에 자신의 사상을 더하여 '오류성Fallibility'과 '상호작용성Reflexibility'이라는 개념을 완성하였다. 그리고 이를 실제 그의 50년 투자활동에 적극 활용하였다. '오류성'이란 인간은 불완전하여 세상을 인지하는데 있어 항상 왜곡된 시각을 갖게 되며 전체가 아닌 부분을 보게 된다는 것이다. 따라서 인간의 지식은 틀리기 쉬우며 다음의 전개를 예측해도 틀릴 수 있다는 것이다. 곧 남은 물론 자신의 판단도 틀릴 수 있음을 항상 인정하고 유의하면서 투자에 임하라는 것이다.

'상호작용성'이란 기대와 현실 속에서 사람과 사람은 서로 영향을 주고받으며 행동한다는 것이다. 서로 상대방의 행동과 그에 따른 결과에 영향을 받는다는 사고방식이다. 이 두 개념은 그의 투자에도 적극 응용되었다. 시장에 참여하는 사람들을 유연하게 보려고 하는 소로스 특유의 시장철학이 되었다. '재귀성이론'으로 발전한 그의 투자철학이 이때 정립되었다.

포퍼 교수는 "열린사회를 거부하는 전제적인 이데올로기는 궁극적인 진리라고 주장하는 점에서 논리적인 오류를 가질 수밖에 없다"고 갈파하였다. "인류 사회는 인간이 오류를 범할 수 있다는 점을 인식할 때에만 진보하며 궁극적인 진리를 독점할 수는 없다"고 강조하였다. '수요와 공급에 의해 시장이 균형을 이룬다'는 기존의 정설을 거부한 소로스의 투자철학은 포퍼 교수의 이 같은 주장에서 비롯되었다.

소로스는 "수요와 공급이 주어졌다는 가정은 현실과 동떨어진 것이다. 시장참여자들의 생각과 시장의 움직임은 서로 영향을 미치는 상호작용적인, 곧 재귀적인 관계를 갖는다. 가격은 수요와 공급에 따라서만이 아니라 판매자와 구매자의 기대에 따라서 좌우된다"고 설명한다. 이렇게 심리학을 경제학에 접목해서 인간의 행동을 관찰하는 행동경제학은 고전학파 이론의 가정 자체가 틀렸다고 지적한다. 인간은 부분적으로만 합리적일 뿐이라는 것이다. 오류를 범할 수밖에 없는 인간의 판단과 행동을 가정하는 것이 더 합리적인 경제인이라는 것이다. 그런 의미에서 인간 행동의 오류성을 지적한 조지 소로스는 행동경제학을 몸에 체화한 투자자다.

그의 이러한 재귀이론은 이른바 효율적 시장가설을 주장하는 주류경제학파들에게는 '논할 가치도 없는' 해괴한 담론이라는 혹평도 있었다. 하지만 1969년 펀드 운용을 시작한 이래 1981년 단 한 해만을 제외하고는 수익을 냈으며, 그것도 연평균 35%라는 경이적인 성과를 낸 인물의 말이기에 소로스의 재귀이론을 어떻게 취급해야 할지 주류경제학계는 오늘도 고민하고 있다.

훗날 소로스는 국제 자선사업에 첫발을 내디디면서 만든 자선기금에 '열린사회기금Open Society Fund'이라는 이름을 헌사하는 것으로 스승에 대한 예를 표하였다. 그리고 나중에 소로스는 열린사회연구소라고 명명된 사회철학연구소를 만들어 스스로 그 이사장이 된다.

무위험 차액거래로 금융시장에 발을 들여놓다

힘들게 명문 런던경제대학을 졸업했어도 소로스는 취직 자리를 구하지 못하였다. 그는 독일에서 수입한 가죽제품을 취급하는 잡화상에서 핸드백 세일즈 영업사원 생활로 사회에 첫발을 내디뎠으나, 이내 자신의 길이 아님을 깨닫고는 런던에 있는 모든 투자은행에 취업을 부탁하는 편지를 보내게 된다. 딱 한 군데서 답이 왔는데, 그 회사는 마침 헝가리 이민자가 설립한 '싱어 & 프레들랜더Singer & Friedlander'였다. 인터뷰 끝에 이 회사에 견습사원으로 취직하여 여기서 처음으로 금융의 기초 지식을 습득하게 된다.

그는 취직해 증권 재정거래를 맡았다. 원래 '재정거래arbitrage transaction'란 어떤 상품의 가격이 시장 간에 서로 다를 경우 가격이 싼 시장에서 사서 비싼 시장에 팔아 매매차익을 얻는 거래행위를 말한다. 이를 '차익거래'라고 한다. 리스크 없는 무위험 수익거래다. 그가 한 일은 신주인수권부 사채와 같이 권리가 붙은 증권의 가격과 실제 주식가격의 차이를 이용해 신주인수권만 거래해 차익을 챙기는 것이었다. 일종의 파생금융상품 거래와 같았다.

그 뒤 1956년 스물여섯 살이 된 소로스는 드디어 대망의 땅 미국에 진출한다. '최단시간 내에 50만 달러를 벌어서 그 돈으로 철학자가 된다'는, 극히 이상주의적 목표를 가지고 월스트리트로 진출한 것이다. 첫 번째 직장은 소형 투자은행이었던 FM 메이어FM Meyer였다. 여기서 맡은 일도 차액거래였다. 당시만 해도 대서양을 사이에 두고 통신 인프라가 빈약하여 이른 바 정보의 비대칭이 존재하던 시절이었다. 런던과 뉴욕에서 거래되는 유럽계 증권의 가격 차이를 이용해 그 차익을 챙기는 것이었다. 당시 미국에는 유럽의 증권 사정을 아는 사람이 거의 없었다. 런던 증권회사에서 일했던 소로스는 자신의 지식을 살려 점차 이름을 알리고 신용을 구축해 갔다. 하지만 금리균등세가 도입되면서 차익이 세금으로 다 나가 이 거래는 중단되었다.

여기서 3년을 근무한 후, 1959년에 리서치에 강한 증권사인 '베르트하임 & Co.ₓWertheim & Co.'의 리서치 헤드로 자리를 옮긴다. 이 시절부터 드디어 소로스의 진가가 나타나기 시작하며, 그는 월스트리트의 가장 유능한 주식종목 선정가 중 한 사람으로 자리를 잡아가게 된다.

철학을 온몸으로 사랑하다

9년간의 런던 생활 이후에도 철학 공부에 대한 조지 소로스의 열정은 식을 줄 몰랐다. 근무 시간에도 틈만 나면 철학 서적을 읽었고 주말이나 휴일에는 철학과 대학원생의 개인지도를 받았다. 이미 50만 달러 이상을 축적한 소로스는, 그 뒤 배움에 대한 갈증으로 아예 학교로 되돌아가 3년 동안 철학 공부를 더 하였다. 조지 소로스는 결코 서두르지 않았다. 그렇기에 지금 당장 급한 것보다는 자신이 하고 싶은 진정 중요한 일을 하였다. 온 마음으로 철학 고전을 읽었다.

인문 고전을 읽는 천재들의 공통점은 보이지 않는 것의 중요성을 안다는 점이다. 우리는 보이는 것sight에 주목한다. 그러나 천재들은 보이지 않는 것insight에 주목한다. 통찰력을 의미하는 'insight'는 'sight'에 'in-'이라는 접두어가 붙어 있다. 통찰력이란 보이는 것보다 더 깊은 곳에 있는 것을 보는 것이다.

예를 들어 소크라테스의 사고방식은 '진리를 탐구하는 것'이다. 이러한 사고방식은 군중의 사고와는 반대된다. 왜냐하면 진리는 보이지 않는 것인데 군중은 보이는 것만 믿기 때문이다. 그래서 부자들은 입을 모아 "돈은 이상하게도 군중이 가지 않는 곳에 쌓여 있다"고 말한다. 천재들은 단순히 자기 자신만의 만족을 위해서가 아니라 사람을 사랑하는 마음으로 책을 읽었다. 그렇기에 다른 사람이 보지 못하는, 눈에 보이지 않는 영역을 보는 통찰력_{insight}을 가질 수 있다.

약세장을 예견하고 공매도로 수익을 올리다

공부를 마치고 철학을 하러 월스트리트를 떠나기에는 그 자신이 너무나 주식을 잘한다는 사실을 스스로 인정하고, 결국 그는 떠나지 못하게 된다. 1963년에 다른 증권회사에 애널리스트로 들어갔다. 당시 누구도 생각 못 하였던 금융파생상품을 시작하였다. 소로스에게 여러모로 의미 있는 한 해였다.

1967년, 이미 월스트리트의 대가 반열에 오른 소로스는 당시 해외, 특히 유럽 각국 주식시장에 특화되어 있던 유명한 증권사인 '안홀드 앤 S. 블라이흐뢰더_{Arnhold and S. Bleichroeder}'의 리서치 헤드가 되었다. 그는 헤드펀드의 창시자인 알프레드 존스 스타일의 전략을 구사하던 각종 헤지펀드들에게 주식종목 선정에 대한 자문을 해주기 시작하면서 비로소 헤지펀드 업계와 교류를 시작하게 된다. 당시 헤드펀드들이 갓 생겨나기 시작할 무렵이었다. 소로스의 회사는 '더블 이글'이라는 역외펀드를 시작하였다. 1969년 소로스는 회사의 엄브렐라 펀드 아래 400만 달러 규모의 작은 헤지펀드를 만들어 운용하기 시작한다. 소로스는 이 펀드의 운용을 맡아 역외펀드의 가능성에 눈을 뜬다.

또한 1969년 소로스는 막 태동하기 시작한 부동산투자신탁_{REITs}에 대한 논문을 발표하였다. 그는 이 논문에서 리츠가 매우 좋은 투자상품이며 붐을 탈 것이라고 예측하였다. 그러나 리츠의 열기는 거품까지 일 정도로 뜨거워지겠지만 결국은 붕괴될 것으로 내다보았다. 소로스의 강점은 이렇듯 시장의 본질적인 흐름의 결과까지도 내다볼 줄 안다는 점이다. 그는 자신의 예측을 실행에 옮겨 리츠의 초기 단계에서 투자하여 리츠 붐이 정점에 이르렀던 1974년에는 공매도로 포지션을 전환해 큰 수익을 올렸다.

공매도空賣渡란 말 그대로 '없는 걸 판다'라는 뜻으로, 주식이나 채권을 가지고 있지 않은 상태에서 매도 주문을 내는 것을 말한다. 이렇게 없는 주식이나 채권을 일정한 커미션을 주고 빌려다 판 뒤 약정 기일 안에 주식이나 채권을 구입해 빌려준 기관에 되돌려주면 된다. 즉 가격이 내려갈 걸 예상하여 미리 판 뒤 더 떨어지면 싼값에 매수하여 갚는 방식이다. 보통 약세장이 예상되는 경우 시세차익을 노리는 투자자가 활용하는 방식이다.

소로스는 1971년부터 일본 주식에 투자하였을 정도로 글로벌 투자에 일찌감치 눈을 떴다. 헤지펀드로는 최초로 미국과 유럽 시장을 벗어나 세계 시장 개척에 도전한 것이다. 외환시장과 파생금융상품 등을 가리지 않고 투자하였다. 특히 기회라고 생각되면 과감히 차입금까지 쏟아붓는 투자방식으로 레버리지 효과를 극대화하였다.

레버리지 효과란 타인으로부터 빌린 차입금을 지렛대로 삼아 자기자본이익률을 높이는 것으로, '지렛대 효과'라고도 한다. 예를 들어 100억 원의 자기자본으로 투자해 10억 원의 순이익을 올리게 되면 자기자본이익률은 10퍼센트가 되지만, 자기자본 100억 원에 은행대출 등 타인자본 500억 원을 차입하여 투자해 60억 원의 순이익을 올리게 되면 자기자본이익률은 거의 60퍼센트 가까이 된다. 공매도와 레버리지 효과 극대화는 훗날 전형적인 헤지펀드의 공격적인 투자기법으로 자리 잡는다.

퀀텀펀드 설립

1973년 마흔셋이 된 소로스는 독립을 결심하게 된다. 그는 방 두 칸짜리 소형 사무실을 얻어서 창업하였다. 이 회사(소로스 펀드 매니지먼트Soros Fund Management)의 초대 파트너로는 블레이크로더Bleichroeder에서 같이 근무한, 성격이 급하긴 하지만 하루 16시간을 일하는 미친 일벌레였던 짐 로저스가 영입되었다.

이것이 그 유명한 퀀텀펀드이다. 소로스는 이미 월스트리트에서 주식종목 선정가로선 탁월한 기량을 입증한 상태에서 시작한 헤지펀드였으므로 초기 투자가를 찾는 일은 그다지 어렵지 않았다. 이 펀드는 일단 자본금 400만 달러로 시작을 하게 된다. 최초 운용자산 가운데 25퍼센트는 소로스가, 20퍼센트는 로저스가 냈다. 세금이 없는 서인도제도 네덜란드령 큐라소에 근거지를 둔 역외펀드 퀀텀펀드는 헤지펀드 역사에 새로운 장을 열었다. 하지만 설립 초기 직원이라고는 트레이더 역할을 맡은 로저스와 애널리스트 역할을 맡은 소로스, 그리고 여비서 한 명이 전부였다.

중동전에서 힌트를 얻다

이 신생 헤지펀드의 목표는 재귀이론 개념에서 착안한 '불안정한 균형이 반전되는 시점'에 대한 포착이었다. 펀드를 막 시작하자마자, 소로스와 로저스는 하나를 찾아냈다. 펀드를 시작하던 해인 1973년에 4차 중동전이 벌어졌다. 전쟁에서 이집트가 사용했던 소련제 무기의 성능이 애초 예상을 뛰어넘는 훌륭한 것임이 확인되었다. 미국이 실제로 직면한 도전이 생각보다 훨씬 더 큰 것임이 분명해진 것이다. 소로스는 국방성이 곧 의회를 설득하여 대대적인 신무기 개발에 나설 것임을 간파하고, 주저 없이 방위산업주 투자에 나섰다. 소로스는 게임의 규칙이 바뀌는 그 순간을 포착한 후에는 전혀 뒤돌아보지 않았다. 그는 미국 최대 방위산업체 중 하나인 로키드마틴 사의 단일 최대 외부주주가 되었다.

그는 어떤 투자 아이디어가 매력적이라고 판단되면, 다른 투자가들도 곧 뒤따를 것이라고 믿고 주저 없이 뛰어들었다. 그리고 완전한 인식이란 불가능하다고 믿었기에 세부 사항에는 공들일 필요가 없다는 명확한 투자방법론을 가지고 있었다. 로키드마틴의 주가는 그가 투자한 이후 3년 동안 8배 상승하게 된다. 그는 반전 모멘텀 확인 후 즉각 뛰어드는 데에는 타의 추종을 불허했다. 심지어 그의 모토는 "먼저 뛰어들고 나중에 조사하라"였다.

버블을 응징하다

그 뒤 소로스의 퀀텀펀드가 운용 초기에 엄청난 수익률을 올릴 수 있었던 밑거름은 주식시장이었다. 그것도 기술주였다. 퀀텀펀드는 400만 달러에 불과한 운용자산으로 주식투자 외에도 외환시장과 상품시장에서 투기적 거래를 하였다. 물론 헤지펀드답게 선물을 비롯한 파생상품에도 투자하였다. 자기자본 외에도 대출한 차입금을 함께 투자해 레버리지 효과를 높였다.

소로스는 기술주가 과열되었다고 보았다. 그는 퀀텀펀드의 주력 투자 대상을 주식으로 삼아 특히 당시 한창 인기 높았던 폴라로이드와 디즈니, 트로피카나, 에이본 등을 거꾸로 '공매도'하였다. 이들 주식은 1970년대 초까지만 해도 매력적인 50개 종목 '니프티 피프티'라고 불리며 기관투자가들이 가장 선호하였던 종목들이었다. 소로스는 이런 흐름에 맞서 과감히 그 반대편에 섰다. 그는 이들 주식을 공매도했다. 소로스가 옳았다.

그는 1973년, 1974년 주가 폭락기에도 투자수익률을 올릴 수 있었다. 투자에 대한 확신이 서면 위로든 아래로든 공격적인 투자를 했다. 특히 좋아하는 것이 오르는 것보다 내려갈 때 돈을 버는 공매도가 주력이었다.

소로스는 주식 이외에 통화와 상품도 버블이 끼었다고 판단되면 공매도했다. 소로스는 파운드화도 공매도했다. 금값이 폭등하던 1980년에는 금도 공매도했다. 유쾌하고도 짜릿한 시절이었다. 해마다 큰 이익을 냈다. 그것도 누구나 끔찍하다고 생각하는 약세장에서 말이다.

1969년에 설립한 해지펀드는 1980년까지 10년 동안 4200%의 실적을 거두었다. 이 같은 퀀텀펀드의 투자수익률은 일반 뮤추얼펀드로는 상상하기 어려운 수준이었다. 같은 시기에 미국 경제는 부진에 빠져 주가지수$_{S\&P\ 500}$는 10년 동안 47%밖에 상승하지 못했다. 주가지수가 47% 상승하는 동안 그 89배인 4,200%의 수익률을 올렸던 것이다. 곧 조지 소로스와 짐 로저스의 경이로운 능력에 금융계는 경탄했다. 그 뒤 금융계는 소로스를 주목할 수밖에 없었다. 이것이 그가 그를 추종하는 기러기 떼를 거느릴 수 있는 힘의 원천이었다.✢

✢ 짐 로저스 지음, 이건 옮김,《세계 경제의 메가트렌드에 주목하라》, 이레미디어, 2014

소로스, 달러의 평가절하를 확신해 돈을 벌다

소로스는 월스트리트의 주식종목 선정으로 커 온 인물이지만, 투자기회에 대해 더욱 폭넓게 사고하게 되었다. 곧 작은 변동성을 탐구하기 위해 몇 개 개별 종목을 연구하는 짓은 의미가 없다고 생각했다. 승부의 진정한 대상은 큰 파도가 어디에서 다가올지 그 지점을 포착하는 것이었다. 소로스에게 이때 먹음직스런 먹잇감이 하나 포착되는데, 바로 달러 환율이었다.

1970년대와 1980년대 초까지 대다수 경제학자들은 외환시장이 주식시장처럼 효율적인 균형점을 지향한다고 믿었다. 그러나 소로스는 이러한 균형이론이 실제 매일 일어나는 외환의 움직임을 제대로 설명하지 못하고 있다고 파악했다. 1985년 봄부터 소로스를 사로잡았던 생각은 과연 언제가 달러화의 반전 시점이냐는 것이었다. 8월이 되자 소로스는 목표시점이 곧 도래할 것이라고 생각했다. 모든 외부적 변수는 달러화의 약세 반전을 가리키고 있었다. 재선에 성공한 레이건 행정부는 재무관료들을 대폭 교체했다. 이 새로운 관료들은 미국의 무역적자를 감소시키기 위해 달러가치를 인위적으로 낮출 의지를 가진 것으로 보였다. 관련 변수인 금리도 마찬가지였다. 금리는 지속적 하락세로 투자가들이 달러를 보유할 유인을 제공하지 못했다. 달러를 사려는 사람들은 이미 사놓은 상태였기에 매수 세력이 거의 남아 있지 않아 단지 몇몇 매도자만 나타나도 시장은 일시에 유턴할 수 있었다.

소로스는 자신의 재귀이론 개념에 근거하여 드디어 투자결정을 내렸다. 즉 달러를 공매도하기로 한 것이다. 1985년 8월 16일, 퀀텀펀드는 달러가 약세로 돌아설 때 상대 통화인 엔, 마르크, 파운드를

7억 2000만 달러 상당을 보유하였는데, 이 규모는 당시 퀀텀펀드 전체 운용자산이었던 6억 5000만 달러를 약 7000만 달러나 초과한 것이었다. 당시 소로스의 리스크 수용도는 실로 괄목할 만한 것이었다.

소로스는 일반적인 이론인 '헤지펀드는 실제로 헤지되어야 한다'는 원칙을 무시했다. 그러나 이 같은 소로스의 실험은 3주가 지난 9월 9일에 첫 난관에 봉착하게 된다. 몇 가지 미국 경제지표들이 강하게 나타나자 달러의 강세는 지속되었고 이에 따라 퀀텀펀드의 환베팅은 2000만 달러의 평가손을 일으켰다. 그러나 소로스는 물러서지 않았다. 그는 평가손을 내고 있는 포지션을 고수하되, 추가로 손실이 발생하면 절반 정도는 손절매하기로 마음을 먹었다. 만일 이때 소로스가 굴복했다면 그의 신화는 끝날 수도 있었다.

소로스는 1985년 9월 22일에 선진 5개국 장관이 모인다는 정보를 그 직전에야 얻었다. 그는 직감적으로 '환율 공조를 위한 회합'이라고 판단하였다. 다름 아닌 달러화의 평가절하를 위한 회합이라는 확신이 들자 그는 즉각 대량으로 엔화를 사들이기 시작하였다. 그 직후에 플라자합의가 알려지자마자, 소로스 펀드는 하룻밤 사이에 3000만 달러의 평가익을 거두었다.

엔화는 이 소식이 알려진 다음 날 하루 동안 무려 7%가 상승하였는데, 이는 환율시장 역사상 최대의 상승폭이었다. 엔화는 235엔에서 222엔으로 평가절상된 것이었다. 물론 소로스는 운이 좋았다. 그는 레이건 정부가 달러가치 약세를 원한다는 사실만 파악했을 뿐, 그것이 언제, 어떠한 방법으로 실현될지에 대해서는 알지 못했다. 더군다나 그는 비밀리에 추진된 플라자합의에 대해서는 어떠한 사전 정보도 얻지 못했다. 순전히 소로스의 판단이 가져온 결과였다.

플라자합의가 뉴욕 현지 시간으로 일요일 늦은 오후에 나왔지만, 그때 이미 아시아는 월요일 아침 시장 개장시간이었다. 소로스는 즉시 홍콩의 브로커에게 연락하여 엔화의 추가 매입을 지시하였다. 다음 날인 월요일 뉴욕 시장이 개장하자, 소로스 펀드의 일부 트레이더들이 이익 본 것을 실현시키기 시작했다. 이때 소로스는 보기 드물게 크게 화를 냈다. 그는 휘하 트레이더들에게 매도를 중단하라고 고함치면서 자신이 모든 트레이더의 포지션을 넘겨받겠다고 선언했다. 소로스의 진정한 신화가 시작되는 순간이었다. 트레이더들은 기회가 없어지기 전에 '작은 이익'을 실현하고 싶어 했다. 그러나 소로스 입장에서는 게임이 이제 막 시작되었을 뿐이었다. 경제 강대국 정부 모두가 달러화의 약세에 공식 동의한 상황에서 엔화를 더 가지고 가지 않을 이유가 없었던 것이다.

이후 며칠 동안 소로스는 매수를 계속하였다. 플라자합의 다음 주 금요일이 되자, 소로스는 엔화와 마르크화를 2억 1000달러어치를 추가 매수하였고, 미 달러에 대해서1억 1000만 달러어치의 공매도 포지션을 추가로 쌓았다. 12월 초가 되면서 소로스는 여기에 엔화와 마르크와 5억 달러어치를 추가 매수하였고, 달러 공매도에 3억 달러를 추가하였다.

물론 플라자합의가 실제로 말장난에 끝나고 실행이 안 될 경우 소로스는 파산하게 될 것이 분명했다. 그러나 폭넓은 전 세계 네트워크를 형성하고 있던 소로스는 이 플라자합의가 말장난이 아니라 강력하게 실행될 것임을 모든 정보 채널을 통해 확인하고 있었던 것이다. 소로스의 성공은 눈부셨다. 그의 펀드는 8월부터 12월까지 단 4개월의 투자기간 동안 무려 35%가 상승하여 순수익만 2억 3000만 달러를 얻었다.

그 뒤에도 소로스는 엔화가 더 오를 것이라고 판단해 매입을 계속하였다. 이후에도 엔은 계속 올랐다. 이런 성공으로 월스트리트에서 그의 명성은 최고의 지위를 가지게 되었고, 1987년에 그가 최초로 낸 저서인《금융의 연금술The Alchemy of Finance》이 업계의 필독서가 되었다.[*]

글로벌 투자의 원조, 소로스

소로스가 월스트리트에 미친 영향은 매우 크다. 그의 영향력은 월스트리트는 물론 전 세계 금융시장에 미친다. 심지어 '소로스 이전'과 '소로스 이후'를 구분 지어야 한다고 주장하는 분석가들도 있다. 이 같은 평가와 영향력은 어디서 나오는 것일까? 무엇보다 소로스는 글로벌 시장을 대상으로 정교한 투기를 하기 시작한 첫 전문 투자자다. 외환시장과 주식시장, 채권시장, 상품시장을 모두 넘나들며 활동한 첫 번째 투자자인 셈이다.

특히 1970년대 초 고정환율제가 붕괴된 뒤 그는 외환시장을 매개로 한 글로벌 투자의 단초를 이끌어냈다. 소로스는 정부의 인위적인 개입으로 조성된 외환시장의 부실한 허점을 알아보는 눈을 가졌다. 또 국가 간의 이해관계가 외환시장에 어떻게 영향을 미치는지를 알아채는 통찰력 또한 가지고 있었다. 모건스탠리딘위터MSDW의 투자전

❖ 김지욱 삼성증권 이사, [김지욱의 헤지펀드 대가열전]

략가인 바이런 위언은 이렇게 말한다. "소로스 덕분에 우리는 거시경제이론에 눈뜨게 되었다. 그는 우리를 글로벌리스트로 만들었고, 세계 여러 곳에서 벌어지는 정치 경제적 사건들이 어떻게 미국 경제에 영향을 미치는지 가르쳐주었다."

1987년 블랙 먼데이의 참패

미국 주식시장은 1980년 초부터 기록적으로 신장하였다. 주된 이유는 기업차입인수합병Leveraged Buy-Out 붐 때문이었다. 이런 LBO 붐은 사모펀드들에 의해 주도되었다. 그러나 나중에는 앞뒤 가릴 것 없는 맹목적인 투자가들을 양산하면서 급기야 인수합병LBO 테마가 있는 주식종목은 묻지마 투자의 대상이 되었다.

기업인수자금 대출은 월스트리트 투자은행들의 최고 돈벌이였다. 돈이 흘러넘쳐서 소로스의 이론이 예측했듯이 주가를 기본 가치보다 더 높이 밀어 올렸다. 물론 조만간 기업인수 거래들은 스스로의 부채 중량 때문에 무너지고 추세는 반전될 것이었다. 그러나 그러한 반전이 곧 다가올 것이라는 강한 증거는 없어 보였다. 소로스는 그 시점이 최소한 1988년 이전에는 오지 않을 것이라고 판단하였다.

역사상 블랙 먼데이로 불리는 1987년 10월 19일. 이날 하루 동안 다우존스는 무려 22.6% 폭락하였다. 이는 다우존스지수가 1896년 생긴 이래 하루 최대 하락폭이었다. 소로스의 펀드는 너무 큰 자산을 운용하고 있어 이런 공황 상태에서는 도저히 팔고 빠져나올 수 없었다.

그의 펀드는 월요일 하루 기록적인 손실을 냈지만, 도쿄 증시에 쌓아놓은 매도 포지션이 이익을 실현하여 뉴욕 증시에서의 손실을 일부 보전해주었다. 이때까지도 소로스는 이 폭락이 일부 투자은행들이 만들어 팔던 포트폴리오 보험Portfolio Insurance이란 새로운 상품에 의해 나타난 결과로 오판하고 있었다.

만일 22% 폭락이란 어처구니없는 결과가 프로그램 트레이딩의 결과라면 곧바로 시장이 반등할 것으로 해석될 여지가 있었다. 소로스는 다음 날인 화요일에는 반등장이 설 것으로 판단하였다. 과연 화요일 시장은 강하게 반등했다.

그런데 여기서 소로스에게 최악의 국면이 닥쳤다. 뉴욕 증시가 반등하면서 도쿄 증시도 반등했는데, 문제는 소로스가 일경니케이지수 선물을 홍콩거래소에 매도 포지션을 쌓아둔 것이 화근이었다. 월요일 주식시장 폭락에 충격받은 홍콩 금융당국이 손실발생을 중단시키기 위해 거래소 매매정지 결정을 내렸던 것이다. 화요일에 뉴욕과 도쿄 두 증시가 모두 반등했음에도 소로스는 공매도 포지션에서 빠져나올 수 없었다.

화요일과 수요일을 그대로 무기력하게 보낸 소로스는 목요일이 되자 중대한 결정을 내린다. 목요일 아침 런던 증시가 다시 큰 폭 하락하여 뉴욕 증시의 추가 하락을 예고하자, 소로스는 눈물을 머금고 어쩔 수 없이 빠져나와야 했다.

이 매도는 퀀텀펀드의 10억 달러 S&P 선물 포지션 전체가 대상이었다. 10월 22일 목요일은 소로스의 경력 중 최악의 날이었다. 그날 하루 2억 달러의 손실을 보았다. 격동의 한 주가 지나자, 퀀텀펀드의 누적 연간 수익률 60%는 마이너스 10%로 폭삭 주저앉았다. 8억 4000만 달러라는 천문학적 금액이 사라졌다.

소로스의 반전

그러나 소로스는 태생적으로 그 어떤 어려운 상황에서도 절대 좌절하지 않는 불굴의 정신을 소유한 인물이었다. 1987년 10월 19일의 대폭락 이후 약 2주가 경과 한 시점에 소로스는 달러를 공매도 할 수 있는 절호의 기회를 포착하였다. 아무 일도 없었다는 듯이 다시 왕성한 레버리지 포지션을 취하기 시작했다. 그의 예상대로 달러화는 강하게 하락하여 대성공을 거두었다.

10월 18일까지 누적 연간 수익률 60%에서 단 일주일 만에 마이너스 10%로 주저앉았던 소로스의 펀드는 달러 공매도 전략이 성공하면서 두 달 후인 1987년 연말에 연간 13% 수익을 달성하였다. '소로스는 끝났다'고 섣불리 예상했던 언론의 예측은 보기 좋게 빗나갔다. 그해 소로스는 월스트리트 2위의 소득을 올렸다.[*]

소로스의 영향력

그의 영향력을 한번 보자. 1992년 영국 정부를 상대로 파운드화를 놓고 맞대결을 벌여 영국이 그의 투기 공세를 견디다 못해 유럽통화체제에서 탈퇴하였다. 또 1993년 초에는 소로스가 금광을 개발하는 미국의 한 광산업체 주식을 사들였다는 소문이 나자 전 세계적으로 금값이 폭등하였다. 그리고 1996년 1월 일본 도쿄의 한 국제 투자 세미나장에 나타난 그가 "일본 주가가 비싼 것으로 생각하지 않는다"고 한마디하자 닛케이 주가는 폐장을 앞둔 막판 10분 동안 270포인트 이상 급등하였다.

---

[*] 김지욱 삼성증권 이사

영국 파운드화에 강한 소로스

2008년 소로스 회장은 11억 달러로 4위에 올랐다. 2007년 29억 달러를 번 것에는 훨씬 못 미치나, 이는 케네스 그리핀(시타델투자그룹)이나 스티브 코헨(SAC 캐피털) 등 헤지펀드 업계에서 관록을 자랑하는 플레이어들이 대거 힘들어하는 와중에 벌어들인 것으로, 소로스로서는 체면 유지는 한 셈이다.

그는 중국과 인도 주가가 오를 것이라고 보고 베팅했다가 적잖이 손해를 보았다. 다행히 영국 금리가 떨어진다는 쪽에 베팅해 큰돈을 벌었다. 소로스는 초창기에 부를 축적하였을 때처럼 경제위기 속에서 영국 파운드화로 돈을 번 것이다. '역시 소로스는 영국 시장에 강하다'는 평이 사실임을 보여주었다. 소로스가 이끄는 210억 달러 규모의 퀀텀펀드는 신용위기 와중에도 2008년 8퍼센트의 수익률을 올렸다. 그 뒤에도 소로스는 파운드화를 중심으로 한 외환과 원자재로 큰돈을 벌었다.

소로스의 최근 관심사, 원자재 상품

소로스의 최근 관심사는 시중에 너무 많이 풀린 통화량 탓에 앞으로 불어닥칠 인플레이션 후폭풍에 있다. 그는 달러 약세에 베팅하고 있다. 그러다 보니 그의 투자품목은 당연히 상품에 치우쳐 있다. 그의 최대 투자품목은 석유다. 2009년 9월 그의 톱10 보유주식 종목의 절반이 석유 관련 기업이었다. 헤스·PXP는 미국, 페트로브라스는 브라질, 인터오일은 캐나다 정유회사다. 웨더포드인터내셔널은 미국의 정유 서비스 회사다. 그는 원자재 가격 상승을 강하게 믿었다. 공급은 제한되어 있고 수요는 늘어나기 때문에 오를 수밖에 없다는 계산이었다. 2009년 유가는 70퍼센트 넘게 올랐다. 소로스가 가장 많이 보유하고 있는 종목은 브라질의 석유회사인 페트로브라스 Petrobras이다.

비슷한 맥락에서 그는 농산물 가격이 오르면 수혜가 예상되는 세계 최대 비료업체인 POT에 2억 6700만 달러를 투자하였다. 또 그는 세계 최대 금 연동지수ETF인 SPDR골드트러스트를 2억 4500만 달러 어치 사들였다. 결국 그의 예측이 적중하여 그는 2009년에 개인 연봉으로만 33억 달러, 2010년에도 33억 달러를 벌어들였다.

은퇴 선언, 개인 돈만 관리해도 너무 많다

소로스는 2011년 7월 가족 돈만 관리하겠다며 은퇴했다. 소로스가 운용해온 퀀텀펀드는 헤지펀드가 아닌 패밀리 펀드로 전환되었다. 가족 자산만 하더라도 20조 원 가까운 매우 큰돈이다. 거부 투자자들에 대해 여러 가지 규제 법안이 나오면서 투기성 헤지펀드에 대해서는 누구든지 자신의 포트폴리오를 알려야 한다는 것이 부담이 된 듯하다.

퀀텀펀드의 자산은 255억 달러에 달한다. 외부 투자금은 전체의 4% 정도인 10억 달러 선. 따라서 외부 투자금을 운용하지 않는다고 해서 그의 영향력이 크게 쇠퇴하진 않을 것으로 전문가들은 내다보고 있다. 아직도 현역인 셈이다.

하지만 원숭이도 나무에서 떨어진다는 말처럼, 소로스도 2011년에는 수익은커녕 38억 달러라는 큰 손실을 보았다. 그래서 2012년 9월에 〈포브스〉가 발표한 그의 재산은 220억 달러에서 190억 달러로 줄었고 당연히 등수도 7위에서 15위로 물러앉았다. 82세의 나이는 못 속이나 보다 했다. 그런데 아니었다. 2013년 55억 달러라는 개인 연봉 역사상 최대 수익을 올리며 화려하게 컴백했다.

자선사업도 활발히 추진

1930년생인 소로스는 팔순이 넘었음에도 현재까지 현역에서 뛰고 있다. 그것도 매년 월등한 실적을 올리면서. 그는 개인 연봉만 2006년 9억 5000만 달러(4위), 2007년 29억 달러(2위), 2008년 11억 달러(4위), 2009년 33억 달러(2위), 2010년 33억 달러(2위)를 벌며, 월스트리트 펀드매니저 수위권을 놓치지 않았다.

이처럼 성공하고 부를 축적한 그는 또 다른 프로젝트를 진행하고 있었다. 바로 자선사업이다. 31개국에 재단을 설립하고 다양한 프로젝트를 추진하고 있다. 대상은 주로 동유럽권과 아프리카 국가다. 공산주의의 망령이 아직 가시지 않은 시기부터 그는 자신이 번 엄청난 규모의 돈을 공산주의를 극복하면서 국가 발전에 도움이 되는 각종 프로젝트에 투자하였다. 그가 신봉하는 사상인 열린사회와 대치점을 이루는 공산주의 국가들이 열린사회로 전환되도록 지원하는 것이다. 소로스는 1979년 자선단체인 '열린사회기금'을 설립하여 옛 소련 및 동유럽권의 순조로운 체제 전환을 위해 매년 3억 달러의 거액을 지원하고 있다.

특히 그는 자신이 태어난 국가였던 헝가리의 자유화를 위해 많은 기부를 하였다. 헝가리(1984~1989년)에서 공산주의를 자본주의로 평화롭게 전환시키는 중요한 역할을 하였다. 소로스는 대학을 설립하기도 했다. 헝가리 부다페스트에 본교를 두고 체코 프라하와 폴란드 바르샤바에 분교를 둔 중앙유럽대학이 그것이다. 1991년 소로스가 설립한 이 대학은 법학, 사회학, 역사학, 경제학, 여성학 등 문과 중심의 커리큘럼을 갖추고 영어로 수업을 진행하는데, 소로스는 설립 이후 이 대학에 해마다 2000만 달러를 기부해 유럽 사상 최대의 고등교육 기부금을 제공하기도 했다. 현재까지 80억 달러 이상을 기부한 것으로 알려졌다.

유대인들의 기부 등 박애행위는 유대교 신앙 속에 있는 두 가지 뿌리에서 나온 것이다. 우리가 가진 것은 모두 하느님의 것이요, 우리 인생 모두는 하느님께 속해 있다는 신앙에서 나온다. 그리고 기부는 유대인이 하느님과의 관계를 개선하는 방법인 '기도', '회개', '자선'의 하나이기도 하다.

노블레스 오블리주는 선택이 아닌 의무

또한 소로스는 오래전에 빌 게이츠에게 사회에 기부 좀 하라며 공개적으로 발언하여 빌 게이츠의 기부를 유도하였다. 그런 말을 공개적으로 할 수 있는 것은, 그가 이런저런 많은 기부를 솔선수범하기 때문이다. 기부 유도 파장은 여기서 그치지 않았다. 세계 1위의 부자인 워런 버핏이 대규모 기부를 결심한 것은 오랜 친구인 빌 게이츠의 영향이 컸다. 버핏은 2006년 6월 자신의 재산 가운데 85%를 자선단체에 기부하겠다고 밝혔다. 자그마치 374억 달러였다. 세계 역사상 최대의 자선이다.

헤지펀드 큰손들이 130억 달러를 익명으로 기부한 '얼굴 없는 천사들'로 드러났다. 2014년 5월 블룸버그 비즈니스위크는 데이비드 겔바움(65), 앤드루 섹터(54), 프레더릭 테일러(54)가 1990년대부터 모두 130억 달러를 익명으로 기부한 것으로 확인됐다고 보도했다. 이들은 1980년대 함께 'TGS'라는 헤지펀드를 만들어 컴퓨터 계량분석(퀀트) 투자 분야를 개척하면서 거액을 모은 것으로 알려졌다. 이들은 철저하게 정체를 숨겨왔지만 〈비즈니스위크〉가 입수한 미국 국세청 자료를 통해 세상에 드러났다.

이과생들의 롤모델, 제임스 시먼스

미국 명문 대학 졸업생들이 가장 선호하는 직장의 하나가 월스트리트다. 하버드대학 졸업생 가운데 금융계로 진출한 비율이 1970년대 5%에서 2007년에는 22%까지 늘어났다. 특히 하버드 경영대학원 출신 비율은 훨씬 높다. 2007년 졸업생의 경우 금융업 진출이 45%였고 컨설팅 업체 진출이 22%였다. 2008년 금융위기 이후로 월스트리트에서 2만 2000개의 일자리가 사라져서 다소 주춤한 형편이나 그래도 골드만삭스 등 주요 투자은행의 인기는 식을 줄 모르고 있다.

월스트리트는 전통적으로 이름난 대학 경영대학원 졸업생들을 선호히였다. 그러던 것이 1990년대부터는 이공계 출신들, 특히 수학과 물리학 전공자들도 우대하고 있다. 금융기법에 수학과 자연과학이 접목된 것이다. MIT나 하버드대학의 이공계 우등생들이 고액

∴ 제임스 시먼스

연봉을 받고 스카우트 되고 있다. 특히 순수과학 전공자들이 많이 채용된다. 위험관리와 정교한 파생금융상품 개발을 위해 수학적 두뇌들이 필요해서다. 심지어 일부 퀀트펀드는 이제는 MBA 출신을 거부하고 금융에 문외한인 이공계 출신들만 뽑는 곳도 있다.

이과생들의 롤모델, 제임스 시먼스

월스트리트에서 전설적인 펀드매니저 제임스 시먼스는 하버드대학 수학교수 출신이다. 그는 월스트리트 최초로 컴퓨터 분석에 의한 과학적 투자기법을 개발한 금융공학자다. 그의 회사는 사람이 직접 매매에 참가하지 않고 그의 팀이 개발한 컴퓨터 프로그램 매매에 의한 거래만 하는 것으로 유명하다.

금융기법과 금융환경의 변화는 현장에 있는 사람들도 따라잡기 어려울 정도다. 이제는 사람의 '감'에 따른 투자가 아닌 과학적 기법에 따른 컴퓨터 프로그램 거래가 대세를 이루고 있다. 새로운 국제 금융 시스템은 테크놀로지에 의해 진화를 거듭하고 있다. 전 지구를 연결하는 통신과 컴퓨터를 통해 국제 금융시장은 광속으로 거래가 이루어진다. 테크놀로지가 새로운 금융기법과 금융상품을 개발하여 이를 이용해 거대 국제 금융자본들이 세상을 휩쓸고 있다.

과학적 시스템 투자기법의 정상을 차지하고 있는 제임스 시먼스는 환경 변화에 크게 흔들리지 않고 꾸준히 큰돈을 벌어들이는 것으로 유명하다. 그의 2005년도 연수입이 자그마치 15억 달러로 헤지펀드 업계 1위였다. 컴퓨터한테 일 시키고 번 돈치고는 꽤 큰돈이다. 2006년에도 17억 달러를 벌어 1위를 고수하였다. 미국인 평균 급여의 3만 8000배에 이르는 거금이었다. 헤지펀드 매니저 수입 상위

25명이 2006년도에 벌어들인 돈은 무려 140억 달러다. 요르단이나 우루과이의 국내총생산과 비슷하다. 2007년도에는 28억 달러를 벌어 지난해보다 더 벌었음에도 3위로 밀렸지만, 수익금은 더 많아졌다. 이렇듯 월스트리트로 진출하여 성공한 시먼스는 이제 이과생들의 꿈이자 우상이 되었다.

하락장에서도 높은 수익을 올리다

더욱 놀라운 것은 과학적 시스템 투자기법은 다우지수가 반 토막이 난 금융위기에서조차 높은 수익을 낼 수 있다는 것을 보여주었다. 주식은 상승장에서만 수익을 낼 수 있지만 파생상품은 하락장에서도 돈을 벌 수 있기 때문이다. 금융위기 와중인 2008년도에도 25억 달러를 벌어 수입 1위를 차지하는 기염을 토하였다. 그해 연말 환율(달러당 1250원)을 적용하면 3조 원이 넘는다.

그 뒤 2009년에 20억 달러, 2010년에 25억 달러를 벌어 경기불황기에도 계속 상위권을 놓치지 않았다. 이는 금융위기로 인해 헤지펀드 업계의 총 자산규모가 2007년 말 2.7조 달러에서 2009년 말 1.9조 달러로 줄어들었음 을 감안하면 시먼스의 활약이 얼마나 대단한 것인지를 알 수 있다.

헤지펀드들에게 평균 −10% 수익을 기록하게 하여 죽음의 계곡이라 불렸던 최악의 해인 2011년에조차 제임스 시먼스는 34% 수익을 올려 21억 달러를 벌었다. 운용자금의 80%로 미국과 해외 주식을 사들였고 20%는 공매도한 게 주효했다. 2012년 9월 기준 그의 개인 재산은 110억 달러로 미국 28위 갑부이다.

과연 제임스 시먼스는 어떤 방법으로 매년 이러한 어마어마한 연수입을 얻는 것일까? 헤지펀드는 극소수의 갑부나 투자기관들에만 문호를 개방하는데, 일반인을 대상으로 공개적으로 모집하는 공모펀드와는 비교할 수 없을 정도로 많은 수수료를 뗀다. 헤지펀드는 수익이 나건 안 나건 2%를 매년 고정수수료로 받고, 이익의 최소 20%를 성과급 수수료로 떼 간다. 유명 헤지펀드일수록 이 비율은 높다. 시먼스가 이끄는 르네상스 테크놀로지스의 경우 5%가 고정수수료이고, 성과급 수수료는 이익의 44%에 이른다. 이익의 절반을 떼 가는 셈이다. 일반 헤지펀드에 비해 수수료가 2배 이상이다.

하지만 높은 수익률을 올리기 때문에 자금이 꾸준히 몰려든다. 특히 그는 수학적인 방법을 동원하는 금융공학 기법을 사용하는 것으로 유명하다. 여러 개의 펀드를 묶어 운용하면서 상황에 따라 포트폴리오를 신축적으로 조절하는 등 투자기회 포착에 뛰어난 것으로

1990년 1월 1일 1000달러를 투자했을 때

단위: 달러

250,000
128,000
84,000
32,000
10,000
8,000
4,000
2,000
1,000

136,093

28,421

시먼스의
메달리온 펀드

매년 25%의
수익률을 냈을 때
(15년 후)

1990   1995   2000   2004

자료: 르네상스 테크놀로지스

정평이 나 있다.

이 회사에서 운용하는 약 60억 달러 규모의 메달리온 펀드는 2006년에 무려 84%의 수익률을 기록하였다. 신용위기 와중인 2008년도에 올린 수익도 놀랍기는 마찬가지다. 당시 70세를 넘긴 노장 시먼스는 80%에 이르는 수익률을 올렸다. 연 5%의 운용보수와 44%에 이르는 성과보수를 포함하면 펀드수익률은 무려 160%에 이르렀다.

시먼스, 자신의 이론을 현실에서 검증하다

보스턴에서 신발공장을 하는 유대인 가정에서 태어난 시먼스는 어려서부터 천재 소리를 들으며 자랐다. 그는 이력 자체가 천재다. 매사추세츠공과대학에서 수학을 공부하고 버클리대학에서 23세 때 미분기하학으로 박사 학위를 땄다. 그 뒤 매사추세츠공과대학 수학 교수로 재직하다 베트남전쟁 당시에는 수학의 천재들이 대부분 그러하듯 국방부에 불려 가서 암호해독 전문가로 활약하였다. 베트남전쟁 이후에는 하버드대학에서 교수생활을 하다 스토니브룩대학의 수학과 학과장을 하였다.

그는 특히 기하학에서 뛰어난 업적을 남긴 수학자다. 1974년 독특한 기하학적 측정법을 고안해 미분기하학자인 신싱 천과 함께 '천-사이먼 게이지 이론'을 만들었다. 이 이론은 지금도 이론물리학에서 널리 쓰이고 있다. 이러한 미분기하학 분야에서 탁월한 업적으로 1976년 수학계의 노벨상이라 불리는 베블렌상을 받았다. 한마디로 기하학과 숫자 속에 파묻혀 숫자로 구성된 세계관을 갖고 살았다.

그는 메릴린치 브로커에게 결혼 축의금 5000달러를 맡겼더니 원자재에 투자해 8개월 만에 돈을 10배로 불려 오는 광경을 목격했다. 그는 자신의 강점인 수학적 분석법을 이용하면 차익거래에서 충분히 승산이 있다고 판단했다. 자신의 이론과 지식을 현실에 접목하여 증명해보고 싶었다. 그래서 1976년 수학교수를 하면서 림로이Limroy 헤지펀드를 만들어 그의 이론을 직접 실험해보았다. 예상한 대로 가능성이 보였다.

그 뒤 교수직을 버리고 1978년 아예 월스트리트로 방향을 바꿨다. 인생의 대전환이 시작된 것이다. 그의 나이 40세 때였다. 다른 사람 같으면 펀드업계에서 은퇴해야 할 나이였다. 그는 이후 놀라운 성과를 올리며 승승장구했다. 1980년부터 돈을 벌기 시작하여 1982년에 수학자, 심지어는 천문학자들까지 불러 모아 아예 자기 회사인 '르네상스 테크놀로지스'를 설립하였다. 증권투자회사 이름에 테크놀로지가 붙은 것에서 과학기술에 대한 그의 애착을 엿볼 수 있다.

시먼스의 투자전략은 경제학이 아니라 수학과 과학에 의존하고 있다. 거기에 필요에 따라 천문학·지리학·전산학과 물리학·통계학·암호해독 전문가 등이 가세하여 팀을 이룬다. 맨해튼 거리에서 한 시간 거리에 있는 그의 본사 연구실은 250명의 직원에 20개국 출신의 이학·공학박사 학위를 받은 과학자 70명으로 채워져 있다. 요사이 월스트리트는 수학자와 과학자의 세상이다.

17년간 연평균 38%라는 경이적인 성과를 올리다

그는 금융상품과 상품선물에 투자하고 있는 르네상스 테크놀로지스 헤지펀드의 대표다. 헤지펀드란 원유부터 외환까지 돈이 되는 곳이라면 어디든 뛰어들어 고수익을 노리는 펀드다. 르네상스 테크놀로지스의 대표 펀드는 메달리온 펀드다. 이 펀드의 성과는 믿기 어려울 정도다. 메달리온 펀드는 1988년 조성되었는데, 2005년 말까지 복리로 연수익률 38.4%를 기록하였다. 이는 대단한 수치다. 다시 말하면 조성된 이래 17년간 1만 8000%가량의 누적 수익률을 올린 것을 의미한다.

미국증권거래소_{NYSE}와 나스닥에 상장된 주요 기업을 대표하는 S&P 500지수의 연평균 수익률 10.7%보다 약 3배 이상 높다. 이는 모든 역외 헤지펀드 가운데 가장 높은 수익률이다. 그 뒤에도 선전은 계속되어 2007년까지 연평균 30퍼센트 이상을 웃도는 수익을 올렸다. 이는 소로스의 퀀텀펀드나 피터 린치의 마젤란펀드를 훨씬 뛰어넘는 실적이다.

독자들은 아마 당장에라도 메달리온 펀드에 투자하고 싶을 것이다. 그러나 아쉽게도 메달리온 펀드는 1993년 이래로 신규 투자자를 받지 않는다. 너무 많은 사람이 몰려들어 펀드 운용 적정금액을 넘어섰기 때문이다. 펀드 운용자금을 66억 달러로 제한하는 메달리온 펀드는 240명의 직원이 지분의 96%를 보유하고 있다. 르네상스 테크놀로지스의 다른 펀드들도 1인당 최저 투자금액이 수백만 달러여서 투자하는 것도 그리 쉬운 일은 아니다.

메달리온 펀드의 설계자, 엘윈 벌캄프

엘윈 벌캄프는 MIT에서 박사 학위를 받은 전기공학자로 유명한 클로드 섀넌의 제자이다. 벌캄프는 교수로 일하다가 벨연구소에서 연구원을 거쳐 1986년 선물거래회사인 엑스컴 트레이딩 어드바이저스_{Axcom Trading Advisors}를 설립하고 선물거래로 돈을 버는 알고리즘을 만

들었다. 이 알고리즘에 '켈리의 공식'이 응용된 것은 두말할 필요도 없다. 그의 회사에서 사용된 '시장을 이기는 방법'은 워낙 수익률이 좋아 1992년에 르네상스 테크놀로지에 팔렸다. 이 알고리즘은 르네상스 테크놀로지의 대표 펀드인 메달리온 펀드의 기초가 되었다.

∴ 엘윈 벌캄프

투자기법은 일급비밀

제임스 시먼스가 어떤 식으로 투자하여 그렇게 높은 수익률을 올리는지는 잘 알려져 있지 않다. 투자기법은 르네상스 테크놀로지스의 영업비밀로 엄중히 보호되고 있다. 르네상스 테크놀로지스의 모든 고용인은 비밀유지 서약서에 사인해야 한다. 이는 비밀이 노출되는 순간 같은 방법을 사용하는 경쟁자들이 생길 것이고, 르네상스 테크놀로지스의 수익 또한 감소할 수밖에 없음을 시먼스 자신이 잘 알고 있기 때문이다.

시먼스 자신도 "우리가 어떻게 미래를 예측하는지 또는 어떤 전략모델을 채택하는지에 대해서는 말할 수 없다. 이는 워런 버핏이 자신이 주식을 사기 전에는 그 주식에 대한 얘기를 하지 않는 것과 같다"고 어느 금융잡지 인터뷰에서 밝혔다. 다만 시먼스의 투자전략이 경제학이 아닌 수학과 과학에 크게 의존하고 있다는 점은 공개된 사실이다. 뉴욕 맨해튼에서 한 시간 거리에 있는 르네상스 테크놀로지스 본사에는 수학·과학·공학박사들과 함께 위성사진의 판독과 수정에 정통한 천문학자들도 있다.

그렇지만 시먼스의 인터뷰나 르네상스 테크놀로지스가 운영되는 방식, 기타 여러 가지 단서들로 추정해볼 수는 있다. 2006년 10월 그의 〈조선일보〉 인터뷰 내용을 들어보자.

과학적인 분석이 비결이라고 하는데, 그게 뭔가요?

"우리는 주식·채권·통화·상품선물 등 모든 금융상품에 투자합니다. 부동산에는 투자 안 해요. 한마디로 유동성에만 투자하는 거죠. 주식시장을 예로 들어보죠. 어떤 기업의 최고경영자가 바뀌었어요. 그런데 그 주식이 뛰는 겁니다. 그러면 그 주식의 주가는 다른 주식에 영향을 미치죠. 다른 주식은 또 다른 주식에 영향을 미치고… 분자 간 연쇄 화학반응이 일어나는 것과 같아요. 우리가 하는 일은 이 변화 과정에서 전체 움직임을 추적하는 겁니다. 통계학적으로 말하면 응집성coherence 추적이죠. 개별 주식의 주가가 서로 영향을 미치면서 같은 방향으로 움직이려는 그 힘을 찾아내는 겁니다."

"문제를 일으켰던 LTCM과 우리는 달라요. 그쪽은 궁극적으로 어떤 목표를 상정합니다. 우리도 가격 예측은 하지만 주관적이거나 선험적 가치를 상정하지는 않아요. 세계나 시장은 끊임없이 변하고 우리는 그러한 변화의 흐름을 따라가면서 불합리한 부분을 제거하는 방식으로 수익을 올리는 것이죠. 매일 심지어 매분 컴퓨터 모델을 돌리면서 수익을 올릴 수 있는 방안을 찾죠."

일종의 차액거래라고 볼 수 있나요?

"그렇습니다."

차익거래는 주식시장에서 선물과 현물의 가격 차이를 이용해 위

험 없이 수익을 내는 방법이다. 통계적 차익거래와 같은 금융공학의
세계에서는 주관적 요소가 중요하지 않다. 극단적으로는 정치 상황
도 무시된다.

과학적 시스템 투자기법, 컴퓨터 거래가 대세다

르네상스 테크놀로지스의 투자방식은 워런 버핏 식의 가치투자와
는 거리가 멀고, 오히려 기술적 분석에 가까운 방법을 사용하여 컴퓨
터 프로그램이 짧은 단타매매를 위주로 한다. 그래서 거래량이 엄청
나게 많다. 시장 전체 거래량의 10퍼센트 이상을 르네상스 테크놀로
지스 혼자서 차지하는 날도 흔하다. 그러나 이는 단타매매를 주로 하
는 데이 트레이딩과는 근본적으로 다르다. 무위험 차익거래가 주종
이다. 통계적 차익거래를 넓게 정의하자면, 시장의 비효율로 인해 실
제 가격과 이론 가격의 차이가 발생하게 되면 이를 빠르게 포착해서
그 차익만큼 돈을 버는 전략을 말한다. 그래서 단타매매가 될 수밖
에 없다.

그리고 이 모든 거래는 컴퓨터에 의해서 자동적으로 이루어지며,
트레이더는 보조하는 역할에 머문다. 실제로 컴퓨터에 의한 매매가
트레이더의 생각과 어긋나도 트레이더는 이를 중지할 권한이 예외적
인 경우를 제외하고는 없다고 한다. 이러한 매매 프로그램은 물리학·
천문학·수학·전산학 등을 전공한 박사들에 의해 연구되고 만들어
지는데, 이런 박사급 연구원들이 르네상스 테크놀로지스 전체 직원
의 3분의 1을 차지한다.

르네상스 테크놀로지스에서는 월스트리트의 경력이 취업에 마이
너스 요인이 되며, 금융이나 경제학·경영학 전공자도 선호하지 않는

다. 가장 선호되는 인력은 순수과학을 박사과정까지 전공한 사람인데, 이런 연구원들이 과거의 금융 데이터에서 반복되는 패턴들을 순수과학의 방법론을 사용하여 뽑아내고 검증하여 매매 시스템을 만들고, 이런 작은 시스템들 수천 개가 모여 르네상스 테크놀로지스의 수익률 신화를 이루고 있다.

무위험 차익거래

차익거래는 이론적으로 같은 가격으로 일치해야 하는 자산들 간의 가격 차이를 이용하여 고평가된 자산을 매도하고 저평가된 자산을 매수하여 이익을 얻는 거래기법이다. 흔히 프로그램 매매라고 불리는 선·현물 간 차익거래가 대표적인 예다. 이런 방법을 통계적 차익거래라고 한다. 이론적으로는 무위험 차익거래의 수익률이 이자율보다 높으면 누구나 대출을 받아 무위험 차익거래를 할 것이므로 무위험 차익거래의 수익률은 이자율 수준을 크게 벗어나기 어렵다. 그리고 위험 차익거래의 경우, 초과수익률은 리스크가 높아 의미 있는 초과수익률을 얻지 못해야 정상이다. 그러나 현실과 이론 사이에는 넓은 간격이 존재한다. 그 간격 안에서 의미 있는 초과수익률을 얻기 위한 여러 가지 차익거래기법이 연구되었고, 지금도 연구 중이다.

통계적 차익거래란 넓은 의미에서 자산가격의 기댓값과 현재가격 사이의 차익거래를 의미한다. 따라서 가치투자도 경제 기초여건(펀더멘털) 분석에 의한 기댓값과 현재가격 사이의 차를 이용한 일종의 통계적 차익거래라고 할 수 있다. 그러나 흔히 통계적 차익거래라고 할 때는 컴퓨터를 사용한 계량적인 접근에 기반한 좁은 의미의 차익거래를 뜻한다. 컴퓨터를 이용한 통계적 차익거래는 일반적으로 주가의 움직임을 확률 모형화하고, 이 모형의 특성에 기반을 두어 투자하는 거래기법이다. 이러한 투자기법은 사이먼의 테크놀로지만 갖고 있는 게 아니고 DE 쇼 그룹DE Shaw Group, 시타델 등 헤지펀드들도 많이 사용하는 방법이다. 최근에는 이러한 기법을 사용하는 펀드들이 많이 생겼다.

투기란 흔히 지탄의 대상이 되기도 하지만, 시장의 대세를 거스름으로써 시장에 유동성을 공급하는 순기능도 있다. 금융공학적 관점에서 투기자본은 초단기적 특성을 띠는 자본을 의미한다. 즉 투기자본은 시간의 경과에 따라 위험이 증대한다고 보기 때문에, 가급적 매입 시점과 매각 시점을 동시화하려 한다. 그래서 대부분 리스크가 없는 무위험 수익거래인 통계적 차익거래가 많다.

프로그램 시스템, 시장의 비효율성을 효율적으로 잡아내다

이런 프로그램 시스템들은 시장의 비효율성을 효율적으로 잡아내는 데 초점이 맞추어져 설계된 것이 특징이다. 이들 시스템에서 이용하는 비효율성은 여러 가지가 있다. 대표적인 것이 인간의 심리다. 르네상스 테크놀로지스의 통계학자들은 주식이 뉴스에 대해 반응하는 패턴도 연구하였다. 그리고 이 패턴을 활용해 해당 종목뿐 아니라 연관 종목들까지 계량화하여 매매에 이용하는 것으로 알려져 있다. 곧 르네상스 테크놀로지스도 확률을 이용해 일종의 테마주 투자를 하는 것이다. 이러한 주제는 헤지펀드뿐 아니라 금융을 연구하는 학자들에게도 상당히 흥미로운 부분이다. 그래서 사이버 트레이딩이 활성화되기 시작한 1990년대 후반부터 학계에서도 이와 관련된 연구들이 많이 발표되었다. 이러한 연구들에 의해 뉴스에 따른 주가의 움직임에서 다음과 같은 패턴들이 통계적으로 의미가 있음이 밝혀졌다.

"어닝 서프라이즈 뉴스는 그 즉시 반영되지 않으며, 발표 뒤 두 달 동안에 걸쳐 평균적으로 4퍼센트 정도의 수익률을 보인다. 인기주는 실적 뉴스 발표 때 떨어지는 경향이 있고 가치주는 올라가는 성향이 있다. 연속적으로 좋은 실적 뉴스를 발표해 왔던 주식은 나쁜 실적이 나왔을 때 다른 주식보다 더 많이 하락한다. 연속적으로 나쁜 실적 뉴스를 발표해 왔던 주식은 나쁜 실적이 나왔을 때 다른 주식들보다 덜 떨어진다. 좋은 뉴스 발표 전 거래량이 많았던 주식들은 발표 뒤 하락하는 경향이 있다. 나쁜 뉴스 발표 전 거래량이 많았던 주식들은 발표 뒤 상승하는 경향이 있다."

학자들은 통계적 분석을 통해 이러한 사실들을 밝혀냈다. 하지만 사실 주식시장을 오랫동안 접해본 사람이라면 경험적으로 이미 알고 있는 사실들이다. 그렇지만 이렇게 정형화된 사실들을 통계학적으로 패턴을 만들어 설명하는 과정에서 행태경제학과 관련된 설득력 있는 모델들이 제시되고 있다. 이러한 모델 가운데에는 당장 투자에 응용해도 될 만한 것들도 있다. 다만 이러한 모델은 인간의 심리와 관련되어 있어 양적인 분석의 신뢰도가 약하기 때문에 늘 시장이 보여주는 결과를 통해서 거꾸로 모델을 개선해나가는 과정이 필요하다.

시먼스 이후 '퀀트'들이 줄이어 탄생하다

1982년도에 수학자이자 암호해독가였던 제임스 시먼스는 '르네상스 테크놀로지스 LLCRenaissance Technologies LLC'라는 회사를 설립한다.

시먼스는 천재적인 머리와 그동안의 경험을 이용하여 당시만 해도 잘 알려지지 않았던 수학적 모델과 컴퓨터 알고리즘을 이용하여 시장의 행동과 방향을 예측하는 새로운 트레이딩 방법을 선보였다. 그는 주가 움직임을 수학적으로 분석한 알고리즘을 개발해 '퀀트펀드 quant fund'라는 신조어를 만들어냈다.

퀀트펀드란 수학적 모델을 이용해 시장의 움직임을 컴퓨터 프로그램화하고 이를 근거로 투자판단을 할 수 있도록 만든 펀드를 말한다. 수학적·계량적으로 잘 짜여진 프로그램이 사람 대신 펀드를 운용하는 것이다. 여기서 퀀트는 경영학과나 경제학과 출신들이 지배하던 금융시장에 수학적 재능을 결합해 새롭게 주목받은 신금융 엘리트들을 말하기도 한다.

그 뒤 이러한 정량적인quantitative 방법을 이용해 시장을 예측하는 헤지펀드들이 하나둘씩 생겨나기 시작했다. DE 쇼 그룹, AQR 캐피털 매니지먼트AQR Capital Management와 시타델 인베스트먼트 그룹Citadel Investment Group이 소위 '퀀트quant'라고 말하는 이런 방법을 사용하는 대표적인 헤지펀드들이다. 미국은 2009년 기준으로 전체 거래의 4분의 3이 컴퓨터 알고리즘에 의해 이뤄지고 있다 한다. 조만간 주식시장은 인간이 아니라 기계들 알고리즘 간의 냉혹한 전쟁터가 될 것이라는 전망이 나오는 이유이다.

금융위기 이후 투자한 종목들

참고로 금융위기 이후인 2009년 9월 말 기준 그가 투자한 종목 톱10을 뜯어보면 핵심은 '최대'다. 미국 최대 이동통신회사인 버라이존 커뮤니케이션즈에 3억 달러 가까이 투자하였다. 이어 세계 '최대'

인터넷 유통업체인 아마존, 세계 '최대' 방위산업체인 록히드마틴, 세계 '최대' 휴대전화 칩 제조업체인 퀄컴 등도 사들였다. 그리고 로필라드, 월마트, 아폴로그룹, 맥도날드, 애플 등이 있고, 10위의 바이두는 중국 '최대' 인터넷 포털 사이트로 검색시장 점유율이 중국에서 80퍼센트쯤 된다. 톱10에 투자된 금액은 종목당 평균 2억 달러 내외였다.

그는 2009년도에도 그의 개인 연봉으로 25억 달러를 벌어들임으로써 그의 투자가 옳았음을 다시 한 번 증명하였다. 동시에 그의 펀드는 다수 종목에 투자되고 있다. 사람이 아니라 수학적 계량적으로 잘 짜인 프로그램이 펀드를 운용하기 때문에 3000개 넘는 종목을 보유하고 있다. 펀드규모가 265억 달러이니 종목당 평균 투자액은 860만 달러 정도다.

그의 펀드는 한때 360억 달러에 이르렀지만 신용위기로 170억 달러로 급감하였다가 2009년 9월 기준 265억 달러로 다시 늘어났다. 2010년 초 현재 그가 운용하는 자산은 300억 달러 수준으로 추정된다. 여기에는 그의 개인 자금 50억 달러가 들어가 있다. 보통 헤지펀드는 운용자의 자금이 들어가 있어야 투자자들로부터 신뢰를 얻을 수 있다.

기초과학 발전과 자선사업에 헌신하다

사족이지만 돈을 많이 번다고 행복한 것은 아닌 모양이다. 제임스 시먼스는 2009년 재산 85억 달러로 세계 29위의 부자지만 가정생활은 불운의 연속이었다. 그의 아들 중 둘은 23세와 34세라는 젊은 나이에 세상을 떠났고, 딸은 자폐증을 앓았다. 2012년 현재 74세인 시먼스는 요즘 공익사업에 힘을 쏟고 있다. 우수한 수학자와 과학자를 길러내기 위한 대규모 자선기금을 내놓았다. 미국과 중국의 대학에 자연과학 연구센터를 설립하고 미국수학협회를 창설했다.

최근에는 뉴욕 시 공립학교 수학교육 기금으로 2500만 달러를, 뉴욕 스토니브룩대학에 2500만 달러를 기부했다. 시먼스 사장은 "수학은 나에게 상당한 의미가 있으며, 이번 일은 일종의 보답"이라고 말했다. 그리고 딸이 앓는 자폐증을 연구하는 단체에도 매년 많은 돈을 기부하고 있다. 특히 오랫동안 교편을 잡았고 현재 살고 있는 뉴욕의 롱아일랜드에 있는 스토니브룩대학에 애정이 많다. 수학과 물리학 연구에 2500만 달러를 기부한 지 얼마 안 돼서 기하학과 물리학을 위한 연구소 설립을 위해 6000만 달러를 또 기부해서 화제가 되기도 했다. 그는 2010년 1월 은퇴를 발표하였다.

과학적 투자기법이 낳은 부작용

금융기법과 금융환경의 변화는 현장에 있는 사람들도 따라잡기 어려울 정도다. 이제는 사람의 '감'에 따른 투자가 아닌 과학적 기법에 따른 컴퓨터 프로그램 거래가 대세를 이루고 있다. 새로운 금융 시스템은 오늘도 진화를 거듭하고 있다. 전 지구를 연결하는 통신과 컴퓨터를 통해 국제 금융시장은 광속으로 거래가 이루어진다. 테크놀로지들이 새로운 금융기법과 금융상품을 개발하고 있다. 이를 이용해 미국과 유럽의 금융자본들이 세상을 휩쓸고 있다.

컴퓨터 프로그램 간의 난타전

제임스 시먼스의 르네상스 테크놀로지스의 투자방식은 워런 버핏 식의 가치투자와는 거리가 멀다. 오히려 과학적 분석과 전망을 바탕으로 기술적 분석에 가까운 방법을 사용하여 컴퓨터 프로그램이 짧은 단타매매를 위주로 한다. 그래서 거래량이 엄청나게 많다. 시장 전체 거래량의 10% 이상을 르네상스 테크놀로지스 혼자서 차지하는 날도 흔하다. 이러한 컴퓨터 프로그램을 사용하는 곳이 시타델, DE쇼 등 몇 군데 된다. 이들이 컴퓨터로 난타전을 벌이기 일쑤이다.

그러나 이는 단타매매를 주로 하는 데이 트레이딩과는 근본적으로 다르다. 무위험 차익거래가 주종이다. 통계적 차익거래를 넓게 정의하자면, 실제 가격과 이론 가격의 차이가 시장의 비효율적인 면을 통해 발생하게 되면 이를 빠르게 포착해서 그 차익만큼 돈을 버는 전략을 말한다. 그래서 단타매매가 될 수밖에 없다.

그리고 전투 중에는 사람이 껴들지 않는다는 점이 다르다. 이미 설정된 컴퓨터 프로그램끼리 광속으로 싸우는 것이다.

국제 금융시장의 스타, 퀀트

언제부터인가 금융업계에서 물리학·수학·공학 박사들을 보는 게 그리 이상한 일이 아니다. 이는 퀀트라는 직업군이 생기면서 과학자들이 금융 분야에 많이 진출했기 때문이다. 퀀트는 '수량으로 잴 수 있는'이라는 뜻을 가진 퀀터테이티브 quantitative의 약자다. 계량할 수 없는 것을 계량화한다는 뜻이다. 금융공학을 사용하여 자산의 가격을 계산하고 시뮬레이션, 모델링 등을 하는 사람들을 가리킨다.

퀀트라는 직업은 미소 냉전이 끝남에 따라 군수업계에 종사하던 로켓 과학자들이 대거 월스트리트로 몰리면서 시작되었다. 금융상품의 구조가 복잡해지고 다양해짐에 따라 대부분 투자은행은 상당수의 박사급 퀀트들을 보유하고 있으며, 이들의 역할은 점차 중요해지고 있다.

이러한 경향은 헤지펀드 업계에서도 마찬가지다. 최근 헤지펀드 관련 사이트에서 가장 많이 볼 수 있는 것은 연봉 2억에서 3억 원을 제시하는 박사급 퀀트 구인광고일 정도다.

퀀트 애널리스트는 주로 통계, 수학, 컴퓨터를 이용하여 어떤 현상에서 법칙을 찾아내는 일을 하는 전문가를 가리킨다. 헤지펀드는 재능 있는 수학자들을 끌어들여 그들이 개발한 모델로 보통 연간 1000만에서 2000만 달러를 벌어들이는데, 모델 개발자는 수익의 20% 정도를 받는 것으로 추산된다.

투자은행들은 그동안 인문학이나 사회과학 전공자 등 다양한 학술적 경험자를 우대하며 주식과 채권 거래, 인수 업무와 기업 인수합병 등을 운용해왔다. 하지만 최근에는 파생상품 비중을 높이면서 수학·통계에 능통한 퀀트 애널리스트들을 선호한다. 투자은행들의 순익에서 파생상품이 차지하는 비중이 30%를 넘어서면서 투자은행들이 선호하는 인재상도 달라지고 있다.

카로위 교수와 그 제자들

〈월스트리트저널〉은 2006년 3월 프랑스의 니콜 엘 카로위 교수와 그의 제자들의 사례를 들면서 퀀트 애널리스트들의 활약상을 소개했다. 에콜 폴리테크닉과 국립 대학에 개설되어 있는 그녀의 강좌는 스토캐스틱 계산법과 같은 생소한 주제를 다루기 때문에 파생상품 업계의 인재양성소로 인정받는다.

그녀의 강의 내용을 따라가지 못해 수강생 중 4분의 1이 낙제했다. 그러니 그녀의 금융수학 과정을 무사히 마친 사람은 천재 대접을 받았다. 투자은행들에게 카로위 교수 수제자들의 인기가 매우 높았다. JP 모건을 비롯해 도이체방크, BNP 파리바, 소시에테제네럴 등 유수의 투자은행들에는 이미 카로위 사단들이 대거 포진해 있다.

카로위 교수의 제자라는 사실 하나만으로 투자은행 취업의 보증수표가 되었다. 이런 사실이 알려지면서 취업 희망자들은 너도나도 이력서에 카로위 교수의 강좌를 이수했다고 기재하여 업계에서는 이력서 검증을 강화하기도 했다. 그의 수제자들은 대개 초임으로 연봉 14만 달러를 받고 인턴십 과정을 이수하고 나면 연봉이 3배 이상 오르는 것으로 알려졌다.

파생상품으로 심각한 구설수에 오른 골드만삭스의 부사장 파브리스 투레도 에콜 상트랄 파리 수학과 출신이다. 그는 2001년에 고용되어 2007년 28세라는 젊은 나이에 부사장에 오르는 기염을 토했는데, 파생상품 설계에 쓰인 그의 수학적 재능 덕분이었다.

극초단타매매

과학적 투자기법이 발전하면서 못된 변종이 탄생했다. 바로 하이 프리퀀시 트레이딩HFT: High Frequency Trading이라 불리는 초고속 온라인 거래기법이다. 일명 '섬광 주문flash order' 또는 '플래시 트레이딩', '극초단타매매'라고도 불린다. 수익을 낼 수 있는 기회를 포착하면 누가 먼저 주문을 넣느냐에 따라 수익이 결정된다. 속도 싸움이다. '1000분의 1초' 싸움이다. 하이 프리퀀시 트레이드가 그 종결자다.

인간이 눈을 깜빡거리는 데 걸리는 시간은 겨우 0.35초. 이 짧은 시간에 '초단타 주식매매'의 세계에서는 최대 2447번의 거래가 이뤄진다. 최근 세계 주식시장의 뜨거운 화두는 초단타매매다. 고빈도매매, 극초단타매매라고도 불린다. 하이 프리퀀시 트레이딩, 곧 고주파 극초단타매매는 고성능 컴퓨터 시스템이 실시간 데이터를 가지고 속사포처럼 사고팔기를 계속하는 거래방법이다. 이 거래는 고성능 컴퓨터를 이용, 실시간으로 데이터를 처리해 수백만 건의 거래를 순식간에 처리한다.

HFT 기법에는 여러 가지가 있지만 그중 대표적인 것이 극초단타매매로 얻는 무위험 수익이다. 이는 고성능 슈퍼컴퓨터를 통해 특정 종목에 대한 다른 투자자들의 매수 정보(매수 호가, 주문량 등)를 미리 파악할 수 있도록 프로그램(알고리즘)을 만들고 매수 강도가 일정 기준 이상으로 올라오면 자동으로 사고팔게 하는 시스템을 구축하는 것이다.

극초단타 주식매매 개념도

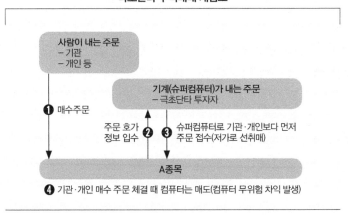

사람이 내는 주문
- 기관
- 개인 등

기계(슈퍼컴퓨터)가 내는 주문
- 극초단타 투자자

❶ 매수주문

주문 호가 ❷ ❸ 슈퍼컴퓨터로 기관·개인보다 먼저
정보 입수 　 　 주문 접수(저가로 선취매)

A종목

❹ 기관·개인 매수 주문 체결 때 컴퓨터는 매도(컴퓨터 무위험 차익 발생)

보통 개인의 주식 매수주문이 시장에 도달하려면 0.3초가 걸린다. 하지만 고주파 거래 프로그램을 이용하면 0.03초 안에 이를 미리 파악할 수 있다. 1000분의 1초 만에 매매주문을 내고 100분의 3초 만에 주문을 냈다가 취소할 수 있다. 이들은 이러한 시스템과 빠른 속도를 통해 다른 투자자들의 주문 내용과 거래 방향을 먼저 알 수 있다. 그걸 이용해 개인이 주문을 내면 슈퍼컴퓨터가 '주문호가 정보'를 입수해 개인보다 먼저 주문을 접수해 매수한 다음, 개인의 주문이 접수될 때는 컴퓨터가 매도를 하는 것이다.

한마디로 사고자 하는 사람들을 확보한 상태에서 선취매한 물량을 되파는 수법이다. 예컨대 일반투자자가 매수주문을 1만 원에 내면 극초단타매매는 먼저 9900원에 주식을 산 뒤 일반투자자의 매수주문이 시장에 도달할 때 1만 원에 되팔아 100원의 수익을 거두는 것이다. 이로써 무위험 수익이 생겨난다.

개인 컴퓨터로 주문할 때와 응답받을 때 사이의 지연되는 시간을 이용해 엄청난 속도로 수백만 건의 거래를 순식간에 처리하여 무위험 수익을 얻는 것이다. 한마디로 증시의 기술적 허점을 이용한 거래다. 순간적으로 이루어지는 매매 거래량이 크고 하루에도 수십 번씩 연속하여 이루어지기 때문에 그 수익은 일반인의 상상을 초월한다.

미국 전체 주식거래의 70% 이상이 극초단타매매

그뿐만 아니라 눈 깜짝할 사이에 주문을 냈다가 취소할 수 있어 특정 종목의 주가에 영향을 미치며, 심지어 주가도 조작할 수 있는 것으로 알려졌다. 이를 통해 수십억 달러 규모의 차익을 남길 수 있다는 것이다. 이는 결국 이런 시스템을 갖지 못한 일반 개인 투자자들의 엄청난 손실로 이어질 수밖에 없다.

금융 시스템이 어려움을 겪는 상황 속에서도 골드만삭스와 같은 대형 은행이나 헤지펀드가 고수익을 낸 배경에는 바로 이런 기법이 자리 잡고 있었다. 골드만삭스는 하이 프리퀀시 트레이딩 거래를 통해 수익을 냈다는 점은 인정하면서도, 이것이 불공평한 장점을 갖고 있다는 주장에 대해서는 반박했다. 골드만삭스는 하이 프리퀀시 트레이딩에 힘입어 특히 컴퓨터 기반인 프로그램 매매에서 두각을 나타냈다.

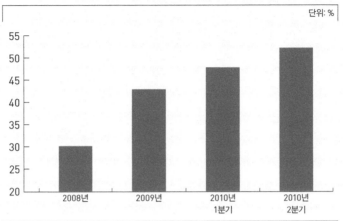

미국 주식거래 중 극초단타매매가 차지하는 비중

단위: %

자료: 〈파이낸셜타임스〉

뉴욕증권거래소에 따르면 골드만삭스는 전체 프로그램 매매량의 24%를 주관해 업계 1위를 차지했다. 하이 프리퀀시 트레이딩은 최근 10여 년 사이 월스트리트에서 가장 빠르게 확산되고 있다. 투자회사들 가운데서도 이 기법을 이용하는 회사는 소수로 선택된 일부가 사용하는 투자수단이다. 미국 증권시장에 등록된 2만여 기관 가운데 플래시 트레이딩을 하는 곳은 2% 정도에 불과하다. 하지만 이를 통한 주문 건수는 전체의 73%이다. 이렇게 일부 기관들의 극초단타 주문량이 늘어나자 2010년 말에 미국 전체 주식거래의 60% 이상이 극초단타매매로 이루어졌다.

시장조사기관 IDC에 따르면 금융 분야의 슈퍼컴 매출은 2010년 이후 연 11%로 가파르게 증가하고 있다. 또한 세계 최고 슈퍼컴퓨터 500대를 정리한 톱500 목록에서 평균 5% 정도 시스템이 금융 분야에서 활용되고 있다. 2013년에는 슈퍼컴의 극초난타매매 비중이 전체 주식시장의 70%를 넘은 것으로 추정된다.

초고속 온라인 거래, 시세조종 논란

일반투자자들이 화살을 쏘고 있다면 극초단타 매매자들은 미사일을 발사하는

격이다. 결과적으로 미래에 일어날 일을 알고 베팅을 하는 셈이니 이를 이용하지 않는 일반투자자들이 손해를 볼 가능성이 높다.

그들은 주식매매 시 거래체결 원칙을 잘 활용하여 빠른 속도로 이익을 취하고 있다. 주식매매 시에는 거래체결 원칙이라는 게 있다. 먼저 가격 우선의 원칙이다. 주식시장에서 매수하려는 쪽은 높은 가격에, 매도하려는 쪽은 낮은 가격에 우선권을 주어 계약이 순서대로 이루어지도록 한다. 따라서 꼭 매수하고자 할 때에는 높은 가격을 제시하여야 하고, 꼭 매도하고자 할 때에는 낮은 가격을 제시해야 한다.

다음으로 시간 우선의 원칙이다. 같은 가격의 주문이라면 주문을 빨리 낸 쪽에 우선권을 주는 것이다. 그리고 거래량 우선의 원칙이 있다. 일반투자가들이 제일 서러움을 많이 당하는 우선권 부여 방식이다. 동시에 같은 가격의 주문이 들어왔을 때 매매량이 많은 쪽에 우선권을 부여하는 방식이다. 하이 프리퀀시 트레이딩이 유리한 이유이다.

극초단타매매를 하는 투자자는 가끔 대량 주문을 내어 가격을 끌어올린 뒤 다른 투자자들이 알아차리기도 전에 사라진다. 하지만 이것은 명백한 불공정 행위이자 범죄 행위다. 허수로 매수 잔량이나 매도 잔량을 부풀려 보이게 하여 개인들을 우롱함으로써 그들의 돈을 갈취하는 것이다. 감독 당국은 규제의 허점 때문에 이를 제대로 단속하지 못하고 있다. 또 이들은 수수료에서도 다른 투자자들에 비해 유리하기 때문에 거래하기만 해도 이익을 내는 수익구조를 갖고 있다. 리서치 업체 탭그룹에 따르면,

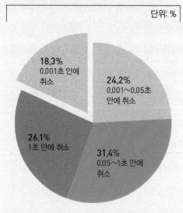

슈퍼컴퓨터 매수주문 후 고의로 주문 취소하여 가격 조작하는 패턴

단위: %

- 18.3% 0.001초 안에 취소
- 24.2% 0.001~0.05초 안에 취소
- 26.1% 1초 안에 취소
- 31.4% 0.05~1초 안에 취소

자료: 일리노이주립대학 마오 예 교수

하이 프리퀀시 트레이딩 투자자들은 2008년 210억 달러의 수익을 낸 것으로 추산되었다. 뉴욕증권거래소의 일일 평균 주식거래량이 2005년 이후 무려 164%나 증가한 것도 하이 프리퀀시 트레이딩의 영향이다. 결국 개인투자자들은 이를 따라갈 수 없어 엄청난 불이익을 보고 있는 것이다.

초단타매매는 누가 더 빠른 전송 속도를 갖고 있느냐에

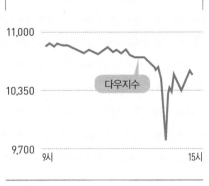

**2010년 5월 6일
초단타매매로 인해 장중 급락한 미국 증시**

다우지수

자료: 한국거래소

따라 승부가 좌우된다. 뉴욕과 시카고의 거리는 700마일로 전송 속도는 0.007초에 불과하다. 그런데 초단타매매자들은 이 0.007초도 늦다고 생각한다. 그래서 한 초단타매매 회사는 애팔래치아 산맥을 관통하는 전용선을 3억 달러를 들여 놓았다. 이로써 전송 속도를 0.006초로 단축했다. 0.001초를 줄이기 위해 3억 달러를 쓴 것이다. 이렇듯 거래소와 가까운 곳에 서버를 둔 초단타매매 회사는 상대적 우위를 차지한다.

이러한 초고속 온라인 주식거래가 미국 주식시장에서 논란의 대상으로 떠올라, 금융감독 당국이 규제하려는 움직임을 보이고 있다. 극초단타 매매가 문제가 되는 것은 과도하게 주식 회전율을 높여 주가 변동성을 키운다는 점이다. 2010년 5월 6일 미국 다우지수가 특별한 이유 없이 20분간 약 1000포인트 급락한 이른바 '순간 폭락flash crash' 사건의 배후에 극초단타매매가 있었다는 분석이다. 게다가 수십 번에서 수백 번으로 나눠 매매해 주가 변동에 대한 영향을 분산시킴에 따라 거래 당사자가 드러나지 않는다는 것도 문제다. 미국은 알고리즘 거래, 곧 초단타매매로 주가가 일시에 9% 넘게 빠지는 등 부작용이 속출하자 규제로 돌아섰다.

우리 증시의 문제

우리 시장에서도 외국인들이 고빈도 매매로 우리 증시를 쥐락펴락하며 막대한 이익을 챙기고 있다. 국내 기관투자가들과 개인들이 외국인에 밀려 힘을 쓰지 못하고 있다. 2011년 12월 자본시장연구원이 2010년 12월 만기 KOSPI 200지수 선물 및 지수 옵션상품을 대상으로 분석한 결과 옵션시장에서 하루 주문 수 2만 건 초과 고빈도 매매자의 75.6%는 외국인이었다. 선물시장에서는 이 비율이 98%에 달했다. 그러나 우리 거래소는 이 매매 방식에 방관자적 입장을 보여 비난을 받고 있다.

대신 우리는 2011년 주식워런트증권ELW 시장에서 전용 회선 문제가 노출되어 불공정거래 혐의로 검찰 조사를 받았다. 이 가운데 스캘퍼, 곧 초단타매매자와 직원 유착의 핵심으로 떠오른 것이 증권사 '전용회선'이다.

스캘퍼들이 증권사에서 전용회선을 지원받아 다른 투자자보다 빠른 속도로 주문

증권사 주문 시스템의 전용회선 개념도

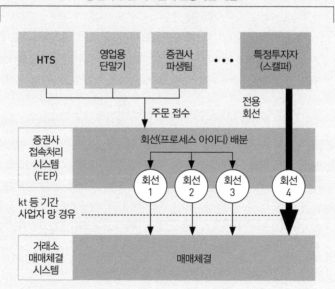

을 냈고, 결국 100%에 달하는 수익을 올렸다는 것이다. 하지만 기관이나 '큰손'에 이처럼 회선을 유리하게 배정한 사례는 ELW 시장 외에도 공공연하게 있다는 점에서 논란이 커지고 있다.❖

또한 2013년 부산에 있는 한국거래소 안의 코스콤(한국증권전산) 건물에 몇몇 증권회사가 입주하였는데 입주 증권사들이 상대적으로 빠른 매매속도로 극초단타매매를 한다는 비입주 증권회사들의 거센 항의로 거래소 측에서 전산시스템 속도를 다른 증권사와 똑같이 조정해준 일이 있었다.

핫이슈, 시장 중립형 펀드

근래 헤지펀드 업계의 핫 이슈는 시장 중립형 '마켓 뉴트럴 펀드'다. 증시 변동성이 클 때도 시황과 무관하게 꾸준한 수익을 낼 수 있는 펀드를 모색하고 있는 것이다. 그래서 마켓 뉴트럴 펀드란 전체 주식시장이 아무리 요동을 쳐도 수익률이 움직이지 않도록 설계한 펀드이다.

시장 움직임과 무관한 수익률을 만드는 것이 목표인 이 펀드가 기형적으로 엄청난 수익률 약진을 보였다. 이들 펀드는 보통 3~5%의 수익률을 목표로 하고 있기 때문에 변동성이 극도로 낮은 것이 특징이다. 그런데 일부 펀드의 수익률이 20% 이상 넘어가는 기현상이 벌어졌다. 이 전략을 따라 하는 상장지수펀드ETF인 '퀀트셰어즈 미국 마켓 뉴트럴 안티모멘텀'은 2012년 연초 이후 9월까지 28%의 수익률을 기록했다.

시장 수익률에 중립이라는 이야기는 방향성이 없다는 뜻인데 어떻게 주식 침체기에 수익을 낼 수 있을까? 게다가 시장 중립을 유지하기 위해서는 주식을 계속 샀다 팔았다 해야 하므로 많은 비용이 든다. 그를 감당하고도 플러스 20% 이상의 수익이 나는 이유는 누구도 시원하게 설명을 못 하고 있다. 다만 시장의 특성이 변화하고 있거나 아니면 초단타매매 때문이 아닌가 하는 의혹을 받고 있다.

❖ 김유미 기자, "스캘퍼 ELW 수익률 100%…전용선의 비밀", 〈한국경제〉, 2011년 4월 12일

금융위기 감지해 대박 낸 존 폴슨

2007년 최고수 존 폴슨, 금융위기 감지해 대박 터트려

2007년에는 헤지펀드 매니저 5명이 10억 달러(1조 원) 이상의 소득을 올렸다. 이른바 '빌리언 클럽'에 이름을 올린 것이다. 그들의 소득은 자산운용 대가로 받은 수수료 가운데 펀드매니저에게 할당된 금액과 개인적으로 보유한 자산수익을 합한 것이다. 1등은 37억 달러를 벌어들인 폴슨앤컴퍼니 창립자 존 폴슨이 차지하였다. 그는 280억 달러에 이르는 펀드자산을 모기지 채권과 파생상품에 투자해 엄청난 수익을 올렸다.

서브프라임 모기지(비우량 주택담보대출) 부실 충격은 존 폴슨에게 오히려 축복이었다. 폴슨은 주택시장의 거품이 붕괴될 것을 미리 예측하고 신용파생상품에 투자하는 방식으로 돈을 벌어들였기 때문이다. 폴슨은 서브프라임 파장이 본격화되기 한참 전인 2005년 초, 여러 자료를 분석한 끝에 미국 주택시장에 거품이 많이 낀 것을 확신하였다. 그의 혜안은 2006년 여름에 빛을 발하였다. 그는 뜨겁게 달아올랐던 주택시장이 열기를 더 이상 이어가지 못할 것으로 확신하였다. 거품 붕괴는 필연적이라고 믿었다.

그는 초기에 유럽의 투자가들로부터 1억 5000만 달러의 돈을 끌어모아 회사가 파산하는 것을 막기 위해 보험에 드는 신용파생상품인 신용부도스왑cDS을 사

∴ 존 폴슨

들였다. 거품 붕괴로 금융회사나 개인기업의 부도가 늘어나면 신용부도스왑 가격이 오를 것으로 보았기 때문이다. 예상은 적중하였다. 그가 운영한 4개의 '신용펀드' 평균수익률이 연 340%를 기록했다. 2007년도에는 590%라는 경이적인 수익률을 달성했다.

한편 그는 2007년도에 거품이 본격적으로 붕괴될 것으로 확신하고 공매도 게임도 벌였다. 부채담보부증권CDO 값이 폭락할 것으로 보고 공매도에 베팅해 300퍼센트의 수익을 올렸다. 이해 그는 그의 커미션만 37억 달러라는 헤지펀드 매니저 사상 최고 수익을 올렸다. 이로써 '헤지펀드의 제왕'이라는 별칭을 얻었다.

그는 신용평가기관의 분석자료를 맹신하지 않았다. 폴슨은 무디스나 스탠더드앤푸어스 같은 회사들의 평가에 의존하기보다는, 직접 주식을 연구하고 분석하였다. 2011년 그의 개인 자산은 155억 달러로 미국 17위의 부호이지만, 맨해튼 86가에 있는 사무실까지 버스를 타고 출근한다.

한 헤지펀드가 삼성전자 연간 이익보다도 더 많이 벌다

2007년 6월 당시 125억 달러 정도였던 폴슨앤컴퍼니의 자산은 2009년 기준 무려 360억 달러에 이르렀다. 전 세계가 금융위기로 신음을 하는 사이에 그는 3배 정도 자산을 늘렸다. 위기를 기회로 산 것이다.

우리 삼성전자가 2007년 약 6조 원 정도의 영업이익을 냈다. 하지만 2007년 월스트리트에서는 폴슨앤컴퍼니 한 헤지펀드가 그 이상의 돈을 벌었다. 폴슨 개인 수수료 수입만 해도 37억 달러로 그해 우리나라 삼성전자 영업이익의 절반이 넘는 액수다. 그는 하루 평균

130억 원 이상을 벌었다. 2위인 조지 소로스는 하루 100억 원쯤 챙겼다. 보통 사람은 평생 벌 수 없는 돈이다. 비록 대부분이 투기에 의한 소득이지만 금융산업이 갖는 힘을 그들이 보여주었다.

금과 금융주에 베팅한 존 폴슨

주택시장 거품 붕괴를 예측해 대박을 터뜨리며 2007년 소득 1위에 올랐던 폴슨앤컴퍼니 창립자 존 폴슨이 2008년에는 금융주 하락에 베팅하였다. 그는 2008년 초 모기지 업체인 패니메이와 프레디맥을 비롯한 월스트리트 금융회사 주식을 대량으로 공매도하였다. 보유하고 있지도 않은 주식을 일정 기간 뒤 건네주기로 하고 파는 투자기법이다. 주가가 그의 매도가격 아래로 떨어지면 이익을 보게 된다.

폴슨은 또 맥주회사 안호이저 부시와 벨기에 업체 인베브 합병이 무산될 것처럼 보일 때 오히려 대규모로 투자해 합병 이후 대주주로 부상하는 수완을 발휘하였다. 폴슨 헤지펀드는 이 같은 과감한 투자를 통해 돈을 벌었을 뿐 아니라, 다른 헤지펀드들이 앞다투어 모기지와 레버리지드 론(이미 부채가 있는 회사 및 개인에게 대출해주는 것)을 할 때 이것들을 피해 손실을 줄였다.

그것이 적중하여 그가 운용하는 폴슨어드밴티지플러스펀드는 37.6%의 수익률을 기록했다. 폴슨이 2008년에 운용하였던 좀 작은 규모의 다른 펀드는 무려 590%의 수익률을 기록하여 역사상 1년 단위의 펀드 수익률로는 최고였다. 2007년도 펀드업계 사상 최대 기록인 37억 달러에는 못 미쳤지만, 그의 2008년도 수입은 20억 달러로 2위를 차지하였다.

그는 시대의 변화를 예측하는 능력이 뛰어나다. 그는 예측력 자체가 큰돈이 될 수 있음을 다시 한 번 증명해 보였다. 그리고 변화에 민첩하게 대처하는 스타일이다. 그는 고객들에게 보낸 서신에서 경기침체가 2010년까지 지속될 것으로 전망하였다.

2009년 9월 말 기준, 폴슨앤컴퍼니가 투자한 종목은 39개였다. 특정 업종에 집중투자를 한다. 눈에 띄는 자산은 금이다. 그는 SPDR골드트러스트에 30억 달러 넘게 투자하였다. 이 종목은 세계 최대 금 상장지수펀드$_{ETF}$다. 금값에 따라 가격이 움직이도록 설계되었다. 이 종목을 사면 금에 투자하는 것과 같은 효과를 본다. 이를 비롯해 남아프리카공화국 금광 개발업체, 캐나다 금광 개발회사 등 3개 금 관련 자산에 총 55억 달러를 투자하였다. 그가 금에 대규모로 투자했다는 것은 달러화 약세에 강하게 베팅한 것이다.

그 밖에 뱅크오브아메리카·씨티그룹·캐피털원파이낸셜(신용카드업체) 등 금융주에 48억 달러, 와이어스(제약업체)·셰링프라우(바이오시밀러 회사)·보스턴사이언티픽(의료장비 제조업체) 등 의료 관련 주식을 52억 달러어치 사들였다.

2008년도 금융주 하락에 베팅히여 톡톡히 재미를 보았던 폴슨은 이번에는 금융주 상승에 베팅하고 있다. 폴슨앤컴퍼니는 2009년 말 기준, 씨티그룹 주식 5억 670만 주를 보유하고 있는 것으로 나타났다. 이는 16억 7000만 달러에 해당하는 규모다. 이는 그가 미국 금융시장이 생각보다 빠르게 회복될 것이라고 예측하고 있음을 보여주는 것이다.

그는 2009년도에도 개인 연봉으로 23억 달러를 벌어들여 자신의 투자가 옳았음을 입증하였다. 대단한 안목이다. 하지만 이런 그도

2011년에는 방향을 잘못 짚어 큰 손해를 보았다.

할아버지가 금융 재능을 키워주다

노르웨이에서 미국 뉴욕 퀸즈로 이민 온 유대계 집안에서 태어난 폴슨의 금융 재능을 키워준 사람은 회계사인 아버지보다 1929년 대공황 때에도 돈을 번 은행가 출신 외할아버지였다. 이 할아버지는 초등학교 시절의 폴슨에게 과자를 봉지로 사서 친구들에게 낱개로 팔면 이익을 볼 수 있다는 것을 가르칠 정도였다.

폴슨의 외할아버지 아서 보크런은 대공황 직전에 탈출해 부를 지켜낸 월스트리트 플레이어 가운데 한 명이다. 투자은행 메릴린치의 설립자인 찰스 메릴 케네디 대통령의 아버지 조셉 케네디와 어깨를 나란히 하는 투자세계의 전설이라는 것이다. 폴슨의 아버지는 미 대기업 최고재무책임자CFO였다. 투자와 재무 DNA가 폴슨의 몸속에 형성돼 있는 셈이다.

뉴욕대학에 진학한 폴슨은 당시 골드만삭스에 근무하던 로버트 루빈의 강의를 들으면서 '리스크 아비트리지' 업무에 눈을 뜨게 된다. 뉴욕대학을 수석으로 졸업하고 하버드 경영대학원에 진학한 폴슨은 여기서 KKR 창업주인 콜버그의 LBOLeveraged Buy-Out 강의를 접하면서 '레버리지 비즈니스'를 배운다. LBO란 기업을 인수합병M&A할 때 인수할 기업의 자산이나 향후 현금흐름을 담보로 은행 등 금융기관에서 돈을 빌려 기업을 인수하는 M&A 기법의 하나이다.

자본 50만 달러와 피인수회사의 자산을 담보로 한 2000만 달러의 차입으로 회사를 매수한 후 2년 후 그 회사를 1억 7000만 달러에 매도했다는 콜버그의 이야기를 듣고서야 폴슨은 왜 투자은행IB보다 사모펀드 LBO(요즈음은 Private Equity라는 표현을 쓴다)에 똑똑한 사람들이 몰려드는지 알게 되었다.

대학 시절 잠시 휴학을 하고 중남미 여행을 하던 그는 현지 모직업자가 만드는 '천'을 소재로 한 아동용 티셔츠를 미 백화점인 '블루밍데일bloomingdale'에 납품하는 데 성공한다. 존 폴슨은 또 남미 여행 중에 우연히 찾게 된 '바닥재'를 미국에 보내 사업성을 타진할 정도로 비즈니스 감각이 남달랐다. 중남미 여행을 하며 견문을 넓힌 그는 지난 1976년 다시 뉴욕대로 돌아가 체계적인 공부를 했다.

그러나 1980년 하버드를 졸업하는 시기에 가장 인기 있는 직종은 컨설팅 회사였다. 폴슨도 신입직원의 연봉이 IB보다 훨씬 높은 보스턴컨설팅그룹BCG에 취직했다. 하지만 파트너가 될 때 두 직종 간의 소득에는 엄청난 차이가 있다는 것을 발견하고는 오디세이파트너즈Odyssey Partners로 옮긴다. 몇 년을 일해 본 뒤 IB 업무를 좀 더 확실하게 배울 필요가 있다고 생각한 그는 28살이 되던 1984년 베어스턴스로 옮겼다.

4년 후 마침내 200만 달러를 들고 자신의 회사를 만들어 독립했다. 아시아 금융위기가 발생한 1998년 4.9퍼센트 손실을 본 것을 제외하고 그의 펀드는 늘 이익을 봤다. 그는 월스트리트 주류의 반대편에 베팅했다. 월스트리트가 흥분할 때 비극적 파국에 돈을 걸었다. 덕분에 1998년 롱텀캐피털 사태와 2000년 인터넷 거품 붕괴 순간에 고수익을 올릴 수 있었다. 하지만 그가 부동산시장에서의 거품을 발견하기 전까지만 해도 폴슨은 월스트리트에서 그렇게 주목을 받는 존재는 아니었다.

폴슨, 부동산 위기를 감지하다

존 폴슨은 부동산 붐에서 위기의 징후를 읽었다. 그가 팀원들을 상대로 서브프라임 모기지가 대거 편입된 'CDO'의 리스크를 파악하라는 지시를 내린 배경이다. 2005년 폴슨이 모기지를 잔뜩 가지고 있는 은행과 증권회사에 대한 숏거래, CDS에 대한 투자를 전문으로 하는 펀드를 결성하려고 할 때 부동산시장에 관련된 투자 경험이 없는 그의 팀에게 돈을 맡기려는 사람은 많지 않았다.

그가 미 주택시장을 불안하게 바라본 이면에는 '금리인상'이 있었다. 연방준비제도이사회의 단계적인 금리인상은 주택시장을 뒤흔들 판도라의 상자였다. 연준은 지난 2004년 이후 금리를 단계적으로 올리기 시작했다. 인플레이션을 겨냥한 선제적 대응이다. 원리금 상환 부담이 더욱 커지자 버블 붕괴의 징후는 더욱 뚜렷해졌다. 서브프라임 모기지론을 기초 자산으로 발행한 채권의 이자율은 미 정부가 발행한 국채 이자율에 비해 불과 1%가 더 높은 수준이었다. 시장이 서브프라임 모기지의 리스크를 과소평가하고 있다는 방증이었다. 존 폴슨은 주택시장의 버블을 경고했다. '집값'과 '담보대출 부도'가 밀접한 연관성이 있다는 것이 그의 주장이었다.

그는 집값 하락이 다시 부도율 상승을 부르는 악순환이 반복될 것으로 내다보았다. 하지만 투자은행을 비롯한 제도권 전문가들은 폴슨의 주장을 반박했다. 대부분의 투자자들은 다음과 같은 이유를 대면서 투자에 소극적이었다.

① 메릴린치나 씨티그룹이 당연히 위험관리가 뛰어날 것이라고 믿었으며, ② 폴슨이 투자하려는 신용부도스왑CDS: Credit Default Swap은 유동성

이 너무 없다는 점을 지적하고, ③ 비록 부동산시장에 거품이 있는 것은 인정하지만 정부가 부동산시장 폭락을 그냥 지켜만 보고 있지는 않을 것이다.

실제 메릴린치와 씨티그룹이 보유하고 있던 모기지는 대부분 AAA등급을 받은 것들이었다. 하지만 폴슨은 이들 대형 금융기관이 자신들의 포지션에 대한 이해가 부족하다는 사실을 알아냈다. 비록 트리플 A등급을 받았지만 이들 유가증권은 서브프라임론을 담보로 하고 있기 때문이다. 폴슨의 표현을 빌리자면 "마치 100개의 독이 든 애플파이의 100개 조각을 가지고 있는 것 같았다."

정교한 리서치 능력 탁월

이 논리 대결에서 최후에 승리한 주인공은 존 폴슨이었다. 존 폴슨이 집값 상승에서 거품의 징후를 읽은 것은 바로 지난 2003년 말이었다. 그가 위기 국면에서 벌어들인 돈은 가히 천문학적이다. 그는 '투자의 귀재' 워런 버핏이 100억 달러 손실을 기록한 이번 금융위기에서 200억 달러를 벌어들었다. 미 주택시장 붕괴를 정확하게 예견한 덕분이었다. 폴슨은 모기지 자산과 금융주 하락에 베팅했다.

온두라스와 볼리비아 그리고 파라과이의 국내총생산을 넘어서는 수치다. 존 폴슨은 지난 1990년대 초반 영란은행을 굴복시키며 천문학적인 돈을 번 조지 소로스에 이어 또 다른 전설이 되는 데 성공했다. 존 폴슨이 성공한 이면에는 절묘한 타이밍이 있다. 버블 가능성을 제기한 전문가는 비단 '존 폴슨'과 그의 팀만이 아니었다. 지난 2000~2003년 미 언론에는 부동산 버블이라는 단어가 무려

1300여 차례 이상 등장했다. 그리고 2004년 이후 3년 동안 이 단어의 등장 횟수는 무려 5535회로 급증하며 위기감이 깊어갔다.

베어스턴스에서 헤지펀드를 운용하던 랄프 시오피Ralph Cioffi도 지난 2005년 가장 이자율이 높은 서브프라임 모기지 투자를 접기 시작했다. 하지만 부동산 특수로 천문학적인 돈을 벌어들이던 금융회사 소속 전문가들에게 조기 경보기 역할을 기대하기는 어려운 상황이었다.

집값의 이상 징후에 불안감을 느낀 헤지펀드 운영자들조차 CDS 구매를 쉬쉬했다. 이 보험상품 구매를 최대한 줄이는 데 치중했다. 파생상품 매입을 권유한 그들이 부동산시장 전망을 어둡게 보는 사실이 노출되면 자칫하다가 고객들의 이탈을 부를 수 있다는 위기감 때문이었다. CDS를 대거 구입하는 것은 헤지펀드의 평판을 뒤흔들 위험이 컸다.

서브프라임 사태로 200억 달러를 벌다

그 무렵 그는 비우량 주택담보대출(서브프라임 모기지)과 우량 모기지가 뒤섞여 있는 부채담보부증권CDO을 공매도했다. 집값 거품이 붕괴해 CDO 값이 하락하면 막대한 수익을 챙기는 작전이었다. 일시적으로 폴슨은 적잖이 손해 봤다. 미국 집값이 2006년 7월 이후 고개를 숙이기 시작했지만 CDO의 값은 2007년 2월이 돼야 본격적으로 추락했다. 그는 1년 정도 손해를 감수하며 기다려야 했다. 인내의 대가는 크고 찬란했다. 2008~2009년 사이에 그는 200억 달러를 거둬들였다. 개인 수수료만 38억 달러를 챙겼다.

존 폴슨의 투자 성공은 부동산 위기의 징후를 조기에 파악하고,

선제적으로 대응한 대가였다. 게다가 투자은행들은 매년 영업실적을 기준으로 성적이 나쁜 직원들을 잘랐다. 다들 서브프라임 모기지가 대거 편입된 CDO에 몰려들었던 이유이다. 이 고수익 파생상품은 매혹적이었다. 금리도 연평균 10%에 가까운 데다 무디스를 비롯한 신용평가사의 평가 등급도 꽤 높은 편이었다. 이 파생금융상품은 금융권의 개별 모기지 대출상품을 묶어 만든 최첨단 금융공학의 산물이었다.

　존 폴슨이 천문학적인 성공을 거둔 이면에는 약간의 운도 작용했다는 것이 정설이다. 주택시장이 버블 상태라고 진단하고 CDS를 대거 사들인 때가 바로 지난 2006년이었다. 집값이 하락세를 보이기 시작하면서 이 보험상품의 구입이 드디어 막대한 이득을 안겨주었다. 폴슨의 투자자들이 환호성을 올렸다. 그 자신의 재산도 급증했다. 2009년 말 그의 재산은 120억 달러로 집계됐다(《포브스》). 두 해 전인 2007년 말에는 30억 달러 정도였다. 그는 헤지펀드 업계의 '3세대 스타'로 불린다. 1949년 처음 헤지펀드 개척자인 앨프리드 존스(1세대)와 조지 소로스(2세대)에 이어 세계 헤지펀드 업계를 이끌 인물이라는 얘기다.

III

연준
의장들

JEWISH ECONOMIC HISTORY

역대 Fed 의장 상원 인준 득표율

		재닛 옐런				**폴 볼커**		
■ 찬성		2014년~		56	26	1979~1987년	98	0
■ 반대						재임	84	16

앨런 그린스펀						**벤 버냉키**		
1987~2006년	91	2	4연임	89	4	2006~2014년	만장일치	
연임	만장일치		5연임	만장일치		재임	70	30
3연임	91	2						

자료: 〈월스트리트저널〉

폴 볼커, 앨런 그린스펀과 버냉키에 이어 재닛 옐런에 이르기까지 유대인 의장이 배출되면서 35년 연속 유대인들이 세계 금융의 최고 권력자 자리를 차지하였다. 유대인의 파워는 연준 의장 자리에 그치지 않는다. 임기 14년의 연방준비제도이 사회FRB 이사 6명 중 4명이 유대인이다.

미국을 인플레이션에서 구해낸 폴 볼커

미국의 연준 의장은 경제 대통령이라는 평을 듣는다. 또한 미국 경제는 세계 경제를 이끌어가는 기관차에 비유된다. 그리고 연준 의장은 통화량과 금리를 조절함으로써 미국 경제, 더 나아가 세계 경제를 조절한다. 그 때문에 연준 의장의 한마디에 세계 증권시장이 출렁인다. 그만큼 연준 의장의 영향력은 막강하다.

미국 경제학자들은 미국 역사상 지금까지 있었던 14명의 연준 의장 가운데 가장 훌륭하게 업무를 수행한 사람으로, 지미 카터 대통령 시절의 폴 볼커를 지목한다. 미국 경제가 최악의 국면에 빠져 있을 때 연준 의장이 되어 인플레이션을 잡고 경쟁력을 확보하는 데 결정적인 공헌을 하였기 때문이다.

∴ 폴 볼커

1970년대의 미국 경제는 암울하였다. 미국 역사상 처음으로, 베트남 정글에 수십만 미군이 갇히는 패전도 기록하였다. 이 와중에 전비를 조달하느라 발생한 인플레이션은 만성적인 현상이 되어버렸다. 게다가 가뜩이나 휘청거리는 경제에 1, 2차 오일쇼크는 치명타가 되었다. 1973년 1차 오일쇼크 당시 배럴당 3달러였던 유가는 단숨에 4배로 치솟더니, 1978년부터 1980년까지의 2차 오일쇼크를 거치면서 24달러까지 올랐다. 유가가 단기간에 8배나 오른 것이다.

이로 인해 미국의 인플레이션율이 두 자릿수를 기록하였다. 재정적자도 2배로 늘어났다. 1970년대와 1980년대 초반까지 미국 경제는 엉망이었다. 세 차례나 경기침체에 빠지는 트리플 딥을 겪으며 장기침체의 늪에서 허우적거리는 가운데 물가가 뛰는 전형적인 스태그플레이션을 경험하였다.

1979년의 미국 경제는 최악이었다. 그해 인플레이션율은 13.3%나 되었다. 베트남전쟁 패배의 후유증도 컸지만, 연준 스스로가 인플레이션보다는 성장에 신경을 썼기 때문이었다. 그 무렵 블루멘털 재무장관은 인플레이션을 잡기 위해 금리인상을 주장했다. 그러나 윌리엄 밀러 당시 연준 의장은 통화정책에 이상이 없다며 긴축에 반대했다. 경제성장을 주도하는 재무장관과 통화정책 책임자 사이의 역할이 바뀐 것 같았다. 1978년 카터에 의해 지명된 법률가이자 기업가 출신인 밀러는 불행하게도 경제와 금융에 관한 지식이 연준 의장직을 수행하기에는 임기가 짧았다.

두 책임자의 갈등이 심화되면서 1976년 1000선을 돌파하였던 다우지수는 800선으로 내려앉았다. 통화정책에 대한 갈등은 월스트리트 투자자들의 신뢰를 상실했다. 카터 대통령 스스로도 "정부가 신뢰의 위기를 맞고 있다"고 선언할 정도였다. 많은 경제학자들은 "미국이 남미형의 만성 인플레이션 경제로 추락하거나, 아니면 1930년대와 같은 대공황에 빠져들 것"이라고 비관하였다. 밀러는 취임한 지 얼마 되지 않아 재무장관으로 자리를 옮겼다. 이러한 상황에서 연준의 해결사로 등장한 인물이 폴 볼커였다.

폴 볼커는 연준 의장으로서 미국 경제를 내리누르는 인플레이션을 잡기 위한 근본적인 행동을 취해야 했다. 그는 긴축을 통해 인플레이션을 잡기로 작정했다. 긴축정책을 쓰면 단기적으로 경제가 하강 국면에 돌입해 대중과 정치인이 반발하게 마련이다. 볼커는 경기 침체 상황임에도 기준금리를 12%로 올리는 조치를 단행했다. 당시 언론은 이를 '토요일 밤의 학살'이라 불렀다. 민간은행이 연방은행에서 돈을 꾸면 기업이나 고객에게는 이보다 훨씬 비싼 이자를 물리게 된다. 일반 은행금리는 무려 20% 가까이 뛰어올랐다.

볼커는 전형적인 유대인답게 아버지로부터 소신과 검약 등의 신조를 물려받았다. 프린스턴대와 하버드대학, 런던정경대학에서 경제학을 전공한 볼커는 1952년 경제분석가로 연준에 첫발을 내디뎠다. 그 뒤 1957년 체이스맨해튼 이코노미스트로 자리를 옮겼다. 당시 볼커를 고용하였던 데이비드 록펠러는 "그는 영리하고 뛰어나게 논리적이며 일에만 확실히 매진하는 사람"이라고 회상하였다. 닉슨 대통령 시절인 1971년에는 미 재무부 국제경제담당 차관으로 달러 금태환의 폐지 결정에 중요한 역할을 했다. 이후 1975년부터 4년 동안 뉴욕 연방준비은행 총재를 거쳐 연준 의장에 발탁되었다. 카터가 볼커를 연준 의장에 임명한 것은 그가 연준 산하의 가장 핵심 지역인 뉴욕연방은행을 맡고 있는 데다 보수적이며 월스트리트의 지지를 받고 있었기 때문이다.

그러나 그 뒤 볼커의 고금리정책에 대해 카터 행정부는 몹시 불쾌해하였다. 카터 대통령도 처음에는 국민에게 "신용카드를 이용한 과도한 소비를 억제하라"고 호소하며 인플레이션 억제 캠페인을 벌였다. 그러나 금리가 유사 이래 최고 수준이라는 평을 받는 20퍼센트까지 올라가면서 이야기가 달라졌다. 경기를 악화시켜 유권자의 지지를 잃어버렸기 때문이다. 실업률은 5퍼센트에서 10퍼센트로 늘었고, 주식시장은 폭락하였다. 1980년에 접어들면서 금리의 급상승으로 미국 경제는 불황으로 빠져들었다.

그럼에도 카터 대통령은 볼커의 정책에 개입하지 않았다. 그해 가을 대통령 선거에서 카터는 공화당의 로널드 레이건에게 패해 재선에 실패하였다. 결정적인 패인 가운데 하나가 볼커의 고금리 정책이었음은 물론이다.

레이건이 승리하자 볼커는 고금리 정책을 더욱 독하게 추진하였다. 1981년 6월에 기준금리를 20퍼센트까지 올렸다. 무서운 결단이었다. 볼커 의장은 '철의 볼커'라는 별칭에서도 알 수 있듯이 대통령을 포함해 누가 뭐라고 해도 소신을 꺾지 않고 강력한 금리인상 드라이브를 건 것으로 유명하다.

레이건 대통령도 '미국 경제가 장기불황에서 빠져나오려면 인플레이션을 잡아야 한다'는 것만은 분명히 인식하고 있었다. 레이건의 막료들이 "볼커 연준 의장을 그대로 두었다가는 카터처럼 연임에 실패한다"는 경고를 쏟아냈지만, 레이건은 "우리가 연준을 두는 이유가 무엇이냐"고 반문하며 개입하지 않았다. 그리고 "미국 경제가 제 길을 간다면 나중에는 훨씬 더 건강하게 될 것"이라고 강조하였다. 하지만 볼커에 대한 국민의 원성은 커갔다.

1981년, 미국 농민들이 대거 워싱턴으로 상경했다. 이들은 트랙터를 몰고 도심 한복판을 행진하며 볼커의 퇴진을 요구했다. 이들뿐만이 아니었다. 사상 초유의 고금리 직격탄을 맞고 소속 회사가 문을 닫는 바람에 앙심을 품은 한 남자는 연준 건물에 무기를 들고 난입하는 소동을 벌였다. 이자율이 20% 선으로 치솟으며 미국인 수백만 명이 일자리를 잃었고 소비는 급락했다. 자동차회사들이나 건설회사 등은 파산 상태로 내몰렸다.

마음 아픈 일이었지만 인플레이션을 잡지 않고서는 미국 경제에 장래가 없다는 것이 볼커의 생각이었다. 고금리로 인한 고통은 3년이나 지속되었다. 하지만 1981년 중반에 접어들면서 인플레이션율은 한 해 전의 14.6퍼센트에서 9퍼센트로 꺾였다. 1982년에는 4퍼센트로 잦아들었고, 이듬해에는 3.2퍼센트로 떨어졌다. 연준은 긴축통화정책을 통해 인플레이션을 이겨냈고, 연준 의장이었던 폴 볼커는 경제가 충분히 고통받았다는 판단 아래 긴축을 풀었다. 곧 경제는 힘차게 되살아났다.

이제는 그가 인플레이션을 잡아 1990년대 경제 붐의 초석이 되었음을 누구나 인정한다. 연준이 인플레이션의 버팀목이라는 명성을 얻게 된 것도 그의 이런 고집 때문이다. 학자들은 1982년부터 미국 경제가 힘차게 회복되기 시작하였다고 분석한다. 그해 8월 17일에 다우지수는 4.9퍼센트나 상승하였다. 역사적인 기록이었다. 미국 경제는 새롭게 태어났다. 볼커는 1987년까지 8년 동안 연준 의장을 지냈다. 그의 후임자 앨런 그린스펀 의장은 볼커가 이루어놓은 안정적인 경제 기반을 토대로 경쟁력 있게 미국 경제를 이끌었다.*

이러한 불안한 시기가 지나자 시장은 200년 역사상 최고라 할 정도의 강세장이 시작되었다. 주식투자자들은 꾸준히 늘어나 1985년 말에는 4000만 명을 넘어섰고, 1987년 1월 8일에는 다우지수가 2000선을 돌파하였다. 1000선을 돌파하는 데 76년이 걸렸고, 2000선을 돌파하는 데는 14년이 걸렸다. 이때가 미국이 1인당 국민소득 2만 달러 시대였다. 지금의 우리나라와 비슷한 모습을 보여준 시기였다.

볼커와 호흡을 맞춘 제임스 베이커

당시 폴 볼커와 호흡을 맞춘 미국의 재무장관은 1971년부터 1981년까지 유대계 금융자본 메릴린치의 최고경영자를 지낸 도널드 리건과 레이건 선거 참모를 지낸 제임스 베이커다. 두 사람 모두 당대의 실세 가운데 실세였다. 특히 월스트리트의 금융자본과 가까웠던 사람들이다.

그 뒤 도널드 리건은 레이건 대통령의 비서실장이 되어 백악관으로 들어갔고, 제임스 베이커는 비서실장을 거쳐 재무장관으로 내려와 1985년 플라자합의를 이끌어냈다. 그 뒤 베이커는 부시 정부에서도 국무장관과 경제수석보좌관을 지냈다. 그리고 은퇴 뒤에는 유대계 군수산업 사모펀드인 칼라일의 이사로 일하고 있으며 칼라일 그룹의 지분 약 1억 8000만 달러어치를 보유하고 있다.

❖ 우태영, [우태영의 글로벌 라운지], 〈위클리 조선〉, 2005년 11월 8일

돌아온 노장

한편 노장 폴 볼커는 오마바 정부에서 82세의 고령임에도 백악관 경제회복자문위원장으로 복귀하였다. 새로운 금융질서 구축에 고심하던 버락 오바마 대통령은 1987년 연준 의장 퇴임 이후 한동안 잊혔던 볼커를 다시 무대에 세웠다. 월스트리트는 반갑잖은 인물의 등장에 긴장했고 우려는 현실이 됐다. 독일계 이민자의 후손답게 원칙주의자인 볼커는 월스트리트에 족쇄를 채우는 '볼커 룰'을 제창했다.

볼커 룰의 핵심은 은행의 자기자본거래_{proprietary trading}(프롭 트레이딩)를 원칙적으로 금지하는 것이다. 지금껏 은행들은 자기자본이나 차입금을 동원해 파생상품 등 고위험·고수익 상품에 투자해 큰돈을 벌었다. 이걸 막으면 고객이 맡긴 돈으로 투자할 수밖에 없다. 고객 돈은 아무래도 조심스럽게 굴릴 수밖에 없다. 볼커는 바로 이걸 노린 것이다. 볼커와 월스트리트의 악연은 숙명적이다.

∴ 폴 볼커와 오바마 대통령

최장기 경제 대통령, 앨런 그린스펀

역대 최고의 연준 의장으로 평가받는 볼커도 임기를 10개월 정도 남겨두고 물러났다. 연준 이사들과의 마찰이 적지 않았기 때문이다. 볼커의 뒤를 이어 1987년 8월에는 앨런 그린스펀이 당시 재무장관 제임스 베이커의 추천으로 의장 자리를 물려받았다. 그린스펀이연준 의장을 맡은 지 2개월쯤 뒤 다우지수 2000선 돌파로 한창 들떠 있던 10월 19일, 블랙먼데이가 들이닥쳤다. 다우 역사상 최악의 하락률을 기록하였다. 2246포인트에서 이날 하루 동안 무려 22.6퍼센트인 508포인트가 떨어진 1738포인트로 마감되었다.

.: 앨런 그린스펀

이날 주가 하락폭은 퍼센트로 따져도 대공황이 초래되었던 1929년 10월 28일과 29일의 12.6퍼센트와 11.7퍼센트에 비해서도 2배 정도가 큰 수치였다. 앞다투어 주식을 처분하려는 매도 잔량이 엄청나게 쌓여 브로커들은 주식매매대금을 지불하지 못하는 상황에 처하였다. 파산으로 죽음을 택한 투자자들이 속출하였다.

이 과정을 좀 더 살펴보자. 1987년 8월 25일 다우지수는 2746포인트로 마감되었다. 1987년 들어 이날까지 43퍼센트나 상승한 것이다. 과열이었다. 하지만 이후 증시자금 유입은 서서히 줄어들기 시작하였다. 당시 인플레이션에 대한 우려로 국채 값이 떨어지고 엔화에 대한 달러 가치가 하락하고 있었다. 미국 재무성 채권에 투자하였던 일본 투자자들은 이 때문에 큰 손실을 입고 있었다. 게다가 일본 투자자들이 재무성 채권을 팔기 시작하자 채권 값은 더 떨어졌다. 그러자 기업 평균 순익의 23배 이상에서 거래되던 주가가 상대적으로 고평가되었다는 인식이 퍼지기 시작하였다.

'검은 월요일'인 10월 19일 증시 대폭락은 극동아시아에서부터 시작하였다. 뉴욕 증시가 아직 잠들어 있는 시각에 홍콩과 말레이시아, 싱가포르 증시가 크게 폭락하였다. 이어 유럽 국가의 증시들이 뒤따라 주저앉기 시작하였다. 뉴욕이 잠에서 깨어나 맞은 월요일 오전 9시 30분, 증시가 개장하였지만 대형주들에 대한 매수주문이 거의 들어오지 않았다.

뉴욕에서 투자자들이 주식매도를 하지 못하는 동안, 시카고상품거래소의 주가지수 선물거래는 선물매도세가 집중되면서 선물 값이 뉴욕 증시의 현물 값 이하로 떨어졌다. 정상적인 시장 상황이라면 차익거래자들이 현물을 팔고 선물을 사들여 두 시장의 갭이 축소된다. 하지만 이날은 현물이 안 팔리고 게다가 변동성이 너무 컸기 때문에 차익거래자들도 어찌해볼 도리가 없었다.

대신 광적인 선물 매도세는 뉴욕 증시의 현물 값을 폭락시켰다. 이는 다시 선물매도 사태로 이어지는 악순환을 불러왔다. 그리고 정오 직전 미국 언론들이 일제히 증권시장 당국이 휴장을 검토하고 있다는 소식을 전하자, 투자자들은 장이 열려 있는 동안 한 주라도 더 팔아치우기 위해 앞다투어 주식을 내던졌다. 이날 증시 대폭락으로 1조 달러에 가까운 돈이 증발해버렸다.

주식 파동은 며칠 안에 일본, 영국, 싱가포르, 홍콩의 시장에서 큰 폭의 주가폭락을 가져왔다. 이해 10월 말까지 각국 증시는 홍콩이 45.5%, 호주 41.8%, 스페인 31%, 영국 26.4%, 미국 22.7%가 빠졌다. 전 세계적으로 1조 7000억 달러에 이르는 투자손실을 몰고 왔다. 당시 그린스펀은 기준 이자율을 신속하게 낮추어서 자금 공급을 늘렸다. 그러자 시장은 안정되었다. 1929년과는 달리 경제공황으로 이어지지는 않았다. 이렇게 해서 영웅이 탄생하였다.

그 뒤 대통령의 특별지시로 조사가 시작되었다. 문제는 프로그램 매도였다. 매도가 매도를 부른 것이었다. 사람이 아닌 컴퓨터가 경제 위기의 주범으로 지목된 첫 사례다. 이듬해에 이러한 문제를 완화시키기 위해 서킷브레이커 제도가 도입되있다. 250포인트 이상 급락하면 1시간, 400포인트가 떨어지면 2시간 동안 거래를 중단하는 제도다. 이후 서킷브레이커는 %(퍼센트) 기준으로 바뀌었다.

그린스펀은 그 뒤에도 위기가 닥쳐오면 금리를 인하해서 대처하였다. 1991년 걸프전쟁 때도 그랬고, 아시아 경제위기 때도 그랬다. 이런 처방에 미국 경제는 긍정적으로 반응하였고, 사람들은 1990년대의 번영을 그린스펀의 공적으로 돌렸다.

1990년대는 주식시장에도 강세장이 펼쳐졌다. 1990년 주식투자자가 5000만 명을 넘어서고, 다우지수도 1991년 3000선을 돌파하였다. 이어 1995년 11월 21일 5000선도 뛰어넘었다. 강세장이 펼쳐지자 투자자들에게 뮤추얼펀드가 인기 있는 투자수단으로 부각되었다. 결국 개별 주식보다 많은 수의 뮤추얼펀드가 설립되었다.

1999년 무렵에는 거의 8000만 명이 직접투자를 하였고, 수천만 명이 연금과 뮤추얼펀드 등을 통해 간접투자에 참여하였다. 대중의 참여 수준으로 보면 전 인구의 30% 이상, 성인 40% 이상이 주식시장에 뛰어들었다. 그 결과 1999년 3월 29일, 드디어 1만 선을 돌파하였다.

음악을 사랑했던 그린스펀

앨런 그린스펀은 1926년 맨해튼 북부의 할렘가에서 유대인 주식 중개인의 외아들로 태어났다. 부모가 모두 독일계 유대인으로, 그가 태어난 할렘가는 '허드슨 강변의 프랑크푸르트'라 불릴 정도로 독일계 유대인 밀집지역이었다. 그는 어려서부터 유대인답게 숫자에 밝았

다. 그러나 어린 시절에는 야구와 음악을 더 좋아하였다. 그가 다섯 살 때 이혼한 어머니와 그는 침대가 하나밖에 없는 할렘의 허름한 조부모의 좁은 아파트에서 살며 가난한 어린 시절을 보냈다.

그린스펀은 고등학교 때 클라리넷과 색소폰에 재능을 보여 10대에는 재즈 연주자로 활동

하였다. 그 뒤 줄리아드 음대에 진학해 정식으로 클라리넷을 공부하면서 음악가로 활동하였다. 그러다 중도에 포기하고 '헨리 제로미 댄스 밴드'에 들어가 주당 65달러를 받고 색소폰, 클라리넷, 플루트 등을 연주하며 미국 전역을 떠돌아다녔다.

악단의 회계와 세무 일을 도맡아 하면서 음악보다 숫자에 재능이 있다는 사실을 알게 된 그린스펀은 1948년 악단을 때려치우고 뉴욕대학 경제학과에 입학하여 변신을 꾀한다.

그린스펀은 뒤늦게 마음잡고 경제학을 공부해 성공한 인물이다. 그는 1954년에 경제 예측을 하는 컨설팅 회사 타운센드Townsend에 입사하였다. 그런데 야심만만한 그린스펀은 곧 오너인 타운센드의 눈에 들어 파트너가 되었다. 그리고 그린스펀타운센드Greenspan Townsend & Co.로 회사 이름을 바꾸고, 사장 자리에 올라 적극적으로 경영활동을 펼쳤다.

그러다 대통령 주변의 사람들과 접촉하기 시작하면서 1968년 대통령 선거 때 닉슨 진영 경제고문을 지냈다. 1974년, 박사 학위도 없는 그린스펀이었지만 실력을 인정받아 포드 대통령 경제자문위원장을 맡았다. 이후 그는 국가에 제출한 각종 보고서와 틈틈이 쓴 글을 바탕으로 쉰이 넘은 1977년에 뉴욕대학에서 박사 학위를 받는다.

그는 직접 회사를 경영해보았기 때문에 다른 금융인들보다 실물경제를 보는 눈이 더 밝았다. 1987년 레이건 행정부 때 연준 의장으로 취임하면서 주목받기 시작한다. 그는 실물경제에 밝아 시장에 대한 정확한 판단과 정책결정으로 경제계뿐 아니라 국민의 신뢰를 한 몸에 받았다. 1970년대 초 이후 28년 만의 최저실업률, 29년 만의 재정흑자 및 고성장 등을 이끈 인물로 평가받으면서 세계의 이목을 집중시켰다.

그는 평소 보고서에 의존하지 않고 각종 금융시장의 지표를 직접 챙기는 것으로도 유명하다. 그래서 CNBC 방송에서는 그의 가방지수를 만들었다. 그의 가방이 얇으면 경제가 잘 돌아간다는 뜻이고 가방이 두툼해지면 문제가 있다는 것이다. 1987년부터 2006년 1월까지 19년 동안 연준을 이끌면서 미국 경제의 안정적 성장을 가져와 한때 '마에스트로'라는 찬사까지 받았다.

그가 의장을 역임하는 동안 발생하였던 '검은 월요일' 주식시장 붕괴와 닷컴 버블 붕괴에 대한 대처는 크게 칭송받았다. 2001년 9·11 테러로 미국 경제가 경색 조짐을 보이자 과감히 금리를 내려 경제를 살렸다. 2001년 초에 6.25%였던 기준금리가 그해 연말에는 1.75%로 내려갔다. 2003년 6월에 기준금리는 1%라는 최저 수준을 기록하였다. 46년 만의 최저금리였다. 전 세계 중앙은행이 그의 방침에 동조하면서 세계 경제는 회복세로 돌아섰다.

하지만 그 뒤 지나치게 부시 대통령의 정책을 지지해 저금리 기간을 너무 오래 가져가는 통에 결국 부동산 버블을 일으켰다는 비판을 받는다. 그린스펀은 나중에 연준이 의도적으로 통화팽창이라는 위험을 택했고, 이로 인해 거품이 조성되었다고 인정하였다.

게다가 그는 그 무렵 급팽창하기 시작하였던 금융파생상품의 폭발력을 미처 인지하지 못하였다. 오히려 파생상품을 금융시장의 윤활유로 인식한 듯하다. 그래서 당시 시장의 자정 능력을 믿고 금융파생상품 규제에 반대하였다. 이제 그는 금융위기의 주범 가운데 한 명으로 꼽히는 신세가 되었다.

4명의 대통령과 함께했던 그린스펀 재임 시 재무장관들은 일부 정치인과 기업인 출신을 제외하고는 루빈, 서머스, 헨리 폴슨 등 주로 친 월스트리트 유대인들이었다. 한 마디로 월스트리트의 유대 자본과 호흡을 맞추었던 사람들이다.

헬리콥터 벤 버냉키

19년을 연준 의장으로 재직하면서 세계 금융시장을 주도한 유대인 앨런 그린스펀을 이어, 2006년 2월 연준 의장에 취임한 벤 버냉키는 1953년 유대계 가정에서 장남으로 태어났다. 버냉키는 율법학자인 외할아버지로부터 히브리어와 유대교 율법을 배웠다.

어려서부터 버냉키는 천재로 통하였다. 고교 시절 그는 미적분학을 독학하며 올 에이$_A$로 졸업하고 대학입학자격시험$_{SAT}$에서 1600점 만점에 1590점을 받은 것으로 유명하다. 버냉키도 그린스펀처럼 고등학생 시절 상당한 색소폰 연주 실력을 자랑하였다. 그런데 1966년 록밴드에 참여해 텔레비

∴ 앨런 그린스펀(왼쪽)과 벤 버냉키(오른쪽)

전에 나갔다가 연주를 망치는 바람에 색소폰에서 손을 뗐다. 이후 1975년 하버드대학을 수석으로 졸업하며 최우수논문상을 받는 등 1등을 놓치지 않았다. 그는 1979년 매사추세츠공과대학에서 경제학 박사 학위를 받고 23년 동안 명문 스탠퍼드대학과 프린스턴대학 교수를 지냈다.

경기불황 연구가 버냉키의 전공

그는 거시경제학, 재정정책, 대공황, 경기순환 등 경제 문제에 관한 폭넓은 저술로 유명한데, 특히 경제불황과 대공황에 강하다. 그가 대공황 연구에 매력을 느낀 것은 유대 역사에서 영향을 받았기 때문이 아닐까 하는 관측이 있다. 대공황은 나치 독일을 발흥시킨 유대인에게는 불행한 요인 가운데 하나였기 때문이다.

버냉키는 1930년대 대공황, 1970년대 디플레이션, 1990년대에 발생한 일본의 잃어버린 10년 등 경기불황에 대한 연구로 학문적 일생 전부를 바친 인물이다. 따라서 버냉키만큼 현새의 경세위기를 잘 이해하고 이를 극복할 정책을 제시할 수 있는 인물도 드물다.

그는 평생 학자로 살겠다던 신념을 접고 2002년에 연준 이사로 취임하였다. 당시 대통령경제자문위원회 의장이었던 하버드대학의 글렌 허버드 교수가 강력히 추천한 것이라 한다.

그는 이사들 사이에 이견이 생길 때 철저한 조사와 조율로 주목받았다. 연준 이사 재직 시 미국 경제가 지난 2002년, 2003년의 디플레이션으로 회귀될 가능성을 가장 큰 목소리로 경고해 온 인물이다. 그는 연준의 개입을 통한 어느 정도의 인플레이션을 옹호해왔다.

그리고 2005년 6월부터는 대통령경제자문회의 위원장에 임명되어 부시 대통령을 측근에서 보좌하였다. 그는 미국 경제가 가장 어려운 이 시기에 연준 의장으로 일하였다. 앨런 그린스펀은 암호해독기가 필요할 만큼 알쏭달쏭한 메시지를 던짐으로써 시장을 선제적으로 제압하거나 오히려 시장의 혼란을 초래한 반면, 버냉키는 솔직한 커뮤니케이션 방식으로 투명한 연준을 만들었다.

오바마 대통령이 당선된 뒤, 전 골드만삭스 회장이던 재무장관 헨리 폴슨과 루빈 밑에서 일하였던 뉴욕연방은행 총재인 가이트너가 신용위기로 휘청거리는 미국 경제를 추스르고 있었다. 당시 오바마의 경제팀 인선을 맡고 있었던 유대인 마이클 프로먼은 여전히 씨티그룹 사람이었지만 그의 팀이 천거한 티모시 가이트너 재무장관, 서머스 국가경쟁력위원장, 폴 볼커 경제회복자문위원장, 피터 오스자그 예산국장 등 경제정책의 핵심 자리는 모두 유대인 몫이었다.

2009년 올해의 인물, 벤 버냉키

미국의 시사주간지 〈타임〉은 2009년 말 '올해의 인물'로 버냉키 연준 의장을 선정하였다. 〈타임〉은 버냉키 의장이 1930년 대공황 이후 최악의 경기침체를 맞아 대공황 당시 연준의 실수를 되풀이하지 않고, 오히려 돈의 공급을 대폭 늘려 은행의 파산을 막으면서 경제가 악화되는 것을 막아낸 '유능한 은행가'였다고 선정 이유를 밝혔다. 지난 1927년부터 실시된 〈타임〉의 '올해의 인물'에 연준 의장이 선정

된 것은 버냉키가 처음이다. 그는 연임에
도 성공하였다.

.: 2009년 〈타임〉이 뽑은 '올해의 인물' 벤 버
냉키

과도한 양적완화정책의 우려

벤 버냉키 연준 의장은 오바마가 취임
하자마자 통화정책의 마지막 카드인 양
적완화정책으로 1차와 2차에 걸쳐 돈을
헬리콥터에서 퍼붓듯이 쏟아부었다. 그
러고도 안 되자 2012년 9월 또다시 양적완화정책이란 카드를 꺼내
들었다. '헬리콥터 벤'이란 별명답게 무차별적으로 달러를 찍어내 침
체된 미국 경제를 되살려보겠다는 것이다. '헬리콥터 벤'이란 별명은
헬리콥터를 타고 달러를 살포하는 버냉키의 모습을 빗댄 것이다.

양적완화정책quantitative easing은 중앙은행이 발권력을 동원해 찍어
낸 돈을 시중에 직접 공급하는 정책을 말한다. 기준금리가 제로금리
에 근접해 기준금리 인하만으로는 경기부양 효과를 기대할 수 없을
때 사용하는 마지막 카드다. 중앙은행은 국채나 회사채, 모기지증권
MBS 등을 사주는 방법으로 시중 통화량을 늘린다.

연준의 양적완화 조치는 이번에 세 번째다(2012년 기준). 2008년
11월에 시작돼 2010년 3월에 끝난 1차 양적완화 때 1조 7000억
달러, 2010년 11월에 시작돼 2011년 6월에 끝난 2차 양적완화 때
6000억 달러를 각각 시중에 풀었다. 이번 3차 양적완화는 좀체 떨어
지지 않고 있는 실업률을 낮춰보자는 데 있다. 8월 말 현재 미국의 실

업률(8.1%)은 2008년 금융위기 이전(4~5%)의 2배 수준이다.

3차 양적완화는 앞으로 매달 400억 달러 규모의 모기지를 기초 자산으로 한 증권MBS을 시장에서 사들이겠다는 게 골자다. 연준이 MBS를 사들이면 현금이 시중에 풀리게 돼 소비와 투자 증가로 이어질 것이란 기대다. 모기지 금리도 더 떨어져 주택경기에 불을 지필 수 있고, 주식 등 자산가격을 밀어 올리는 효과도 있다. 연준은 MBS 매입 종료 시기에 대해 "실업률이 상당한 수준으로 낮아질 때까지"라고 밝혀 무제한으로 채권을 매입하겠다는 뜻을 분명히 했다. 정책 시행 시기가 미리 정해져 있던 1, 2차 때와 차이점이다.

양적완화에 따른 무제한적 달러 살포의 또 다른 기대효과는 미 달러화 가치 하락이다. 달러 약세는 환율전쟁을 유발할 수 있다. 수출 증가와 자국 내 일자리 확보를 겨냥한 환율전쟁은 1930년 대공황을 촉발한 1차 환율전쟁(1921~1936년), 브레튼우즈 체제가 붕괴된 2차 환율전쟁(1967~1987년), 플라자합의로 9년 7개월간 지속된 3차 환율전쟁(1985~1995년) 등 크게 세 차례 있었다.

제2차 세계대전 이후만 보더라도 세계적 규모로 격렬하게 벌어진 첫 번째 갈등의 정점은 1971년 8월의 '닉슨쇼크'였다. 미국의 닉슨 대통령은 달러를 금과 바꿔주는 금태환의 정지를 전격 선언해 전후 새로운 국제통화 질서로 자리 잡았던 '브레턴우즈 체제'를 무너뜨렸다. 제2차 갈등의 산물은 1985년 9월의 '플라자합의'였다. 주요 선진 5개국G5 재무장관과 중앙은행 총재들은 뉴욕의 플라자 호텔에 모여 달러화 약세 유도를 결정했다.

두 번의 환율전쟁 직후 달러화는 일본의 엔화와 독일 마르크화 등 주요 통화에 대해 공통적으로 큰 폭의 약세를 보였다. 닉슨쇼크 시점부터 7년 2개월간 지속된 '제1차 달러약세기(1971년 8월~1978년 10월)'에는 달러화의 가치가 엔화와 마르크화에 대해 각각 절반 수준으로 떨어졌다. 플라자합의부터 9년 7개월간 지속된 '제2차 달러약세기(1985년 9월~1995년 4월)'에도 달러화의 가치는 엔화에 대해 3분의 1 수준으로, 마르크화에 대해서는 절반 수준으로 각각 급락했다.

2010년 이후 현재의 4차 환율전쟁인 미국의 양적완화정책의 결과 브라질 헤알화가 75% 급등(2002년 말 대비)한 것을 비롯해 일본 엔화(46%), 중국 위안화(30%) 등이 모두 통화가치가 올랐다. 대다수 국가는 자국 통화 강세를 막기 위해 안간힘을 쓰고 있다.

누리엘 루비니 미국 뉴욕대학 경영대학원 교수와 스티븐 로치 전 모건스탠리 아시아 회장 같은 석학들은 작금의 4차 글로벌 환율전쟁이 세계 경제에 암적癌的인 존재라고 경고한다. 특히 문제는 유럽의 재정위기, 일본의 경기침체와 맞물려 이들 국가조차 양적완화에 동참함으로써 이제 앞으로 가장 큰 피해 대상국은 중국과 한국, 인도 등 아시아 통화와 브라질, 러시아 등 신흥 개발도상국들이 주요 절상 대상으로 떠올랐다는 점이다.

유대인, 그들은 과연 우리에게 누구인가?

세계의 금융시장을 리드하는 연준이 이렇듯 유대인에 의해 주도되고 있다. 연준은 발권력뿐 아니라 기준금리의 책정, 그리고 공개시장 조작 등으로 금융통제를 맡아왔다. 따라서 백악관은 언제나 사립은행의 집합체인 연준으로부터 돈을 빌려 썼고, 그 결과 연준에 의해 좌우되는 오늘의 상태가 되었다. 미국뿐 아니라 세계의 많은 나라는 오늘날 연준이 금리를 얼마만큼 올리고 내리느냐, 통화량을 얼마만큼 줄이고 푸느냐에 따라 일희일비하면서 신경을 곤두세우고 있다. 연준을 지배하는 자가 세계의 금융을 지배할 수 있게 된 것이다.

글로벌 금융위기에서도 우리는 두 유대인의 입만 쳐다보았다. 벤 버냉키 연준 의장과 헨리 폴슨 재무장관이 그들이다. 오바마 정권이 들어선 이후에도 유대인의 입만 쳐다보기는 마찬가지다. 헨리 폴슨이 티모시 가이트너로 바뀌었을 뿐이다.

04

월가가 반기는 비둘기파 재닛 옐런

미국 시사주간지 〈타임〉은 2014년 세계에서 가장 영향력 있는 인물로 여성인 재닛 옐런Janet Louise Yellen 중앙은행Fed 의장을 지목했다.

옐런은 2014년 1월 말 벤 버냉키 의장의 바통을 이어받았다. Fed 100년 역사에서 첫 여성 수장이다. 1946년 뉴욕 브루클린의 유대인 이민자 집안에서 태어난 옐런은 브라운대에서 경제학을 전공하고, 1971년 예일대학에서 경제학박사를 받고 본격적으로 학자의 길을 길있다. 하버드대학 조교수, FRB 이코노미스트를 거쳐 런던정경대학과 UC버클리에서 학생들을 가르쳤다.

옐런은 1994년 FRB 이사와 1997년 빌 클린턴 대통령 경제자문위원장을 지내면서 학자에서 정책가로 변모하게 된다. 특히 2004~2010년 샌프란시스코 연방은행 총재로 일할 때에는 '주택발 금

∴ 재닛 옐런

융위기' 가능성을 예측해 눈길을 끌었다. 2010년부터 Fed 부의장에 임명돼 버냉키와 함께 양적완화(채권매입 프로그램), 제로금리 등 경기 부양적 통화정책을 주도해왔다.

1960년대 말 예일대학에서 옐런을 가르쳤던 노벨경제학상 수상자인 스티글리츠 교수는 "옐런은 가장 똑똑한 학생 중 한 사람이었다"고 회고하면서 "그녀는 금융시장의 불완전성에 대해 예리한 이해력을 가졌으며 '인간의 고통은 무엇보다 실업과 연관돼 있다'는 강한 신념을 지닌 인물"이라고 평했다. 그녀는 2001년 '정보 비대칭이론'으로 노벨경제학상을 받은 조지 애컬로프 버클리대학 교수의 부인이기도 하다.

옐런은 완전고용과 물가안정이라는 Fed의 두 가지 책무를 균형 있게 수행해야 할 최적의 인물로 월스트리트는 평가하고 있다. 사실 오바마는 옐런 이전에 서머스 로렌스 전 재무장관을 내심 차기 연준 의장으로 밀려 했으나 그의 매파적인 기질로 인해 월스트리트 사람들의 벽을 넘지 못했다. 옐런의 가장 큰 숙제는 경기회복세를 건드리지 않고 금융시장에 충격 없이 양적완화를 줄이는 것이다.

IV

재무부
장관들

JEWISH ECONOMIC HISTORY

중세 이래 유럽 군주들의 재무관은 대부분 유대인들이었다. 그래야 전쟁과 대규모 건설사업 등에 필요한 큰돈을 융통해 올 수 있었기 때문이다. 현대에 와서도 큰돈의 흐름을 주도하는 미국 재무부 장관은 로버트 루빈 이래 대부분 유대인이 맡고 있다. 그 중간에 일부 비유대인 재무장관들이 있었으나 월스트리트의 지지를 받지 못해 단명에 그칠 수밖에 없었다. 평소 연준과 호흡을 맞추고 월스트리트와 교감을 같이 하려면 유대인 장관이 제격일 수밖에 없다. 금융위기와 같은 유사시에는 더 말할 나위조차 없다.

⚬ 미국 워싱턴의 재무부 건물

01

루비노믹스의 주역, 로버트 루빈

로버트 루빈은 명실상부한 미국 금융계의 대부이다. 그는 클린턴 정부 시절 재무장관을 맡아 미국 역사상 최장기 호황을 이끌어내 미 역사상 가장 유능한 재무장관이라는 찬사를 받았다. 그리고 우리가 1997년 IMF 사태를 맞았을 때 총괄 지휘했던 인물이 바로 루빈 재무장관이었다. 당시 차관은 로렌스 서머스, 차관보는 티모시 가이트너였다. 이들 유대인 3인방이 IMF 사태를 주무르며 우리 금융시장을 완전 개방케 했던 인물들이다.

로버트 루빈은 골드만삭스 회장 출신이다. 미국은 골드만삭스가 거번먼트삭스로 군림하고 있다. 금융위기가 진행되는 과정에서 골드만삭스 출신 인사들이 급부상하면서 월스트리트 안팎에서 나온 말이다. 미국의 관계와 금융계를 그들이 지배하고 있다.

미국만이 아니다. 세계 금융계는 지금 골드만

∴ 로버트 루빈

삭스 사단들이 지배하고 있
다. 이탈리아 중앙은행 총재
출신인 마리오 드라기 유럽
중앙은행 총재 역시 골드만
삭스 부회장 출신이다. 마크
가니는 캐나다 중앙은행 총
재를 거쳐 지금은 영국 영란

♣ 마리오 드라기

은행 총재로 있다. 중국 인민은행 후쭈류 부총재와 공상은행 장홍리
부총재도 골드만삭스 출신이다.

골드만삭스를 우뚝 세운 인물은 1930년 회장에 오른 시드니 와인
버그였다. '골드만삭스의 아버지'로 불리는 와인버그는 이후 40여 년
간 회장직을 맡으면서 골드만삭스를 세계 최고의 투자은행으로 키웠
다. 그 과정에서 와인버그는 제2차 세계대전 당시 루스벨트 대통령
백악관 특별위원회 멤버였고, 전후에는 트루먼 대통령의 백악관 자
문위원을 역임하면서부터 워싱턴 정가와 골드만삭스를 연결하는 접
착제 역할을 했다.

아들 존 L. 와인버그는 아버지의 뒤를 이어 1990년부터 1999년까
지 골드만삭스 회장을 지냈으며, 손자 존 S. 와인버그는 현재 부회장
이다. '골드만삭스의 아버지'는 골드만삭스 인맥을 20세기 세계 최강
국인 미국 정가에 심는 전통을 만들었는데, 특히 부시 행정부에서
골드만삭스와 미국 행정부의 유착은 절정기를 맞이했다.

물론 1970년대 존슨 행정부의 헨리 파울러 전 재무장관, 1980년
대 레이건 행정부의 존 화이트헤드 전 국무장관과 토머스 힐 전 재무
차관 등 골드만삭스 출신이 행정부에 진출하기도 했지만 부시 정부

에서는 백악관, 행정부, 감독기관을 접수하다시피 했다.

로버트 루빈은 골드만삭스 회장을 거쳐 클린턴 정부의 재무장관으로, 장기간 정치와 경제의 권력 중심에 있었다. 그는 그린스펀과 달리 자유시장의 열렬한 신봉자는 아니었다. 하지만 1990년대 말 일명 '루비노믹스'라고 알려진 그의 경제정책이자 민주당의 경제신조는 자유무역과 더불어 금융시장의 규제완화가 주요 골자였다.

1938년 뉴욕에서 가난한 러시아 유대인 이민자의 손자로 태어난 로버트 루빈은 프린스턴대학에 응시하였지만 떨어졌다. 그는 이 실패를 계기로 이를 악물었다. 하버드대학에 들어간 루빈은 대학생활 내내 침대 겸용 소파에서 자며 공부해 결국 최우등으로 졸업하였다. 루빈은 하버드대학에서 경제학을, 그리고 하버드대학 졸업 뒤 런던경제대학을 거쳐 예일대학 법대 대학원을 나왔다.

공부를 마친 뒤 짧은 변호사 생활을 거쳐 1966년 골드만삭스에 입사하여 월스트리트로 진출하였다. 루빈은 주식-채권투자에서 10년 연속 최고수익률을 올린 기록을 가지고 있다. 1992년 한 해에는 2600만 달러의 개인소득을 올린 '월스트리트의 신화'이기도 하다. 그는 26년 동안 월스트리트에서 금융 전문가로 활동하며 골드만삭스 공동회장(1990~1992년)까지 올랐다.

이후 1993년 백악관 국가경제회의NEC 보좌관으로 클린턴 행정부에 참여하였고, 1995년에는 재무장관에 발탁되었다. 이후 루빈은 과감한 재정적자 축소정책으로, 9년 동안 지속된 경제 활황의 터전을 닦았다. 루빈은 과감한 재정적자 감소정책으로 금리를 낮추었고, 강한 달러정책으로 미국의 경쟁력을 유지하고 인플레이션을 막아왔다.

경제각료 가운데 워싱턴 정가와 시장의 상호작용을 이해하였던 사람 대다수가 루빈 밑에서 일한 경험을 갖고 있다. 루빈이 발탁한 대표적인 인물이 당시 서머스 차관과 가이트너 차관보였다. 그 뒤 서머스 차관은 루빈의 뒤를 이어 재무장관이 되었다. 이후 그는 하버드대학 총장을 거쳐 오바마 정부에서 백악관 경제수석 격인 국가경제위원회 위원장을 맡고 있다. 그리고 루빈 장관에 의해 차관보로 발탁되어 서머스 장관 아래서 차관을 지냈던 가이트너는 그 뒤 뉴욕연방은행 총재를 거쳐 오바마 정부의 초대 재무장관이 되었다. 이 밖에도 오바마 대통령 경제팀의 주요 인사 대다수가 루빈 사단이다.

천재 집안의 경제학자 로렌스 서머스

    루빈의 뒤를 이은 로렌스 서머스 재무장관은 하버드대학에서 28세 최연소로 종신 정교수에 임명된 기록을 갖고 있다. 명석한 경제학자로 유명하다. 집안에 경제학자가 많은데, 부모님 모두 아이비리그 경제학 교수다. 아버지는 펜실베이니아대학 경제학, 어머니는 펜실베이니아대학 경영대학원(와튼스쿨) 교수였다.

    삼촌은 더 유명한 교수이다. 바로 현대 경제학의 아버지라 불리는 폴 새뮤얼슨 매사추세츠공과대학 석좌교수로 노벨경제학상을 받았다. 외삼촌 케네스 애로우도 역시 노벨경제학상 수상자다.

    서머스는 천재였다. 네 살도 안 된 꼬마가 노벨경제학상 수상자인 삼촌들과 토론을 벌이던 괴짜였고, 열한 살 때 승률을 토대로 메이저리그의 우승팀을 예측하는 '서머스

.˙. 로렌스 서머스

야구 상용로그함수'를 만들었다고 한다.

1991년 세계은행IBRD의 선임 이코노미스트로 활약했고, 1993년 재무부에 들어가 국제담당 차관보(차관)를 거쳐 1995년 차관(부장관)이 됐다. 미국의 직제는 우리와 조금 다르다. 미국은 우리식 차관, 차관보를 부장관, 차관이라 부른다. 이 책에서는 우리나라 독자들에게 익숙한 우리식 직급으로 차관, 차관보라 칭했다.

그는 재무차관 당시 직속상관이던 로버트 루빈 장관과 찰떡궁합으로 불렸다. 둘은 상호 보완적인 리더십을 발휘하였다. 월스트리트 출신인 루빈이 시장을 읽는 동물적인 감각을 지녔다면, 서머스는 경제이론 분석에 정통하였다. 또 루빈이 월스트리트를 몸으로 누비던 일류 투자가라면, 서머스는 상아탑에서 책과 씨름하던 천재 학자였다. 4년 반 동안 그는 루빈, 그린스펀과 함께 일주일에 한 번 이상 조찬회의를 하면서 클린턴 정부의 경제정책 수립에 중추적인 역할을 담당했다. 서머스는 클린턴 정부 때 루빈 재무장관의 바통을 이어받았다.

서머스 장관의 수족 역시 루빈 사단으로 구성되었다. 서머스 바로 밑에 제이슨 퍼먼은 클린턴 시절 루빈 밑에서 일한 사람이었다. NEC 컨설턴트인 다이애나 패럴 역시 골드만삭스에서 루빈 밑에서 일했었다.

그리고 그 뒤 47세의 나이로 하버드대학 총장을 지냈다. 앨런 그린스펀은 그를 이렇게 표현했다. "그는 그 누구도 감히 넘볼 수 없는 탁월한 재능과 판단력을 갖췄다."

오바마 2기 정권에서 가이트너와 재무장관 자리를 놓고 경합을 벌였던 서머스 전 재무장관은 백악관 국가경제자문위원회 위원장을 맡아 경제정책보좌팀NEC을 이끌었다. 우리로 치면 경제수석 격이다.

중국통 헨리 폴슨

헨리 폴슨은 골드만삭스 회장을 지내다가 2006년 7월 부시 행정부의 재무장관에 취임했다. 그는 1946년 미국 중서부 유대인 가정에서 태어나 다트머스대학을 졸업하고 하버드에서 경영학석사를 했다. 1970년 닉슨대통령 때 백악관 비서진과 그 뒤 국방부에서 근무한 경험이 있으며 1974년에 골드만삭스에 입사했다.

헨리 폴슨은 중국통이었다. 그는 골드만삭스 회장 시절 때만 중국을 70여 차례 방문해 많은 중국 관료들과 꽌시를 맺었다. 중국인과 꽌시에 대해 잘 알고 있었던 그는 'US-China Strategical Economic Dialogue'를 만들어 미·중 경제 관계를 지속적으로 발전시켰다. 1994년부터 2006년까지 중국 골드만삭스 성장에 가장 큰 실적을 올리기도 했다. 또한 칭화대학과 베이

∴ 헨리 폴슨

징대학에 많은 기부금을 냈다. 헨리 폴슨은 2000년부터 줄곧 연봉이 3000만 달러를 넘었고, 2005년 골드만삭스 연봉이 3830만 달러였으며, 2006년 회사를 떠날 때 1870만 달러를 포상금으로 받았다.

그는 로버트 루빈과 함께 골드만삭스와 미국 정계의 회전문 인사를 극명하게 보여주는 인물이다. 닉슨 백악관에서 일할 당시부터 부시 정권의 실세였던 딕 체니 부통령(닉슨 행정부 백악관 비서실장)과는 절친한 사이였다. 체니 부통령과 함께 골드만삭스 부사장 출신인 조슈아 볼턴 당시 백악관 비서실장도 폴슨의 장관 임명을 강력히 밀었다. 폴슨 장관은 취임 직후 로버트 스틸 골드만삭스 전 부회장을 재무차관으로 임명했다.

부시 행정부 1기 백악관 경제보좌관이던 스티븐 프리드먼 골드만삭스 전 부회장은 2기에는 백악관 국가경제자문위원회 의장에, 골드만삭스 수석 이코노미스트 출신인 윌리엄 더들리는 뉴욕연방준비은행 부총재에 올랐다. 골드만삭스 이사 출신인 루벤 제프리는 에너지·원자재 파생상품 거래를 감독하는 상품선물거래위원회 회장을 맡았고, 골드만삭스 최고재무책임자였던 존 테인은 뉴욕증권거래소 회장 자리를 거머쥐었다.

백악관과 재무부, 감독기관뿐만 아니라 국무부 부장관에도 골드만 출신인 로버트 죌릭(세계은행 전 총재)이, 라이스 전 국무장관의 정책고문에는 골드만삭스에서 임원을 지낸 랜덜 포트가 활약 중이었다.

폴슨 장관은 2006년 6월 의회 인준 청문회에서 "슬금슬금 확장되는 금융규제를 막겠다"고 말했다. 알려진 대로 그는 장관 재직 시절에 리먼 사태가 터지기 전까지 금융규제 완화를 적극적으로 추진했다.

2008년 9월 리먼브러더스가 파산했을 당시 세계 금융시장의 운명은 헨리 폴슨 재무장관, 벤 버냉키 미국 연방준비제도이사회 의장, 티모시 가이트너 뉴욕연방준비은행 총재(훗날 재무장관)의 손에 달려 있었다.

그들은 애초에는 부실채권을 골라내 배드뱅크를 만들어서 여기에 공적자금을 투입하려 했다. 한데 월스트리트의 완강한 반대에 부딪혔다. 부실채권이 헐값에 처리되는 것에 반대했던 것이다. 그들은 할 수 없이 금융산업의 붕괴를 막기 위해 엄청난 유동성을 전방위로 퍼붓는 것으로 사태를 진화했다.

폴슨 장관은 리먼 파산 한 달 뒤인 2008년 10월 한 방송과의 인터뷰에서 "규제 시스템과 시장질서의 실패 등으로 70년 만의 대공황에 버금가고 최악의 금융위기에 이르게 한 수많은 과오를 부끄럽게 여긴다"고 말했다. 그러나 이후 골드만삭스를 비롯해 모건스탠리, 뱅크오브아메리카, 씨티그룹 등 2010년 리먼 파산 당시 7000억 달러 구제금융의 혜택을 받은 투자은행들은 창립 이래 사상 최대의 천문학적인 수익을 올렸다.

오바마 행정부에서도 골드만삭스의 영향력은 여전하다. 오바마 대통령의 경제 교사로 불리는 로버트 루빈의 수제자인 래리 서머스 백악관 국가경제자문위원장과 티모시 가이트너 재무장관이 백악관과 행정부 경제 라인을 장악하고 있으며, 부시 정부 시기 행정부에 진출한 로버트 죌릭은 세계은행 총재로 나갔다.

폴슨은 퇴임 후 2011년 자기 이름을 붙인 재단을 차려 미국과 중국 간 협력 증진을 위해 노력 중이다. 그는 골드만삭스 회장으로 근무할 때부터 중국에 관심을 기울여 온 것으로 유명하다.

월가를 대표하는 티모시 가이트너

　티모시 가이트너는 금융위기 발생 당시 뉴욕연방은행 총재를 지내면서 베어스턴스나 AIG의 구제금융 지원에 나서는 등 위기대책을 주도했던 인물이다. 가이트너가 재무장관으로 발탁되자 월스트리트가 웃은 이유다. 씨티 구제금융과 가이트너 임명이 거의 동시에 발표되자 다우지수는 1987년 이래 최대의 폭등으로 화답했다. 이틀간 무려 11.8%나 올랐다. 특히 금융주가 강세를 보였다. 씨티 주식은 하루 만에 58%, JP 모건과 메릴린치, 그리고 모건스탠리는 20% 이상 올랐다.

　가이트너는 다트머스대학을 졸업한 뒤 로버트 루빈과 로렌스 서머스 두 유대인 재무장관의 밑에서 각각 차관보와 차관으로 일하며 1997년 아시아 통화위기를 관리한 바 있다. 루빈과 서머스의 제자인

∴ 티모시 가이트너

셈이다. 아시아 경제위기가 도래한 1997년에는 재무차관으로, 그리고 신용위기가 도래한 2009년에는 재무장관으로 일하는 특이한 경력의 소유자로, 오바마 정권의 경제정책을 주도할 것으로 보인다.

태국 방콕 국제고교를 졸업한 그는 아이비리그인 다트머스대학에서 아시아학 학사학위를, 존스홉킨스대학에서 국제경제학과 동아시아학 석사학위를 받았다. 일본어와 중국어도 구사하는 '아시아 통'으로, 한미통화스왑협정 체결에도 중요한 역할을 한 것으로 알려졌다. 특히 1997년 재무차관 시절 우리나라 외환위기 때 한국의 경제와 금융정책을 혹독하게 주무른 인물이다.

가이트너의 고문, 자문관 그리고 참모들도 모두 루빈 사단으로 구성되었다. 가이트너의 고문은 클린턴 정부 당시 국가경제위원장을 지낸 진 스펄링이다. 그는 루빈이 국가경제위원장으로 재직할 당시 부위원장으로 그를 보좌하였으며, 루빈이 재무장관으로 옮겨 간 뒤 그 자리를 물려받았다. 클린턴 정부 당시도 전 직원이 퇴근한 뒤 백악관에 홀로 남아 일하는 걸로 유명하였을 정도로 일벌레다.

변호사 출신으로 북미자유무역협정NAFTA, 보건의료개혁 등의 이슈를 다루는 데 중요한 역할을 하였다. 당시 재무부 자문관으로 일하던 가이트너와 맺은 인연을 통해 가이트너 장관의 고문으로 다시 정부에 복귀하였다. 금융구제를 제외한 예산, 보건의료, 자동차 등 거의 모든 현안에 걸쳐 재무부의 대표 역할을 하고 있다.

그리고 자문관으로는 1999년부터 씨티그룹에 근무해온 루이스 알렉산더가 임명되었다. 그는 씨티그룹에서 경제 분석가인 수석 이코노미스트로 활동하며 루빈 회장을 보좌했었다. 그리고 가이트너의 수족으로는 재무부 부장관에 닐 월린과 국제금융 담당 차관에

라엘 브레이너드가 임명되었다. 두 사람 모두 클린턴 행정부 시절 재무부 총괄고문, 국가경제위원회 부소장을 역임한 경제 베테랑으로, 이들은 상원의 승인을 거쳐 취임하였다. 미국은 장관 밑에 부장관이 있고, 그 밑에 차관과 차관보가 있다.

경제·에너지·농업 담당 라엘 브레이너드 차관은 하버드대학 경제학박사에 맥킨지 컨설턴트, 클린턴 정부 당시 국가경제위원회에서 루빈과 진 스펄링 밑에서 일하였던 경력이 있다. 그 뒤 루빈의 뒤를 이어 진 스펄링이 국가경제위원장이 되자 그를 보좌하며 국제금융 문제를 다루었다. 그 뒤에는 브루킹스연구소 부소장을 지냈다. 브레이너드는 오바마 정부가 끝나기 전에 무역대표부_{USTR} 대표를 맡을 것으로 예상된다. 그녀의 남편 커트 캠벨은 싱크탱크인 '신미국안보센터'의 설립자로서 클린턴 정부 시절 국방부 부차관보를 지냈으며, 현 오바마 정부의 첫 동아시아태평양담당 차관보로서 한반도 문제를 다루고 있다.

이와 함께 오바마 대통령은 스튜어트 레비 테러·금융 정보 담당 차관을 유임시켰다. 레비 차관은 부시 행정부에서 2004년부터 북한과 이란·시리아 등이 WMD, 대기 지급과 관련된 기업·금융기관의 자산을 동결하거나 거래를 차단하는 임무를 수행해왔다. 특히 북한과 불법성 자금을 거래해 온 마카오의 은행 방코델타아시아_{BDA}에 대해 금융거래 제재 조치를 발동해 북한이 크게 반발하였었다. 레비 차관의 유임은 앞으로 오바마 행정부도 북한을 비롯한 적성국가에 부시 행정부가 취하였던 금융제재 조치를 취할 수 있음을 시사한다.

하다못해 골드만삭스의 로비스트로 활동하였던 마크 패터슨이 가이트너 재무장관의 비서실장으로 발탁되었다. 가이트너는 언론을 통해서 로비스트를 차단한다고 하면서 가장 측근에 돈줄의 안테나를 세워둔 것이다. 패터슨은 그동안 의회의 금융위원회에 기후변화, 이산화탄소 거래 등의 로비에 나섰던 인물이다.

가이트너는 퇴임 후 월스트리트 사모펀드 워버그 핀커스 회장으로 일하고 있다. 재무부와 연준과 월스트리트를 잇는 회전문 인사의 대표 사례이다.

예산 전문가 제이콥 루

오바마 2기 행정부의 경제사령탑에 JP 모건의 제이미 다이먼 설이 무성했다. 사실 월스트리트는 그걸 바랐다. 하지만 뚜껑을 열어 보니 제이콥 루 백악관 비서실장이 낙점되어 취임했다. 이로써 루빈 이래 존 스노를 제외하곤 5대 모두 유대인이 재무장관이 된 것이다. 루는 워싱턴에서 30년 경력의 대부분을 보낸 재정 전문가다.

루는 오바마 이너서클인 시카고사단이 아니다. 하지만 대통령이 가장 신뢰하는 측근이자 예산 전문가다. 빌 클린턴 정부에 이어 2010년 두 번째 백악관 예산관리국장을 지냈다. 예산통이다. 그리고 2011년에는 비서실장으로 승진하여 백악관 살림 전체를 챙겼다.

뉴욕 태생인 루는 고교 시절부터 민주당원으로 활동했다. 하버드대학과 조지타운대학 로스쿨을 나온 이후 민주당 원내대표 보

∴ 제이콥 루

좌관 등을 지내며 공화당과의 예산협상을 도맡아 진행했다. 지금도 주말이면 워싱턴을 떠나 뉴욕 시 브롱스의 집을 찾은 루는 백악관이 처음 자리를 제안하자 유대 안식일인 토요일에는 일하지 않는다는 조건을 내걸 정도로 정통 유대교도이다. 전임 가이트너가 했던 오바마 정부의 유대사회 창구 역할도 그가 맡을 것으로 보인다.

그는 루빈 사단의 일원이다. 가이트너와 루는 모두 클린턴 정부 시절 금융규제 완화를 옹호했으며, 클린턴 정부에서 로버트 루빈 재무장관과 함께 일했다.

그럼에도 루는 전임자인 티모시 가이트너와 여러 면에서 비교를 당한다. 금융통인 가이트너는 부시 행정부 시절 뉴욕연방은행 총재를 지낸 인연으로 친월스트리트 성향을 갖고 있다. 2008년 금융위기 때 가이트너는 뉴욕연방은행 건물 10층 회의실에 월스트리트의 내로라하는 은행 경영자들을 모아놓고 대책을 숙의했었다. 재무장관으로 영전한 이후에도 월스트리트의 주요 인사들과 주기적으로 만나며 그들의 의견을 청취한 것으로 알려졌다.

재정통인 루는 주로 워싱턴에서 경력을 쌓은 탓에 월스트리트에서는 비교적 낯선 인물이다. 뉴욕에서 경험이 아예 없는 것은 아니다. 그는 뉴욕시 퀸즈 출신이며 뉴욕대학 최고운영책임자coo와 씨티그룹 이사를 지낸 적이 있다.

루빈은 재무장관 퇴임 후 잠깐 브루킹스 연구소에 몸담았다가 씨티그룹으로 갔다. 이때 루빈은 2006년 루가 씨티그룹의 자산관리 부서의 운영 부문을 맡도록 했다. 그는 2008년 대체투자상품 부서로 옮겨 540억 달러 규모의 헤지펀드와 사모펀드를 운용했다. 그러나 이 펀드는 부동산과 파생상품 투자로 큰 손실을 입었다. 그는 씨티그룸에서 루빈과 3년간 같이 일했다.

하지만 그는 월스트리트 출신이 아니라서 월스트리트 중심세력과는 거리가 있다. 친월스트리트, 친기업 인물이 재무장관을 맡았던 전례와 달리 워싱턴 출신의 재정·세제통이 재무장관으로 낙점된 것은 월스트리트에 시사하는 바가 크다. 월스트리트는 긴장의 끈을 놓지 말아야 할 것으로 보인다. 루는 부자증세 등 오바마의 경제철학을 실천한 최측근이기 때문이다.

2006년 골드만삭스 출신의 헨리 폴슨 재무장관이 취임한 이래 가이트너를 거쳐 그간 7년간 경제 사령탑과 맺었던 월스트리트와의 밀월관계는 단절될 위기에 처할 수도 있다. 오바마와 끈이 닿는 JP 모건의 제이미 다이먼이 재무장관에 오르지 못한 건 월스트리트에 큰 아쉬움으로 남았다.

루는 월스트리트의 규제 강화를 찬성하는 인물은 아니다. 그는 지난 2010년 오바마 행정부 입각 당시 인준청문회에서 "월스트리트에 대한 규제를 완화한 것이 금융위기의 주된 이유는 아니다"라는 입장을 밝힌 적이 있다. 루는 지금도 도시락을 싸 와서 책상 앞에서 점심을 먹는다.

유대인의 회전문 인사

유대인의 회전문 인사는 유명하다. 서로 밀어주고 끌어주기 때문이다. 하지만 금융 부분은 지나친 감이 없지 않다. 재무부는 미국 경제를 총괄하며 월스트리트를 관리 감독하여야 하는 곳이다. 재무부, 연준, 월스트리트는 서로 견제와 균형을 이루어야 하는 집단들이다. 그럼에도 재무부–연준–월스트리트의 삼각편대가 모두 유대인에 의해 좌지우지되며 그들의 회전문 인사 속에 장악되어 있다.

일례로 가이트너는 IMF 사태 때 재무차관보로 우리를 많이 괴롭혔던 인물이다. 그러다 재무부 퇴직 후 연준 뉴욕 총재로 가서 글로벌 금융위기 때 월스트리트에 돈을 퍼부어 구제했다. 그 뒤 오바마 정부 초기에 재무부 장관으로 컴백했다가 지금은 월스트리트 사모펀드 워버그핀커스에서 근무 중이다.

이외에도 재무부를 퇴직하고 월스트리트로 간 경우는 많다. 미국 10대 사모펀드 중 하나인 서버러스 캐피털은 전 재무장관 존 스노를 끌어들였다. 클린턴 2기 재무장관을 지낸 로런스 서머스도 헤지펀드인 DE쇼에 영입되어 일한 적이 있다. 2003년 블랙스톤에 들어간 폴 오닐까지 합치면 미국 전직 재무장관 4명이 사모펀드에 몸담고 있거나 몸담았었다. 그리고 루빈은 씨티그룹 회장으로 있으니 전직 재무부 장관 다섯 명 모두가 월스트리트에서 일한 셈이다.

물론 미국에서도 전관예우는 엄격한 금지 대상이다. 미국 정부윤리청OGE은 퇴직 공무원의 재취업과 관련해 까다로운 규정을 마련해놓고 있다. 공무원으로서 자신이 맡았던 업무와 직접적으로 연결된 업체들에 대해서는 영구적으로 취업이 불가능하다. 설사 업무 연관성이 적다 하더라도 1~2년 동안 취업이 제한되는 경우가 많으며, 사전 허가를 받기도 한다. 특히 고위 공직자는 대개 1년간 민간기업 취업이 금지된다.

그럼에도 유대인들은 제도의 허점을 잘 이용하고 있다. 더구나 언론이 이들의 관행에 제동을 걸지 않는다. 언론도 유대인이 장악하고 있기 때문이다.

맺음말

유대인 이야기를 쓰고 보니, 1990년대 초 밀턴 프리드먼과《흥망 세계 경제》를 쓴 일본의 가나모리 히사오가 벌였던 논쟁이 생각난다. 이들 사이의 논쟁은 국가경제의 흥망과 성쇠를 가져오는 원인이 '제도'에 기인하는 것인지, 아니면 '인간'에 기인하는 것인지에 대한 설전이었다. 프리드먼은 제도가 중요하다고 보았고, 히사오는 인간이 중요하다고 보았다. 프리드먼은 1980년대의 중국과 대만의 예를 들어 같은 민족이지만 제도적 차이로 경제력의 차이가 벌어졌다고 주장하였다. 결국 경제의 성공과 실패를 만드는 것은 인간이 아니라 제도라고 프리드먼은 보았던 것이다. 프리드먼은 진 적이 없다는 뛰어난 논쟁력으로 유명하다. 결국 이 논쟁에서도 프리드먼이 이겼다. 그러나 유대인 이야기를 쓰고 보니 경제는 인간이 주인공이었다. 세계 경제사의 주역은 유내인이었다.

사실 유대인 이야기보다는 좀 더 현실감 있는 국제금융에 관한 글을 쓰고 싶었다. 여기에 우리 서비스 수지 적자의 근본 요인인 관광산업, 교육산업, 의료산업 등을 덧붙여 금융산업을 포함한 서비스산업의 중요성에 대하여 알리고 싶었다. 특히 요사이 국제금융시장이 얼마나 현란하게 돌아가고 있는지, 금융자본은 얼마나 빨리 팽창하고 있는지, 월스트리트와 런던 금융시장의 깊숙한 내부의 메커니즘은 어떻게 돌아가고 있는지 이야기해주고 싶었다.

　파생상품이 만들어진 시대적 배경과 아울러 그 해악, 주식시장과 파생상품의 거래가 사람의 손을 떠나 치밀한 컴퓨터 프로그램들끼리 부딪치는 현장, 과학적 투자기법의 원리, 자본주의의 극을 달리는 국제금융시장의 실체, 첨단 금융기법 등을 욕심껏 파헤쳐 전달하고 싶었다. 너무 무분별하게 달리다 비록 신용위기가 터졌지만, 이는 감추어진 축복일 수 있다. 자본주의가 살아 있는 한 자본의 위력은 그 스스로가 다시 이야기를 시작할 것이다.

　게다가 창의력과 의지로 키울 수 있는 관광산업, 미래의 궁극적 승부처인 교육산업, 가장 우수한 인재들이 모여 있는 의료산업을 비롯하여 이들 서비스산업을 키워낼 인재 양성에 관하여 이야기하고 싶었다. 그리고 그 무엇보다도 서비스산업의 '중요성'을 알리고 싶었다. 그냥 중요하다고만 외쳐서는 피부에 와 닿을 것 같지 않았다. 그래서 유대인을 통해 본 서비스산업의 경제사적 의미를 도입하여, 독자가 그 중요성을 피부로 느끼게 하고 싶었다. 그래서 고대부터의 유대인의 발자취를 추적하였다. 그런데 그만 너무 길어져 대하 드라마가 되어버렸다. 자그마치 책이 10권이다.

그간 쓴 내용을 다시 들여다보니 필자의 능력을 넘어서는 분야가 많았다. 한마디로 욕심이었다. 필자가 도전하기에는 역부족임을 자인한다. 게다가 소송을 무기로 유대인 연구를 감시하는 '유대인비방대응기구Anti Defamation League: ADL' 때문에 서구에서는 유대인에 관한 자료를 구하기 어려웠다. 특히 비유대인이 쓴 책은 거의 없었다. 그럼에도 부족한 글을 모아 '유대인, 그들은 과연 누구인가?'라는 화두를 던지는 데 그쳤다. 그러나 누군가는, 또는 어느 조직에선가는 해야 할 일이다. 개인이 아닌 시스템을 갖춘 조직이 앞장서야 할 것 같다. 능력 있는 단체의 관심과 후학들의 정진이 있기를 바랄 뿐이다.

부끄러움으로 펜을 놓으며
KOTRA 연구위원실에서

참고문헌

가나모리 히사오 지음, 정재철 옮김,《흥망 세계경제》, 매일경제신문사, 1995

강영수 지음,《유태인 오천년사》, 청년정신, 2003

갤브레이스 지음, 장상환 옮김,《경제학의 역사》, 책벌레, 2009

공병호 지음,《인생은 경제학이다》, 해냄, 2006

권홍우 지음,《부의 역사》, 인물과사상사, 2008

기 소르망 지음, 김정은 옮김,《자본주의 종말과 새 세기》, 한국경제신문사, 1995

김경묵 · 우종익 지음,《이야기 세계사》, 청아출판사, 2006

김욱 지음,《세계를 움직이는 유대인의 모든 것》, 지훈, 2005

김욱 지음,《유대인 기적의 성공비밀》, 지훈, 2006

김종빈 지음,《갈등의 핵, 유태인》, 효형출판, 2001

데릭 윌슨 지음, 신상성 옮김,《가난한 아빠 부자 아들 3》, 동서문화사, 2002

마빈 토케이어 지음, 이찬일 옮김,《성경 탈무드》, 선영사, 1990

막스 디몬트 지음, 이희영 옮김,《세계 최강성공집단 유대인》, 동서문화사, 2002

머니투데이 국제부 지음,《월가 제대로 알기》, 아카넷, 2005

문미화 · 민병훈 지음,《유태인 경제교육의 비밀》, 달과소, 2005

미야자키 마사카츠 지음, 오근영 옮김,《하룻밤에 읽는 세계사 2》, 알에이치코리
    아, 2011

박윤명 지음,《상식 밖의 동양사》, 새길, 1995

박은봉 지음,《세계사 100장면》, 실천문학사, 1998

박재선 지음,《세계사의 주역, 유태인》, 모아드림, 1999

박재선 지음,《제2의 가나안 유태인의 미국》, 해누리, 2002

브라이언 랭커스터 지음, 문정희 옮김,《유대교 입문》, 김영사, 1999

비토리오 주디치 지음, 최영순 옮김,《경제의 역사》, 사계절, 2005

사카키바라 에이스케 지음, 삼정KPMG경제연구소 옮김,《경제의 세계세력도》, 현암사, 2005

사토 다다유키 지음, 여용준 옮김,《미국 경제의 유태인 파워》, 가야넷, 2002

새뮤얼 애드셰드 지음, 박영준 옮김,《소금과 문명》, 지호, 2001

스캇 패터슨 지음, 구본혁 옮김,《세계 금융시장을 장악한 수학천재들 이야기》, 다산북스, 2011

시오노 나나미 지음, 김석희 옮김,《로마인 이야기》, 한길사, 2007

쑹훙빙 지음, 차혜정 옮김,《화폐전쟁 1》, 알에이치코리아, 2008

쑹훙빙 지음, 홍순도 옮김,《화폐전쟁 2》, 알에이치코리아, 2010

안효상 지음,《상식 밖의 세계사》, 새길, 1997

애디슨 위긴 지음, 이수정 옮김,《달러의 경제학》, 비즈니스북스, 2006

에른스트 곰브리치 지음, 이내금 옮김,《곰브리치 세계사 1, 2》, 자작나무, 1997

오오타류 지음, 양병준 옮김,《유태7대 재벌의 세계전략》, 크라운출판사, 2006

우태희 지음,《세계 경제를 뒤흔든 월스트리트 사람들》, 새로운제안, 2005

윌리엄 파운드스톤 지음, 김현구 옮김,《머니 사이언스》, 동녘사이언스, 2006

육동인 지음,《0.25의 힘》, 아카넷, 2009

윤승준 지음,《하룻밤에 읽는 유럽사》, 알에이치코리아, 2004

이강혁 지음,《스페인 역사 100장면》, 가람기획, 2006

이리유카바 최 지음,《그림자 정부(경제편)》, 해냄, 2005

자크 아탈리 지음, 양영란 옮김,《미래의 물결》, 위즈덤하우스, 2007

정성호 지음,《유대인》, 살림, 2003

존 스틸 고든 지음, 김남규 옮김,《월스트리트 제국》, 참솔, 2002

짐 로저스 지음, 이건 옮김,《세계 경제의 메가트렌드에 주목하라》, 이레미디어, 2014

찰스 가이스트 지음, 권치오 옮김,《월스트리트 100년》, 좋은책만들기, 2001

찰스 킨들버거 지음, 주경철 옮김,《경제강대국 흥망사》, 까치, 2005

최영순 지음,《경제사 오디세이》, 부키, 2002

최영순 지음,《성서 이후의 유대인》, 매일경제신문사, 2005

최용식 지음,《돈 버는 경제학》, 알에이치코리아, 2008

최용식 지음,《환율전쟁》, 새빛에듀넷, 2010

최재호 지음,《유대인을 알면 경제가 보인다》, 한마음사, 2001

최창모 지음,《이스라엘사》, 대한교과서, 2005

최한구 지음,《유대인은 EQ로 시작하여 IQ로 승리한다》, 한글, 1998

코스톨라니 지음, 김재경 옮김,《돈, 뜨겁게 사랑하고 차갑게 다루어라》, 미래의창,
    2005

쿠사카리 류우헤이 지음, 지탄현 옮김,《소로스의 모의는 끝났는가》, 지원미디어,
    2000

폴 존슨 지음, 김한성 옮김,《유대인의 역사》, 살림, 2014

피터 번스타인 지음, 안진환 · 김성우 옮김,《신을 거역한 사람들》, 한국경제신문사,
    2008

홍성국 지음,《세계 경제의 그림자 미국》, 해냄, 2005

후지다 덴 지음, 진웅기 옮김,《유태인의 상술》, 범우사, 2008

성서(대한성서공회, 공동번역 개정판)

2013년 글로벌 자본시장 맥킨지 보고서

김병권 새사연 부원장, "위기 이후 금융 세계화의 전망",〈프레스바이플〉, 2013년
    3월 18일

김승환 포항공대 물리학 교수, "경제물리학이 뜬다",〈세계일보〉

김유미 기자, "스캘퍼 ELW 수익률 100%…전용선의 비밀",〈한국경제〉, 2011년
    4월 12일

김지욱 삼성증권 이사, [김지욱의 헤지펀드 대가 열전]

김형식, [김형식의 과학적 투자],〈머니투데이〉

박문환, [고수 투자 데일리],〈한경 와우넷〉

안재석 기자, "세계 경제는 지금 '新자본주의' 시대",〈한국경제〉, 2007년 6월
    20일

우광호, [유대인 이야기],〈가톨릭신문〉

이경원 기자, "한국 소득 불평등 맨 얼굴 국제DB 통해 첫 공개", 〈국민일보〉, 200년 9월 12일

이유경 기자, "미국 구제금융은 고양이에 맡긴 생선", 〈오마이뉴스〉, 2008년 12월 31일

최중혁 기자, "투기자본, '유가 뻥튀기'에 발 벗고 나섰다", 〈이코노미 21〉, 2006년 4월

홍익희의
유대인 경제사 9
글로벌 금융위기의 진실
현대 경제사 上

1판 1쇄 발행 | 2016년 12월 15일
1판 4쇄 발행 | 2024년 2월 8일

지은이 홍익희
펴낸이 김기옥

경제경영팀장 모민원
기획 편집 변호이, 박지선
마케팅 박진모
경영지원 고광현
제작 김형식

디자인 푸른나무디자인

인쇄 · 제본 프린탑

펴낸곳 한스미디어(한즈미디어(주))
주소 121-839 서울시 마포구 양화로 11길 13(서교동, 강원빌딩 5층)
전화 02-707-0337 | 팩스 02-707-0198 | 홈페이지 www.hansmedia.com
출판신고번호 제 313-2003-227호 | 신고일자 2003년 6월 25일

ISBN 979-11-6007-096-5 14320
ISBN 978-89-5975-861-6(세트)